[MusiX]

Das Kursbuch Musik 3

für den Unterricht an allgemeinbildenden Schulen

von Markus Detterbeck
und Gero Schmidt-Oberländer

unter Mitarbeit von Joachim Fischer und Mathias Schillmöller

HELBLING

Innsbruck • Esslingen • Bern-Belp

Inhaltsverzeichnis

Symbole:

Arbeitsaufgabe (differenziert nach Kernstoff und optionalem Stoff)

Schriftliche Arbeitsaufgabe

Tonbeispiel

Videobeispiel

Multimedia-DVD-ROM

Webtipps

[Kapitel 1]

Move and Groove

Willkommen in der Welt von MusiX 3!
Mit dem 3. Kursbuch werdet ihr mehr und mehr zu Experten im Umgang mit Musik. Ihr vertieft dabei eure Fähigkeiten,

- Musik zu hören, zu analysieren und zu beurteilen,
- Musik singend und spielend auszuführen und
- Musik selbst zu erfinden und umzusetzen.

In **14 Kapiteln** vertieft ihr eure **Kenntnisse** zu verschiedenen Aspekten der Musikgeschichte, musikalischen Kulturen der Welt, der Wirkung von Musik und der Musiklehre.
Fünf Workshops vermitteln euch zusätzlich übergreifende **Fertigkeiten** in den Bereichen Hören, Schreiben, Filmvertonung, Notensatz und Rap.
Die **Start-ups** zu Beginn jedes Kapitels bieten vielseitiges Material, um eure **Kompetenzen** in den Bereichen **Körper und Bewegung**, **Stimme und Ohren** und **Rhythmus und Zusammenspiel** zu festigen.
Damit machen sie euch zu souveränen Musikern.

MusiX wünscht euch viel Spaß beim Entdecken und Musizieren!

Rhythmus und Zusammenspiel

Morgenbefreiungskomitee

A 1, 2

Text u. Musik: M. Detterbeck

Begleitostinato

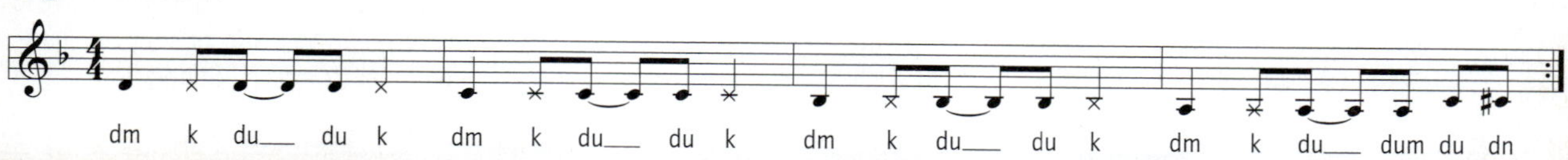

Körper und Bewegung

Slap, Bang, Grab

A 3

Text u. Musik: M. Detterbeck, G. Schmidt-Oberländer

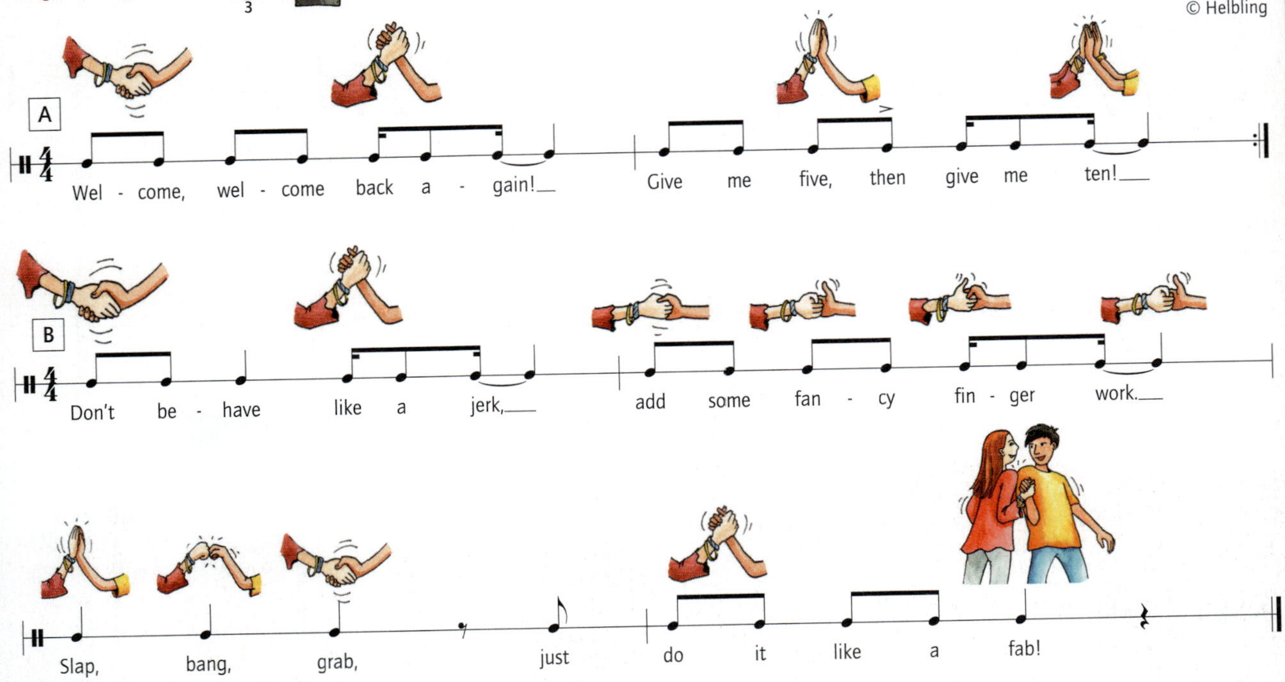

[Tipp] Gestaltet den A-Teil gemeinsam, beim B-Teil könnt ihr mit einem Partner eine Folge von eigenen Handshakes entwickeln.

Move It – Groove It

Morgens, wenn der Wecker einen aus dem Schlaf klingelt, heißt es abrupt „Raus aus den Federn!" – und dabei ist man im Kopf oft noch gar nicht so weit … Der Song „Some Reggae-Beat" handelt von einem solchen Start in den Tag und davon, dass Musik uns dabei helfen kann, das damit verbundene schlechte Feeling zu vertreiben.

Some Reggae-Beat

A 4, 5

Text u. Musik: M. Detterbeck
© Helbling

Begleitpatterns

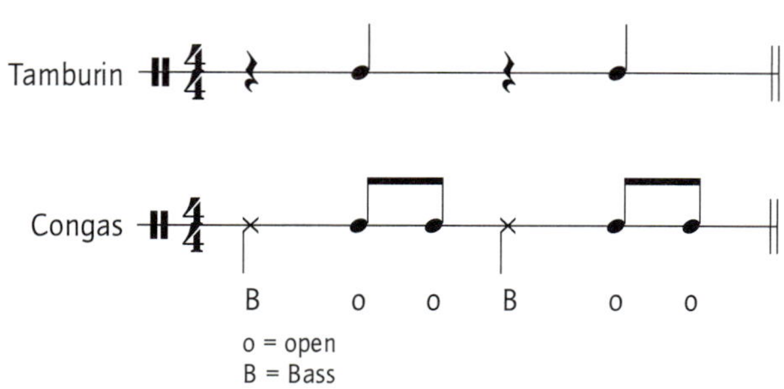

Bass

Stabspiele/Klavier

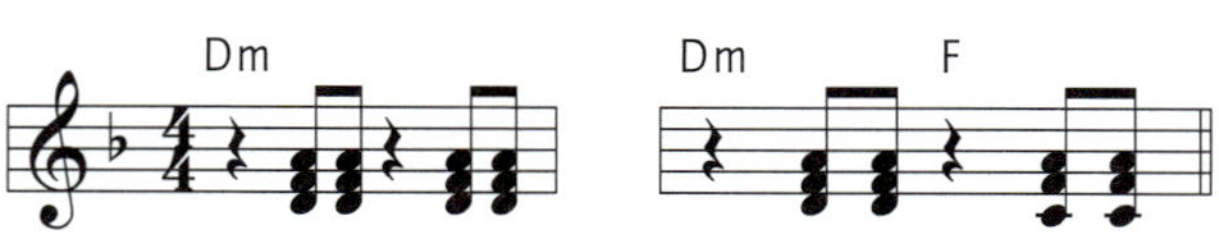

Übersetzungshilfen:
yah feet: your feet
drop yah feet: tanzen
to ease up: verzeihen
layabout: Faulenzer
eh: Laut der Zustimmung
nuh good: entsetzlich
mek haste: ich renne
me shout out: ugs. für „I shout out"
the gates: das Zuhause

INFO

Patois – Sprache des Reggae
Reggaekünstler singen oft in „Patois", einer auf dem Englischen basierenden Kreolsprache mit zahlreichen Wortneuschöpfungen. „Some Reggae-Beat" greift einige dieser sprachlichen Besonderheiten auf.

Das typische Reggae-Feeling entsteht durch die „ternäre“ Behandlung der Achtel. Dabei wird das erste Achtel länger (zwei Schläge einer Achteltriole), das zweite Achtel kürzer (ein Schlag einer Achteltriole) ausgehalten.

1 **a** Geht im Grundbeat des Taktes und sprecht den Rhythmus vom Baustein ❶ mit den angegebenen Silben. Erarbeitet euch dann Baustein ❷. Spürt dabei im Körper weiterhin die Dreierunterteilung (du-da-di).
b **Gruppenarbeit:** Gruppe 1 spricht Baustein ❶, Gruppe 2 spricht den Songausschnitt von Baustein ❸. Sprecht anschließend andere Teile des Songs im richtigen Rhythmus.

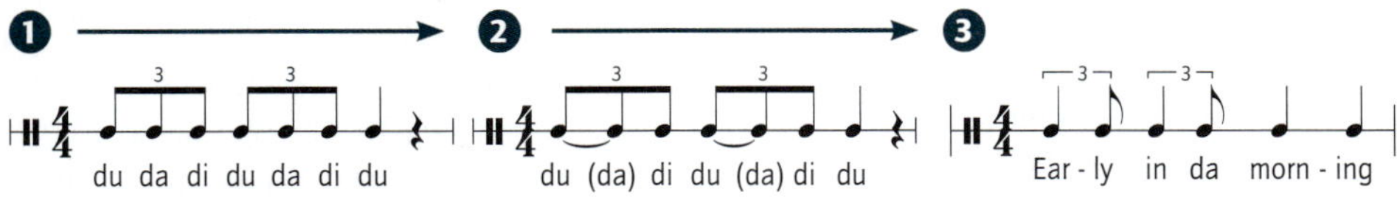

2 Singt „Some Reggae-Beat“ im langsamen Tempo und achtet dabei auf die richtige Phrasierung. Das Gefühl der durchlaufenden Triolen (du-da-di) hilft euch dabei. A 5

3 Spielt die Patterns zum Song mit Klasseninstrumenten.
Achtung: Die Bass-, Stabspiel- bzw. Klavierpatterns sind nur exemplarisch notiert. Zum Begleiten müsst ihr euch an den im Leadsheet angegebenen Akkorden orientieren. Der Rhythmus bleibt dabei immer gleich.

4 **a** Gestaltet ein Interlude (Einschub), in dem der Chor das Chorpattern ausführt. Ein Solist antwortet mit einer eintaktigen Phrase mithilfe des angegebenen Tonvorrats.
b Gestaltet einen interessanten Ablauf, der von einem Dirigenten angeleitet wird. Die Grundwissen-aufgefrischt-Box unten hilft ihm dabei.

Chor

Improvisationsbeispiel

Tonvorrat für die Improvisation

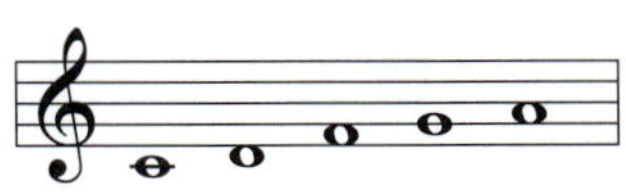

Grundwissen aufgefrischt

Beim Anleiten eines Musikstückes kann man verschiedene Bereiche steuern. Ordnet den vier **Bereichen** die passenden Handlungen zu.

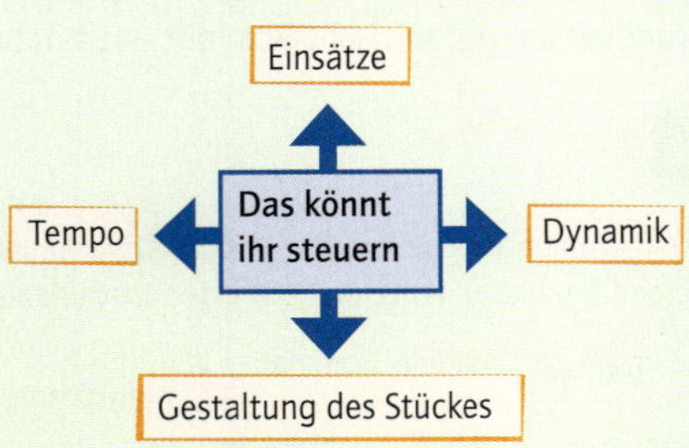

- durch Einzählen
- durch Zuwenden und Handzeichen
- durch Handzeichen und Mimik
- durch vereinbarte Zeichen

Grundwissen aufgefrischt

Silbensprache: Werkzeug für die Arbeit mit Rhythmen
Eine Rhythmussprache verschafft eine zuverlässige Orientierung im Takt. Sie hilft euch dabei, Rhythmen sicher auszuführen:
„du“ markiert die betonten Zählzeiten (Beat),
„dei“ bzw. **„da“** und **„di“** markieren die unbetonten Zählzeiten (Offbeat).

Silbe für den Grundschlag:

du

Silben für die Zweierunterteilung:

du dei

Silben für die Dreierunterteilung:

du da di

Musik in Bewegung: Romeo und Julia

Die berühmteste Liebesgeschichte der Welt …
1597 verfasste William Shakespeare das Drama um zwei junge Liebende und deren Liebestod. Der russische Komponist Sergej Prokofjew vertonte das Liebesdrama zunächst als Balettmusik, aus der er drei Balettsuiten formte. Sie bilden zusammen die gesamte Handlung von „Romeo und Julia“ ab.

Montagues und Capulets treffen aufeinander

The Montagues and Capulets

Auf einem Ball im Hause der Capulets begegnen sich der verkleidete Romeo Montague und Julia Capulet das erste Mal. Prokofjew stellt in der Ballmusik die verfeindeten Familien dar .

1 **Gruppenarbeit:** Stellt euch wie im Bild oben in zwei Gruppen auf. Gruppe 1 ist die Familie der Montagues, Gruppe 2 die Familie der Capulets. Bringt „eure“ Musik durch Bewegungen und Gesten zum Ausdruck. (A 6–8)

INFO

Sergej Prokofjew
(1891–1953) war ein russischer Komponist und Pianist. Neben Opern, Sinfonien, Ballettmusik und Kammermusik schrieb er auch Filmmusiken und Musik für Kinder, wie z. B. „Peter und der Wolf“. Das Ballett „Romeo und Julia“ entstand 1935/36 im Auftrag des Moskauer Bolschoi-Theaters. Die Komposition ist in weiten Teilen ein Musterbeispiel für den sogenannten „Neoklassizismus“, einer musikalischen und künstlerischen Strömung zwischen 1920 und 1940, in welcher Elemente der Klassik und des Barocks aufgegriffen wurden. Die Musik der Montagues erinnert z. B. an die höfische Tanzkultur des Barocks.

Musik der Montagues (A 7)

S. Prokofjew
© Sikorski

Musik der Capulets (A 8)

S. Prokofjew
© Sikorski

2 Hört euch das Hörbeispiel noch einmal an und benennt die Instrumente, die Thema **A** bzw. Thema **B** spielen. Bestimmt anschließend die jeweilige Instrumentengruppe. Die Grundwissen-aufgefrischt-Box hilft euch dabei. (A 6–8)

Grundwissen aufgefrischt

Das Orchester besteht aus den Instrumentengruppen Streicher, Holzbläser, Blechbläser und Schlagwerk. Ordnet die nachfolgenden Instrumente der jeweiligen Instrumentengruppe zu.

- Holzbläser
- Blechbläser
- Schlaginstrumente
- Streicher

Triangel, kleine Trommel, Klarinette, Pauke, Trompete, Horn, Bratsche, Flöte, Xylofon, Oboe, Geige, Fagott, Posaune, Becken, Kontrabass, Cello, Tuba

Julia

Als Julia auf dem Ball der Capulets erscheint, begrüßt sie zunächst die anwesenden Gäste und tanzt anschließend mit einem Grafen. Romeo ist von Julias Erscheinung verzaubert und verliebt sich auf Anhieb in sie.

Julias Musik

A 9

S. Prokofjew
© Sikorski

3 **a** Beschreibt anhand des Partiturausschnitts, wie dieser klingen könnte. Begründet eure Überlegungen.

[Tipp] Achtet darauf, welche Instrumente spielen und wie sie eingesetzt werden. Auch Tonhöhe, Lautstärke und Tempo liefern Hinweise.

b Überprüft eure Erwartungen mithilfe des Hörbeispiels. Ergänzt gegebenenfalls weitere musikalische Mittel, mit denen Julia von Prokofjew dargestellt wird. A 9

4 **a** Untersucht die Partitur nun genauer. Benennt die spielenden Instrumente und ihre jeweilige Funktion (Begleitung/Melodie).

b Vergleicht die Stimme der Flöte und der Bratschen (Viola) und beschreibt die Wirkung, die Prokofjew hier erzielt.

5 Seht euch den Videoausschnitt der ganzen Tanzszene im Ballsaal an. Beschreibt, wie der Choreograf die Musik in Bewegung umsetzt.

Grundwissen aufgefrischt

Partitur lesen

In einer Orchesterpartitur gibt es eine festgelegte Ordnung, die dem Dirigenten die Orientierung erleichtert.

Ordne die folgenden Aussagen zu ganzen Sätzen:

In der Partitur sind die Instrumentenfamilien ...	in der Partitur ganz unten, weil sie den Kern des Orchesters bilden.
Die Holzbläser stehen ...	direkt über den Streichern.
Schlaginstrumente sind oft ...	von hoch nach tief sortiert.
Die Streicher stehen ...	auf einer Linie notiert.
Besondere Instrumente wie die Harfe stehen ...	über den Blechbläsern.

„Alles nur in meinem Kopf"

Alles nur in meinem Kopf

A 10, 11

Text: A. Bourani
Musik: A. Bourani, J. Hartog, T. Olbrich

2. Wir sind in zwei Sekunden – Ewigkeit –
unsichtbar, ich stopp die Zeit.
Kann in Sekunden fliegen lernen,
weiß wie's sein kann, nie zu sterben.
Welt durch Deine Augen seh'n,
Augen zu und durch Wände geh'n.

Bridge
Und Du bist wie ich, ich bin wie Du,
wir alle sind aus Fantasie.
Oh –
... wir sind aus Staub und Fantasie. *(2x)*
Alles nur in meinem Kopf,
in meinem Kopf –
ich wär gern länger dort geblieben,
doch die Gedanken kommen und fliegen.

Ablaufplan

Intro	Strophe 1	Refrain	Zwischenspiel	Strophe 2
Refrain	Bridge	Zwischenspiel	Refrain 2x	Ending

„Wir alle sind aus Fantasie ..."

Fliegen können, unsichtbar sein, die Zeit anhalten – wer wünscht sich das nicht?
Die Vernunft sagt uns, dass das

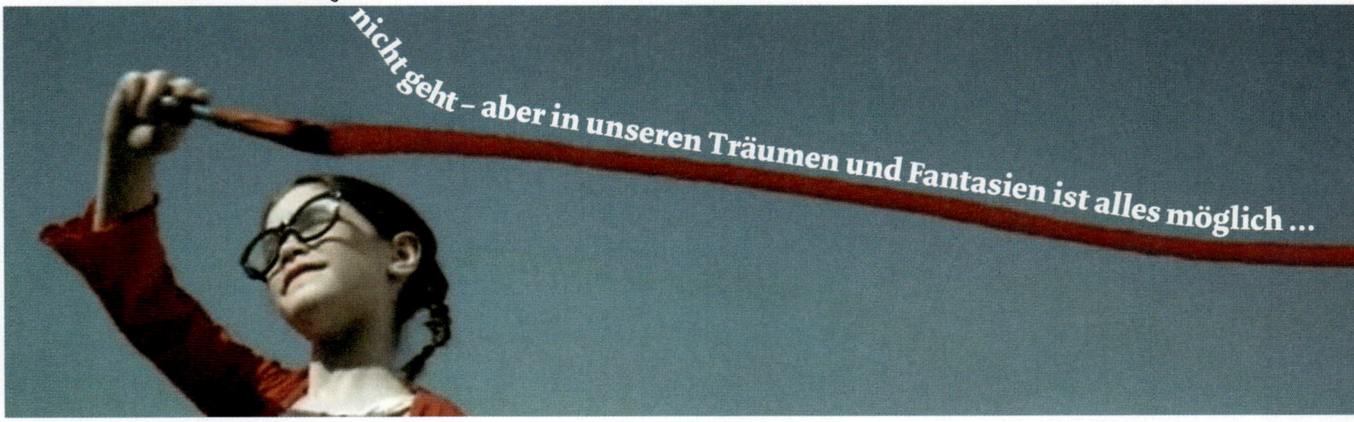

1 **a** **Partnerarbeit:** Beschäftigt euch mit dem Inhalt des Songs und gestaltet gemeinsam den Text der ersten Strophe als Gespräch. Teilt den Text auf und legt fest, mit welchem Ausdruck ihr eure Textpassagen sprechen wollt.

b Singt die erste Strophe und verbindet euer Singen mit dem Ausdruck, den ihr für das Sprechen der Strophe gewählt habt. Nehmt dann zusätzlich Mimik und Gestik hinzu und beobachtet, ob sich die Stimme verändert. A 11

2 **a** **Partnerarbeit:** Notiert in Stichworten, wie ihr den Song in einem Musikvideo umsetzen würdet. Beschreibt dazu Personen, Szenen, Handlungsorte etc. Die Auswahlbegriffe rechts helfen euch dabei.

b Seht euch das Video zum Song an. Beschreibt, welche Mittel darin verwendet werden, um die benannten Träume und Fantasien zu verbildlichen.

3 Schreibt eine Kritik über den Song für die Schülerzeitung. Berichtet dabei auch über den Interpreten Andreas Bourani und was er mit seinem Song vermitteln will. Infos findet ihr dazu im Internet. Lasst auch eure eigenen Eindrücke einfließen und beschreibt musikalische Besonderheiten, die euch aufgefallen sind.

Auswahlbegriffe
- Schnitte
- Bewegung
- Ruhe
- Groove
- Farbe
- Beat
- Tempo
- Szene
- Perspektivwechsel
- Spezialeffekt
- Fokus

[Das habt ihr gelernt]

- einen Reggae zu singen und zu begleiten
- was man unter ternärer Rhythmik versteht
- Rhythmussilben für die Erarbeitung eines Grooves zu verwenden
- einen Ablauf mit Improvisationsteilen zu gestalten
- etwas über den Komponisten Sergej Prokofjew und wie er die Geschichte von Romeo und Julia musikalisch umsetzt
- sich in einer Partitur zu orientieren
- sich mit der Aussage eines Songs und dessen Umsetzung in einem Musikvideo zu beschäftigen

[Kapitel 2]

Filmmusik

» Was wäre mein erster Kinobesuch ohne Musik gewesen?

Ich erinnere mich, als wäre es gestern gewesen, als mir mein Bruder sagte, dass wir anlässlich meines sechsten Geburtstags ins Kino gehen würden, um den Film ‚Das Dschungelbuch' anzusehen. Voller Vorfreude fragte ich jedem meiner Verwandten Löcher in den Bauch, wollte wissen, wie ein Kino von innen aussieht und wie der Saft dort schmeckt. Als es dann endlich soweit war und der Kinosaal sich verdunkelte, wurde mir doch etwas bange.

Aber Musik begann und ich wurde ruhiger und als Balu der Bär ‚Probier's mal mit Gemütlichkeit ...' sang, fühlte ich mich geborgen. Musik ist für mich schon immer wichtig gewesen. Daher begleitet sie mich durch mein ganzes Leben. Ich summe vor mich hin, wenn ich im Bus sitze, in die Schule gehe oder Radio höre.

Mit ca. zwölf Jahren hatte ich einmal einen besonders schlechten Tag. Ich summte ununterbrochen, ohne dass es mir anfangs aufgefallen wäre, eine sehr bedrohliche Melodie aus dem Film ‚Star Wars' vor mich hin. Da wurde mir bewusst, wie sehr mich Filmmusik fasziniert.

Seitdem habe ich sehr viele Filme im Kino und Fernsehen gesehen. Wenn ich heute einen Film betrachte, ist für mich nicht nur das Bild und die Handlung wichtig, sondern auch die Musik. Und manchmal passiert es, dass ich von der Musik so überwältigt bin, dass das Bild und die Handlung zweitrangig werden. «

Maria Migglautsch

Körper und Bewegung

Train Your Brain N° 1: Wo bist du?

Bildet Dreiergruppen und stellt euch im Dreieck auf.

Level 1: Zählt im Kreis 1-2-3-4.
Dabei wandert die 1 immer um eine Person weiter.

Level 2: Ersetzt die 1 durch ein Schnipsen.

Level 3: Ersetzt zusätzlich die 4 durch ein gesprochenes „Wo".

Level 4: Ersetzt die 2 durch „bist", die 3 durch „du".

Stimme und Ohren

Over My Head

A 12, 13

Text u. Musik: überliefert aus den USA
Arr.: M. Detterbeck
© Helbling

2. Over my head I hear music in the air ...

3. Over my head I see glory in the air ...

4. Over my head I see a rainbow in the air ...

[Tipp] Profis ergänzen über der Stimme von Gruppe 2 eine weitere Terz.

Sprechende Bilder: vom Stummfilm zum Tonfilm

Szene aus: „Steamboat Bill Junior"

Als die Gebrüder Lumière 1895 in Paris erstmals kurze Filme zeigten, handelte es sich noch um Stummfilme. Die Technik, bei der der Ton zusammen mit dem Film aufgenommen bzw. abgespielt werden konnte, war noch nicht entwickelt. Deshalb begleiteten Musiker die Stummfilme live, auch um z. B. die recht lauten Projektorengeräusche zu übertönen. Damit begann die lange und erfolgreiche Geschichte der Filmmusik. 1928 entstand ein lustiger Stummfilm, bei dem die Filmmusik eine wichtige Rolle spielt.

1 Seht euch den Filmausschnitt an. Beschreibt, welche Funktion die Musik hat und in welchem Verhältnis sie zur Bilderfolge und den gezeigten Bewegungen steht.

2 Überlegt, warum man schon früh damit begann, Filme mit Musik zu unterlegen. Denkt dabei nicht nur an die Verbindung von Bild und Ton, sondern auch an die Situation der Zuschauer.

INFO

Kinoorgeln
Die ersten Kinoorgeln entstanden zu Beginn des 20. Jahrhunderts zur Begleitung von Stummfilmen. Zusätzlich zu den Klangfarben der Orgelpfeifen, die Orchesterinstrumente imitierten, besaßen sie sogenannte „Effektregister", mit denen Alltagsgeräusche mechanisch (also nicht in Form elektronischer Samples) erzeugt werden konnten. Zu den Standardgeräuschen einer Kinoorgel gehörten z. B. Kirchenglocken, Zuggeräusche, Geräusche der Brandung und Schiffssirenen.

Ein ganzes Orchester in einer Orgel

Um die Kosten für die Filmmusik gering zu halten, setzte man oft anstelle eines ganzen Orchesters eine „Kinoorgel" ein. Die Organisten besaßen umfangreiche Notensammlungen (Cue-Sheets), um Szenen musikalisch zu unterlegen. Die Musikstücke hatten Titel wie z. B. „Unheilschwangere Nacht" oder „Verhaltenes Grauen".

3 Schaut euch die Videodokumentation über eine Kinoorgel an. Notiert ihre Funktionsweise und Klangmöglichkeiten. Worauf muss der Organist beim Vertonen eines Stummfilms besonders achten?

4 Hört euch die Hörbeispiele an und ordnet sie den Notenbeispielen zu. Überlegt anschließend, zu welchen Filmszenen die Hörbeispiele passen könnten. (A 14, 15)

1 Maestoso — J. S. Zamenik © Fox

2 Andante religioso — J. S. Zamenik © Fox

5 Vertont mithilfe der Multimediaprogrammierung zur Kinoorgel einen Stummfilmausschnitt (siehe auch S. 22/23). Vergleicht eure Ergebnisse.

Der Verlust des „großen Schweigens"

1922 wurde erstmals das sogenannte „Lichttonverfahren" für Filme verwendet. Damit konnte eine im Studio aufgenommene Tonspur mit einem Filmstreifen verbunden werden. Der Deutsche Musiker-Verband protestierte gegen diese technische Entwicklung und auch Charlie Chaplin klagte: „Tonfilme zerstören das schöne, große Schweigen." Das Publikum reagierte dennoch begeistert auf den Tonfilm.

6 a **Gruppenarbeit:** Gruppe 1 sammelt aus der Sicht der Filmproduzenten Argumente für den Tonfilm, Gruppe 2 sammelt aus der Perspektive der Livemusiker Argumente gegen den Tonfilm.

[Tipp] Das nebenstehende Flugblatt aus dem Jahr 1929 gibt euch weitere Hinweise.

b Führt mithilfe eurer Argumente eine Podiumsdiskussion zur Einführung des Tonfilms durch. Ein Moderator führt durch die Diskussion und achtet auf ausgewogene Redezeiten der beiden Gruppen.

Gegen den Tonfilm! Für lebende Künstler!

An das Publikum!

Achtung! Gefahren des Tonfilms!

Viele Kinos müssen wegen Einführung des Tonfilms und Mangel an vielseitigen Programmen schließen!

Tonfilm ist Kitsch!

Wer Kunst und Künstler liebt, lehnt den Tonfilm ab!

Tonfilm ist Einseitigkeit!

100% Tonfilm = 100% Verflachung!

Tonfilm ist wirtschaftlicher und geistiger Mord!

Seine Konservenbüchsen-Apparatur klingt kellerhaft, quietscht, verdirbt das Gehör und ruiniert die Existenzen der Musiker und Artisten!

Tonfilm ist schlecht konserviertes Theater bei erhöhten Preisen!

Darum:

Fordert gute stumme Filme!
Fordert Orchesterbegleitung durch Musiker!
Fordert Bühnenschau mit Artisten!

Lehnt den Tonfilm ab!

Wo kein Kino mit Musikern oder Bühnenschau: Besucht die Varietés!

Internationale Artisten-Loge E. V. Fossil — Deutscher Musiker-Verband. Karl Schiementz

Die Geschichte der Filmmusik

Trotz Protesten war der Siegeszug des Tonfilms unaufhaltsam. Schnell wurden alle musikalischen Möglichkeiten für die Vertonung von Filmen zielgerichtet eingesetzt, um z. B. bestimmte emotionale Haltungen der Hauptpersonen herauszuarbeiten oder die Atmosphäre einer bestimmten Szene zu unterstreichen.

7 Hört euch die fünf Hörbeispiele an und ordnet sie den unten stehenden Entwicklungsphasen der Filmmusik zu. Weitere Informationen über die Geschichte der Filmmusik findet ihr im Internet. A 16–20 www

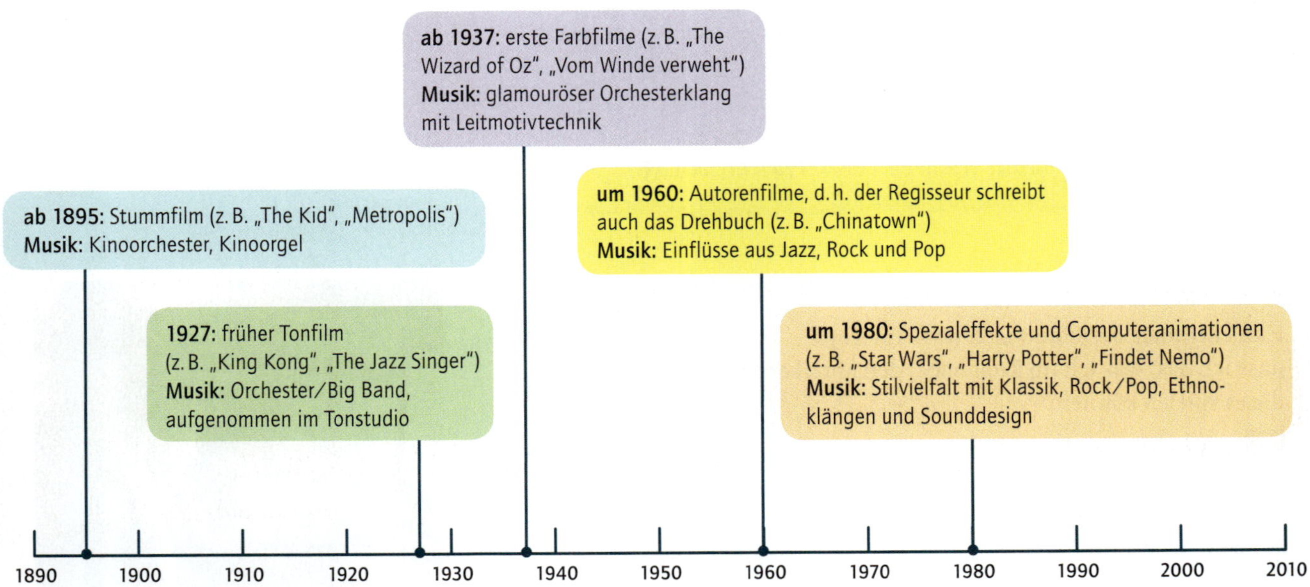

Hans Zimmer – ein Filmkomponist stellt sich vor

INFO

Filmkomponisten
Die Geschichte der Filmmusik prägten Komponisten wie Camille Saint-Saëns, Paul Hindemith, Sergej Prokofjew, Max Steiner („King Kong"), Bernard Herrmann („Citizen Kane"), Ennio Morricone („Spiel mir das Lied vom Tod"), John Williams („Star Wars", „Harry Potter") und Hans Zimmer (z. B. „König der Löwen").

Filmkomponisten spielen bei der Produktion eines Films eine entscheidende Rolle. Ein bekannter Filmkomponist ist Hans Zimmer, der Musik zu mehr als hundert Filmen geschrieben hat – darunter viele erfolgreiche Hollywoodproduktionen.

1 Hört euch die fünf kurzen Ausschnitte aus Filmkompositionen von Hans Zimmer an und versucht, sie jeweils einem Filmtitel zuzuordnen. A 21–25

„König der Löwen" „Fluch der Karibik 2" „Der Da Vinci Code"

„Gladiator" „Der Prinz von Ägypten"

2 Fertigt in eurem Arbeitsheft ein kurzes Porträt über Hans Zimmer an. Gebt dabei u. a. Auskunft über seine Ausbildung, seine musikalische Entwicklung und wichtige Stationen seiner Karriere als Filmkomponist. Recherchiert im Internet und lest zusätzlich die folgenden Interviewaussagen:

Hans Zimmer über sich:

» Musik macht 50 % der Wirkung aus. Ein Film ohne Musik kann meistens keine Gefühle transportieren … durch die Musik erfährt der Zuschauer, wie eine Leinwandfigur gerade empfindet. «

» Ich gehe emotional durch die Hölle, denn mein Job besteht darin, dass ich mich hineinversetze in die Situationen. Ich tauche dann für Monate ab … «

» Ich habe jedes Mal Angst, dass mir nichts einfällt. Ich sitze den ganzen Tag lang und manchmal kommt eine gute Idee – die meiste Zeit aber kommen keine Ideen. Für einen Film muss ich in sechs oder zwölf Wochen zwei Stunden Musik schreiben … manchmal dauert es sechs Wochen, bis ich eine kleine Melodie habe, die etwas bedeutet. «

» Spaß bekomme ich beim Machen, nicht beim Hören von Musik. Wenn ich mir meine Musik anhöre, dann achte ich nur auf die Dinge, die ich hätte besser machen können … Das Stück, das ich gerade schreibe, ist nur das Trittbrett, um nächste Woche ein besseres zu schreiben. «

… einem Filmkomponisten über die Schulter geschaut

Hans Zimmer berichtet: „Ich hör's im Kopf … Der Computer ermöglicht, dass ich das, was ich im Kopf habe, den Musikern beibringen kann, damit die es spielen können."

3 Seht euch den Videoausschnitt über Hans Zimmer an. Beschreibt, wie er als Filmkomponist bei der Vertonung einer Filmszene vorgeht.

Interview mit Hans Zimmer

MusiX: *Herr Zimmer, stellen Sie sich folgende Szene vor: Die Mauer ist gefallen. Willy Brandt steht am Brandenburger Tor und blickt über die tobende Menschenmenge ... Wie würden Sie diese Szene vertonen?*

Hans Zimmer: „Kein Siegesmarsch mit Pauken und Trompeten. Die Pauken sind ja schon fast der natürliche Soundtrack der jubelnden Menschenmasse. Aber was geschieht in diesem Augenblick im Herzen von Willy Brandt? Der Augenblick ist sehr intim und demütig. Die Musik muss das aufgreifen. Sie muss auch ein wenig traurig sein, denn schließlich entsteht immer auch eine Leere, wenn ein Traum wahr geworden ist ... Und schon bald wollen viele Menschen die Mauer wiederhaben, der Konflikt zwischen Ossis und Wessis müsste anklingen ..."

4 Überlegt mithilfe der Aussage von Hans Zimmer, was für ihn bei der Vertonung einer Filmszene wichtig ist. Was folgt daraus für den Kompositionsprozess? Welche Schritte sind wohl wichtig?

Die Spotting Session

Bevor ein Filmkomponist an die Arbeit geht, findet eine sogenannte „Spotting Session" statt. In dieser Sitzung sehen sich Regisseur, Produzent und Komponist gemeinsam den Rohschnitt an und besprechen anhand der einzelnen Szenen, wie die Filmmusik jeweils klingen bzw. welche Aufgabe sie erfüllen soll. Dazu unterlegt man die Filmszenen oft mit bereits vorhandener Musik.

5 **a** Schaut euch gemeinsam die Filmszene ohne Ton an. Beschreibt im Arbeitsheft stichpunktartig die Stimmung der Filmsequenz und definiert, wann und wo der Film spielen könnte.

b Hört euch die Hörbeispiele an, die zur Unterlegung der Szene zur Verfügung stehen. Beschreibt im Arbeitsheft jeweils Stimmung und musikalische Besonderheiten (Instrumente, Tempo usw.). A 26–28

c **Gruppenarbeit:** Gruppe 1 nimmt die Sichtweise des Komponisten, Gruppe 2 die des Regisseurs und Gruppe 3 die des Produzenten während einer Spotting Session ein. Lest dazu die jeweiligen Kärtchen in der Randspalte.

Regisseur
Der Regisseur versteht meistens nicht so viel von der Musik, hat aber das ganze Projekt im Auge (Bild, Text, Ton). Wird die Musik zu dominant und treibt den Film in eine Richtung, die nicht gewollt ist, fordert er vom Komponisten andere Vorschläge ein.

Produzent
Der Produzent will den Film gut verkaufen. Für ihn darf die Musik nicht zu anspruchsvoll sein, weil das Publikum dadurch den Film ablehnen könnte, und sie sollte möglichst günstig produziert werden (wenige Musiker, Einsatz von „Computermusik").

Komponist
Der Komponist will schöne Musik schaffen, die den Film bereichert, am liebsten mit vollem Orchesterklang. Da aber meist nur wenig Geld zur Verfügung steht, ist er oft gezwungen, für kleinere Besetzungen zu schreiben. Um dennoch abwechslungsreiche Musik zu schaffen, verwendet er zusätzlich „gesampelte" Klänge, also Musik, die schon aufgenommen ist.

- Lest euch die Informationen zu eurer Rolle durch. Versetzt euch in die jeweilige Person und verinnerlicht deren Sichtweise auf den Film.
- Bildet einen Stuhlkreis, in dessen Mitte drei Stühle stehen.
- Wählt einen Vertreter pro Gruppe, der auf einem der Stühle in der Kreismitte Platz nimmt.
- Unterlegt die Filmausschnitte mit den Hörbeispielen. Die drei Vertreter diskutieren über die Musikstücke aus der Perspektive ihrer Rolle. Schüler aus dem Außenkreis können im Verlauf zu ihrem Vertreter in der Mitte gehen und dessen Platz einnehmen. Einigt euch am Ende auf eines der Hörbeispiele und fasst die Argumente zusammen.

Filmmusik verstehen

Funktionen und Kompositionstechniken

Filmmusik bietet eine zusätzliche Informationsebene zu den Bildern (siehe Wissensbox unten). Sie kann die Aussage einer Szene illustrieren, interpretieren oder umdeuten. Letzteres geschieht durch den bewussten Kontrast zwischen Ton und Bild (kontrapunktieren). Folglich hat Filmmusik immer dramaturgische Funktion, erfüllt also einen bestimmten Zweck.

1 Hört euch das Hörbeispiel an, das eine Filmszene *illustriert.* Überlegt, in welcher europäischen Stadt dieser Film wahrscheinlich spielt. (A 29)

2 **a** Beschreibt, welche Mittel der Filmkomponist Enjott Schneider einsetzt, um mit seiner Musik eine Szene zu *interpretieren.*

b Die beiden folgenden Hörbeispiele sind aus dem Film „Kaltblütig“. Ordnet die Musik den Personengruppen – zwei jugendliche Kriminelle und eine Farmerfamilie – zu und beschreibt, wie die Musik diese *charakterisiert.* (A 30, 31)

3 **a** Schaut euch den untenstehenden Screenshot aus „Apocalypse Now“ an, auf dem gerade ein Landstrich zerbombt wird. Überlegt, wie eine Musik klingen müsste, die diese Szene *illustriert.*

b Hört euch die Musik an, die der Regisseur in dieser Szene tatsächlich verwendet hat. Tauscht euch darüber aus, warum er diese Musik gewählt haben könnte und welche Wirkung damit erzielt wird. (A 32)

Szene aus „Apocalypse Now“

4 Filmmusik kann die Schlüsselfunktion zum Verstehen einer Szene übernehmen. Erklärt, wie der Komponist Enjott Schneider im Film „Charlie & Louise“ (Das doppelte Lottchen) Musik in der entscheidenden Szene des Erkennens einsetzt.

! WISSEN

Dramaturgische Funktionen von Filmmusik

- **Bildillustration:** Beim „Underscoring“ wird das im Film Sichtbare (Bewegungen usw.) in die Musik übertragen. Die Musik dient der Untermalung oder Verstärkung der optischen Eindrücke.
  Wird jede Bewegung musikalisch hervorgehoben (z. B. jeder einzelne Schritt), nennt man das „Mickey-Mousing“.
- **Bildinterpretation:** Die Musik drückt die Gefühle der Personen aus, also Dinge, die das Bild alleine nicht vermitteln kann. Die „Mood-Technik“ (von engl.: *mood* = Stimmung) hat ihren Ursprung in der Affektenlehre der Barockzeit. Damals wurden Gemütsbewegungen über musikalische Figuren, Tonlagen, Tonarten sowie über die Dynamik dargestellt.
- **Kontrapunktierende Bildinterpretation:** Die Musik steht im Widerspruch zur Bildaussage. Damit kann die Musik das Geschehen kommentieren (z. B. durch ein Zitat), ironisieren, werten oder umdeuten.

Leitmotivtechnik: vom Klang der „Mittelerde“

Im Roman „Herr der Ringe“ beschreibt J. R. R. Tolkien die fiktive Welt von „Mittelerde“. Der Komponist Howard Shore entschied sich, in der Verfilmung mit Leitmotiven zu komponieren. Das Leitmotiv der Hobbits spielt dabei eine zentrale Rolle.

Szene aus „Herr der Ringe“

5 Seht euch den Screenshot aus dem Film „Herr der Ringe“ an. Haltet in Stichpunkten fest, wie die Welt der Hobbits verbildlicht wird und überlegt, mit welchen musikalischen Mitteln man diese Welt darstellen könnte.

» *Die Filmmusik soll ein Gefühl von Altertum vermitteln – als wäre sie in einer Gruft entdeckt worden … Dies ist Teil des Versuchs, die Welt auf realistische Weise neu zu erschaffen, sodass die Zuschauer das Gefühl haben, dass sie sich in Hobbingen befinden.* «

6 Verfolgt mithilfe des Hörbeispiels den Notenausschnitt und beschreibt, wie Shore das Hobbitthema musikalisch aufbaut, um das „Gefühl von Altertum“ zu vermitteln. A 33

Thema der Hobbits

A 33

Musik: H. Shore
© U-A Music/Sony ATV

In einer anderen Szene (Aufbruch aus Bruchtal) erklingt das Hobbitthema wieder.

7 Beschreibt mithilfe des Hörbeispiels, wie das Thema der Hobbits in dieser Szene verändert wurde. Setzt die Veränderung in Bezug zum darauffolgenden Gefährtenthema und überlegt, was der Komponist mit dieser Veränderung ausdrücken wollte. A 34, 35

Thema der Gefährten

A 35

Musik: H. Shore
© Universal/MCA

! WISSEN

Leitmotivtechnik

Die **Leitmotivtechnik** stellt eine der wichtigsten Kompositionstechniken im Film dar.
Das Verfahren lehnt sich an die Kompositionstechniken Richard Wagners an und wurde bereits in der Stummfilmzeit verwendet. Dabei wird z. B. einer Figur ein bestimmtes musikalisches Motiv zugeordnet. Dadurch kann der Zuschauer den Charakter der Person identifizieren.
Durch Veränderung des Leitmotivs kann der Komponist den inneren Zustand einer Person aufzeigen.

Musik für einen Antikriegsfilm

Im Film „Stalingrad“ wendet der Komponist Enjott Schneider ähnliche Kompositionstechniken wie Shore an.

Motiv (aus: „Stalingrad“) A 36

Musik: E. Schneider
© Bavaria Sonor BSM

8 **a** Spielt das nebenstehende Motiv auf einem Instrument und erläutert den Aufbau. Geht dabei auf Intervallabfolgen, rhythmische Strukturen usw. ein.
b Schaut euch das Interview mit dem Komponisten an und erläutert, welche Überlegungen er dem Kompositionsprozess voranstellte und welche Auswirkungen dies auf die Vertonung des Filmes hatte.

Foley Artist – ein Geräuschemacher

1896 stand in einem Bericht der Zeitschrift „Der Artist“:

» *Der Kinematograph (...) ist ein vorzüglicher Apparat, welcher uns tanzende Kinder, marschierende Soldaten, ankommende Eisenbahnzüge (...) zeigt, sodass sie uns greifbar erscheinen, um so mehr als Mr. Hubertus, der hervorragende Imitateur von Thierstimmen, die einzelnen Bilder unsichtbar durch Geräusche und Töne zu beleben weiß.* «

Geräuschemacher Max Bauer bei der Arbeit

„Effect boys“ untermalten früher die Filme mit handgemachten Toneffekten wie z. B. Autohupen, Kokosnüssen (Imitation von Pferdehufen) oder mit Erbsen gefüllte Schachteln (für Regen oder Meeresrauschen). Geräuschemacher (engl.: *foley artists*) sind noch heute für die gesamte Nachvertonung von Geräuschen in Filmen zuständig. Neben handgemachten Toneffekten greifen sie aber inzwischen auch auf Klangbibliotheken (sound libraries) zurück.

1 Schaut euch die Dokumentation des Geräuschemachers Max Bauer an und macht euch Notizen zu folgenden Fragen: Wie sieht die Ausbildung zu diesem Beruf aus und welche Herausforderungen bietet er? Wie geht ein Foley Artist bei der Erzeugung von Geräuschen vor? In welchen Bereichen sind seine Künste als Geräuschemacher gefragt?

INFO

Foley Artists
Seit Beginn des Films vertonen Geräuschemacher (engl.: *foley artists*) die laufenden Bilder. Jack Foley, nach dem dieser Berufszweig benannt ist, wurde durch die Nachvertonung des Stummfilms „Show Boat“ berühmt. Heute synchronisieren Foley Artists in speziell dafür eingerichteten Tonstudios Handlungs- und Bewegungsgeräusche, die aus künstlerischen oder technischen Gründen neu aufgenommen werden müssen. Sie liefern einzelne Toneffekte, erfinden Klänge und kreieren Details für das Sounddesign. Die Art der jeweiligen Klangerzeugung wird dabei oft gehütet wie ein Zaubertrick.

Besonders bei Animationsfilmen sind Ideen seitens des Geräuschemachers wichtig. So entstehen z. B. aus Regenschirmen flatternde Vögel oder aus raschelnden Plastiktüten ein loderndes Feuer. Foley Artists müssen für die Vertonung von komischen Szenen auch die Technik des „Mickey-Mousing“ beherrschen. Dabei werden alle Bewegungen der Akteure detailliert synchronisiert.

2 Schaut euch nochmals den Filmausschnitt aus „Steamboat Bill Junior“ an. Tauscht euch darüber aus, auf welche Weise die hinzugefügten Geräusche die Wirkung der Filmsequenz für den Zuschauer verändern bzw. verstärken.

3 **Gruppenarbeit:** Überlegt, wie die folgende Filmszene mit der Technik des Mickey-Mousing vertont werden kann:

❖ Jemand stolpert, fällt die Treppe hinunter und landet unten unsanft am unteren Treppenabsatz.

Stellt euch eure Filmvertonungen vor. Wo gibt es Unterschiede? Welche Aspekte sind besonders gut gelungen?

Szene aus „Stairs“

Livevertonung: Mord im Antikensaal

Wir befinden uns in Venedig, der ins Meer gebauten italienischen Stadt mit ihren vielen Gondeln und alten, auf Holzpfählen errichteten Häusern. Auf einer Treppe vor einem Palazzo: Schritte – ein Maskierter …

4 Seht euch zunächst den Filmausschnitt an und erstellt in eurem Arbeitsheft einen Ablaufplan der einzelnen Szenen.

5 Gruppenarbeit:

a Jede Gruppe bereitet zunächst ihre unten beschriebene Aufgabe vor und übt die Vertonung so ein, dass alle Elemente an der richtigen Stelle mit der richtigen Lautstärke erklingen können.

b Führt nun gemeinsam eine Livevertonung der Szene durch.

Basso ostinato

! WISSEN

Slash-Akkorde

Bei der Akkordbezifferung C/G bzw. Dm/F ist der Basston mit einem Schrägstrich (engl.: *slash*) an den Akkord angehängt. Der Begleitakkord C/G (*C* über *G*) bedeutet also, dass ein C-Dur-Akkord über dem Basston *G* gespielt werden soll.

Gruppe 1

Spielt auf beliebigen Instrumenten oder singt die abgebildete, sich ständig wiederholende Bass-Stimme (Basso ostinato). Improvisiert dazu mit Klasseninstrumenten oder eurer Stimme und verwendet die angegebenen Akkordsymbole.

[Tipp]: Die Wissensbox gibt euch weitere Informationen für die Akkordbegleitung.

Gruppe 2

Erstellt ein Sounddesign für die Filmvertonung. Experimentiert dazu mit Klängen wie z. B. Schritten auf unterschiedlichen Unterlagen, fallenden Gegenständen (Schlüssel, Münzen, zerbrochenes Glas …), Stiften, Plastiktüten, Steinen usw. Legt schriftlich fest, wann welches Geräusch erklingen soll.

[Tipp]: Verwendet etwa drei bis vier Klangereignisse. Diese können auch gleichzeitig stattfinden.

Gruppe 3

Überlegt, welche Handlung der Film mit dem Titel „Mord im Antikensaal" haben könnte. Sammelt passende Worte, Satzfragmente, Ausrufe, die ihr zum Film flüstern könnt, z. B. „Gift! Sie wurde vergiftet!" – „Wo ist sie?" – „Pass doch auf!" – „Dort!" – „He? Aber sie läuft ja!" …

[Tipp]: Halleffekte könnt ihr erzeugen, indem ihr in verschiedene Gefäße (z. B. Blecheimer) sprecht bzw. flüstert.

[Das habt ihr gelernt]

- einen Überblick über die Entwicklung des Films
- welche Rolle die Musik für die Wahrnehmung eines Films spielt
- welche Klangmöglichkeiten eine Kinoorgel besitzt
- etwas über den Filmmusikkomponisten Hans Zimmer
- Funktionen von Filmmusik und welche Kompositionstechniken man dafür verwendet
- was ein Geräuschemacher ist und wie er arbeitet
- einen Filmausschnitt live zu vertonen
- was ein Slash-Akkord ist und wie man ihn spielt

[Workshop] Filmvertonung am Computer

In diesem Workshop lernt ihr, mithilfe des Programms „MusiXMaster“ einen Film mit Musik, Geräuschen und Klängen aus einer Soundlibrary, dem Internet oder mit selbst aufgenommenen Sounds am Computer zu vertonen.

Filme mit dem Computer vertonen

Musik ist ein zentraler Bestandteil von Filmen, 3-D-Animationen und Dokumentationen. Spannung und Aussagekraft des visuellen Geschehens werden u. a. durch Hintergrundmusik, Soundgestaltung (Geräusche usw.) oder eigens erstellte Kompositionen maßgeblich gesteuert bzw. gesteigert.

Schritt 1: Material durchleuchten

Damit euch eine überzeugende Vertonung gelingt, solltet ihr euch den Film und alle darin enthaltenen Szenen zunächst genau anschauen.

- **Partnerarbeit:** Macht euch zum Filmausschnitt „Max“ zu folgenden Fragen Notizen:

Wie ist die Grundstimmung?

Was geht in Max vor, während er über die Wiese geht? Was hat er vor?

Welchen Charakter hat Max? Ist er ein Witzbold, ein Angsthase, ein Dummkopf?

Sagt Max etwas – etwa wenn er den Hund erschrecken will?

Hat auch der Hund Gedanken?

Schritt 2: Szenenübersicht erstellen

Eine Szenenübersicht hilft euch, einen genauen Überblick über den Verlauf des Films zu bekommen. Das hilft euch später bei der Umsetzung der Vertonung.

- Untersucht die einzelnen Szenen des Films genauer und erstellt eine Szenenübersicht. Listet dazu die verschiedenen Einstellungen mit Sekundenangaben auf.

Szenenübersicht

Zeit	Szene	Stimmung	Musikplanung	Soundgestaltung
00:00	Max spaziert			
00:06	Hund erscheint			
00:08	Max spaziert 2			
00:11	Max erschrickt			

[Tipps]

Vertonung

- Setzt ungewöhnliche Klänge ein. Experimentiert z. B. mit Clustern (gleichzeitiges Singen oder Spielen verschiedener Tonhöhen) oder Alltagsgegenständen.
- Weniger ist (oft) mehr. Verwendet nicht zu viele Klänge gleichzeitig, sondern wendet wenige Klänge zur richtigen Zeit an.
- Informiert euch noch einmal auf S. 18 über die dramaturgische Funktion von Filmmusik und die Technik des Mickey-Mousings.
- Holt euch Tipps vom „Geräuschemacher“ (siehe S. 20).

Schritt 3: Musikplanung und Soundgestaltung

Die Hintergrundmusik legt die Grundstimmung einer Szene fest. Eine passende Soundgestaltung (Geräusche, Soundeffekte usw.) hingegen konkretisiert die Bilder.

Betrachtet die einzelnen Szenen noch einmal und tragt in die Szenenübersicht die jeweilige Stimmung ein.

Legt in der Szenenübersicht in der Rubrik „Musikplanung“ fest, wie ihr die Stimmungen der einzelnen Szenen musikalisch ausdrücken und welche Aktionen ihr mit Musik, Geräuschen oder Sprache unterstützen wollt. Bedenkt dabei, dass auch akustische Ereignisse möglich sind, die nicht im Bild zu sehen sind.

Experimentiert für die musikalische Umsetzung von Bewegungen (Gehen, Laufen), Hintergrundgeräuschen, Gefühlen und Gedanken mit Geräuschen und Klängen und haltet eure Ideen in der Rubrik „Soundgestaltung“ der Szenenübersicht fest.

Schritt 4: Vertonung mithilfe des Programms MusiXMaster

Nun geht es an die praktische Umsetzung eures Vertonungskonzepts.

- **Filmausschnitt laden**
  Importiert den Filmausschnitt in das Arrangierfenster des Programms „MusiXMaster" über die Menüleiste oben links oder durch Ziehen in das Arrangierfenster.

- **Musik**
  Integriert zunächst die Hintergrundmusik. Musikbausteine findet ihr im Soundpaket des Programms. Diese könnt ihr per drag & drop im Arrangierfenster positionieren. Weitere Sounds findet ihr im Internet auf kostenlosen Sounddatenbanken. Über die Importfunktion lassen sich alle Sounds von der Festplatte als .mp3 in das Programm importieren.

  [Tipp] Ihr könnt die Musik aber auch selbst (mit Instrumenten oder Stimme) einspielen und direkt mit der Aufnahmefunktion von „MusiXMaster" aufnehmen. Schließt zur Aufnahme ein Mikrofon an die Soundkarte eures Rechners an und klickt auf das Aufnahmesymbol (roter Kreis) im Playerfenster.

Sounds aus dem Internet
Im Internet gibt es eine Reihe von freien Sounddatenbanken, die Geräusche als MP3- oder wav-Dateien zur Verfügung stellen.

- **Soundgestaltung**
  Als Nächstes positioniert ihr die Geräusche und Klänge. Besonders bei Klangereignissen, die synchron mit dem Film erfolgen sollen, ist eine genaue Platzierung der Bausteine erforderlich. Schaltet dazu den Button „Am Raster ausrichten" aus.

  [Tipp] Geräusche könnt ihr mit Gegenständen selbst erzeugen und aufnehmen.

- **Sprache**
  Überlegt, ob ihr gesprochene Texte einfügen wollt. Beispielsweise könnten die handelnden Figuren sprechen (oder laut denken), aber auch Personen, die man nicht sieht (Spaziergänger, Max' Freund, seine Mutter ...).

  [Tipp] Ihr könnt den Film beispielsweise wie eine Reportage kommentieren, bei der ihr euch aufmunternd, bösartig oder neutral verhaltet.

- **Mastering**
  Regelt die Lautstärkebalance der einzelnen Spuren im Mixer. Um den Raumeffekt zu verstärken, könnt ihr die Sounds im Stereobild positionieren (Panoramaregler). Exportiert das fertige Video und wählt das gewünschte Videoformat (z. B. .avi oder .mov) aus.

[Kapitel 3]

Musik anderer Kulturen

»Tsamina mina eh eh
Waka Waka eh eh
Tsamina mina zangalewa
This time for Africa«
(Shakira)

Sind in den Songs von Popsängerin *Shakira* traditionelle Musikelemente ihrer Heimat Kolumbien enthalten? „Ja", sagt Professor Tiago de Oliveira Pinto, der das interdisziplinäre Pilotprojekt „Global Music Database" ins Leben gerufen hat. Grundlage ist eine Software, mithilfe derer man in kurzer Zeit Herkunft, historische Verwandtschaft und stilistische Besonderheiten einer Musik aufspüren kann.

Er verweist auf vergleichende Analysen ihrer Lieder mit Rhythmen der Cumbia, einem traditionellen kolumbianischen Paartanz. Die Musik der Cumbia besteht aus indigenen und spanischen Elementen, die sich durch die Verschleppung von Sklaven nach Kolumbien auch mit afrikanischer Musik vermischten.

Projektmitarbeiter P. Küppers erklärt:
»Wir machen uns von der globalen Musikindustrie unabhängig, denn bestehende Suchmaschinen können nur identische Musikstücke aus riesigen Datenbanken finden. Wir synthetisieren Grundelemente von Rhythmen, um Nutzern allgemeine musikalische Informationen zu liefern.«

Stimme und Ohren

Everybody Loves Saturday Night

A 37, 38

Text u. Musik: überliefert aus Nigeria
Arr.: M. Detterbeck

Rhythmus und Zusammenspiel

Reiskekstanz

A 39

Text u. Musik: überliefert aus Japan

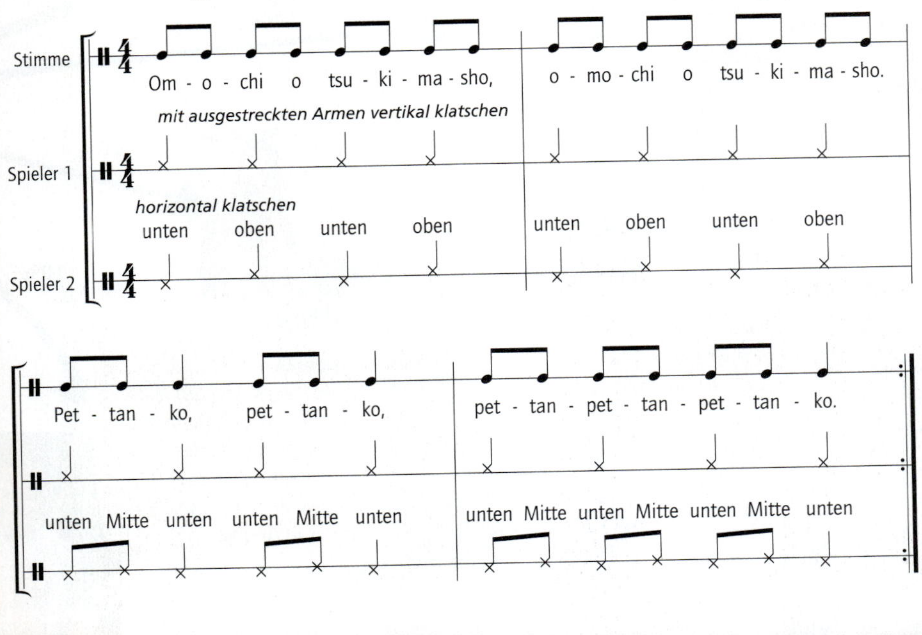

Gestaltet mit euren Händen eine Reiskekspresse.

Spieler 1 öffnet dazu vertikal mit ausgestreckten Armen vor dem Körper seine Handfläche nach unten bzw. oben in Vierteln.

Spieler 2 klatscht horizontal in drei Positionen: unter (U), in der Mitte zwischen (M) und oberhalb (O) der Reiskekspresse von Spieler 1.

Black Music: musikalische Weltsprache

Sklaven auf dem Transport

Afrika spielt in der Geschichte der kulturellen Globalisierung eine wichtige Rolle. Afrikaner, die als Sklaven nach Amerika verschleppt wurden, haben mit ihrer Musik vor allem in der Rock- und Popmusik deutliche Spuren hinterlassen.

Sklaven für die Neue Welt

Der „Dreieckshandel" (siehe S. 27) war Jahrhunderte lang ein einträgliches Geschäft. Schätzungen zufolge wurden zwischen dem 16. und 19. Jahrhundert etwa 24 Millionen Menschen verschiedener afrikanischer Stämme auf Schiffen nach Amerika transportiert und dort als billige Arbeitskräfte auf Plantagen eingesetzt.

1 **a** Erklärt, warum der Handel mit afrikanischen Sklaven so einträglich war. Lest dazu die Infobox rechts unten und recherchiert im Internet.

b H. Heine schildert 1854 in seinem Gedicht „Das Sklavenschiff" den Sklavenhandel. Hört das Hörbeispiel an und beurteilt, ob die Ereignisse in dieser Form passend dargestellt werden. A 40

Blues
war ursprünglich die Unterhaltungsmusik der afroamerikanischen Bevölkerung der Südstaaten der USA. Die Musik prägte den Jazz, aber auch die Rock- und Popmusik.

Spiritual und Gospel
Die Struktur von Call & Response geht auf afrikanische Musizierpraxis zurück. Dabei fordert ein Vorsänger mit seinem Ruf alle Anwesenden auf, in ein Lied einzustimmen.

Rap
ist in der afroamerikanischen Bevölkerung der USA entstanden und fand Nachahmer in aller Welt. Die Art des Textvortrags hat Gemeinsamkeiten mit dem Geschichtenerzählen durch Griots in Westafrika.

Batá-Trommeln
Der religiöse Kult der Santería auf Kuba hat Gemeinsamkeiten mit den rituellen Handlungen der Yoruba in Nigeria und Benin.

Reggae
stammt aus Jamaika und ist das Sprachrohr der Rastafaribewegung. Ihr zentraler Wunsch ist die Rückkehr aller Afrikaner nach Afrika.

Samba
ist eine Musik- und Tanzform, die ihre heutige Gestalt afrikanischen, europäischen und indischen Einflüssen verdankt. Er ist weltweit bekannt.

Capoeira
ist ein Kampfspiel aus Brasilien, das mit dem Berimbau, einem bogenförmigen Musikinstrument, begleitet wird. Vergleichbare Instrumente gibt es in Angola.

Das musikalische Erbe der Sklaven

Durch die Verbindung ihres eigenen kulturellen Erbes mit den kulturellen Begebenheiten in Amerika schufen die aus Afrika verschleppten Menschen und ihre Nachkommen neue Musikformen, die die Musik weltweit entscheidend mitprägten.

2 Informiert euch anhand der Bilder und Texte über die dargestellten Musikrichtungen und ordnet die Hörbeispiele diesen zu. A 41–47

Spurensuche

Aufgrund vielfältiger „Anleihen" ist Amerika kulturell stark mit Afrika verbunden. So finden sich heute in Südamerika und auf den karibischen Inseln Instrumente, die ihren Ursprung in Afrika haben. Die auf Kuba verwendeten Batá-Trommeln (sanduhrförmige Trommeln mit unterschiedlich großen Fellen) sind ein Erbe der westafrikanischen Yoruba. Mit ihnen werden bis heute auf Kuba rituelle Gesänge begleitet.

3 **a** Seht euch den Videoausschnitt über ein Fest der Yoruba in Benin/Westafrika an. Beschreibt Atmosphäre, Instrumente und die beteiligten Personen.
b Beschreibt, welche Rolle Trommeln und Tanz bei dem auf der Insel Kuba gefilmten Ritual spielen. Vergleicht die Videoaufnahmen miteinander.

INFO

Afrikanische Instrumente in der „Neuen Welt"
Viele Instrumente Südamerikas und der Karibik stammen ursprünglich aus Westafrika. Die Agogô Bells spielen in der lateinamerikanischen Musik (z. B. im Samba) eine wichtige Rolle. In Westafrika werden bis heute ganz ähnlich gebaute miteinander verbundene Doppelglocken mit unterschiedlicher Tonhöhe gespielt. Eines der ältesten afrikanischen Instrumente ist der Musikbogen mit Kalebasse (ausgehöhlter Kürbis). Im Capoeira-Tanz wird ein ähnlich gebautes Instrument, der Berimbau, verwendet.

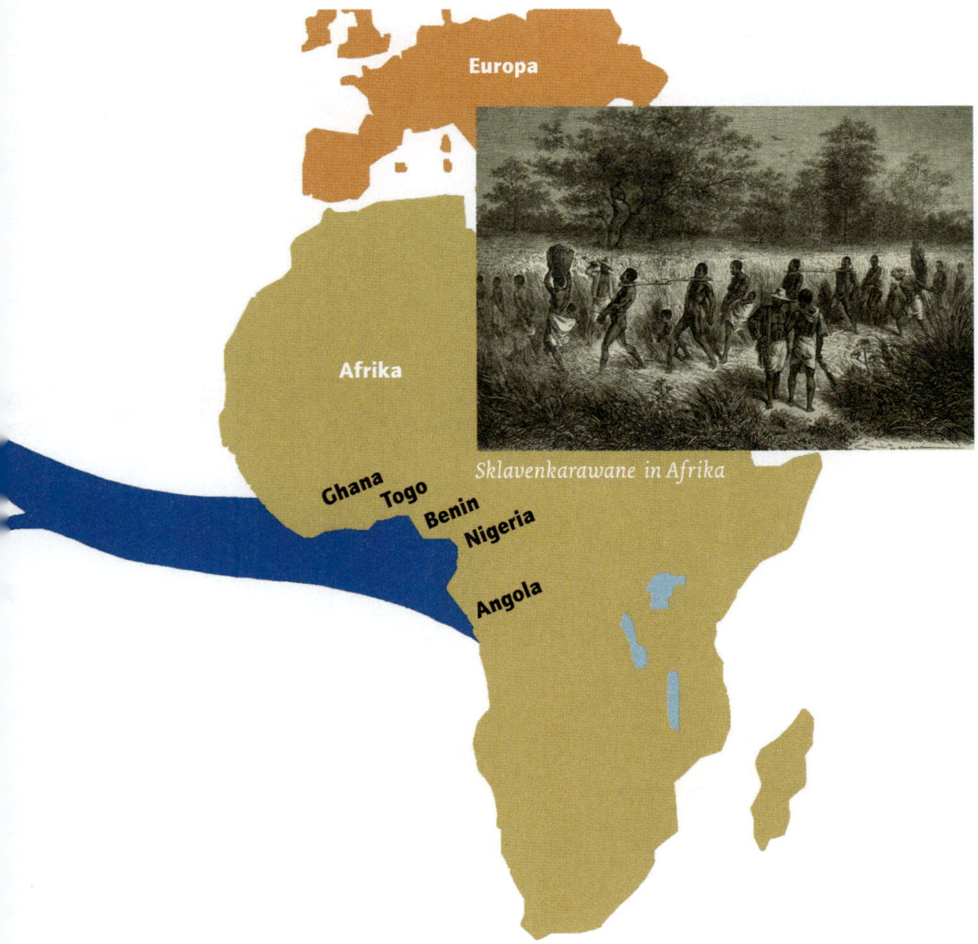

Sklavenkarawane in Afrika

INFO

Dreieckshandel
Der Dreieckshandel war ein Handelskreislauf. Von Europa wurden Gewehre und Schnaps nach Afrika gebracht und dort gegen Sklaven getauscht. Diese wurden auf die westindischen Inseln und nach Amerika verkauft, um mit Zucker, Rum und Baumwolle nach Europa zurückzukehren.

INFO

Desmond Dekker
(1941–2006) war einer der ersten weltweit bekannten Reggaemusiker. 1969 kam sein Titel „Israelites“ in die englischen Charts. In seinem Song „Pretty Africa“ hatte er schon zwei Jahre zuvor den Wunsch der Rastafaris formuliert, das „Babylon Jamaika“ zu verlassen und ins Mutterland Afrika zurückzukehren.

Ras Izebo: Rastafari

Reggae und die Sehnsucht nach Afrika

Pretty Africa

A 41, 48

Text u. Musik: D. Dacres
© Melodie der Welt
Transkription und Einrichtung: M. Detterbeck, U. Lindner

Begleitpatterns

Klavier/Stabspiele

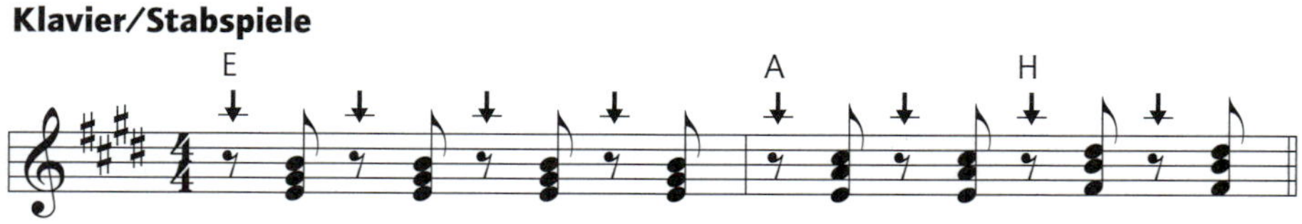

↓ = Luftschlag (mit der linken Hand)

E-Bass

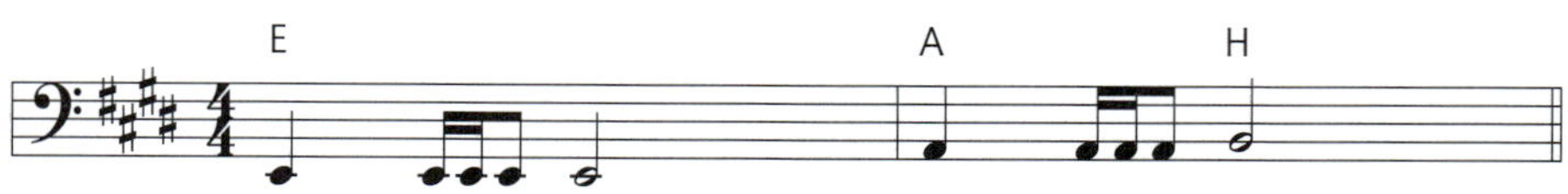

Schlagzeug

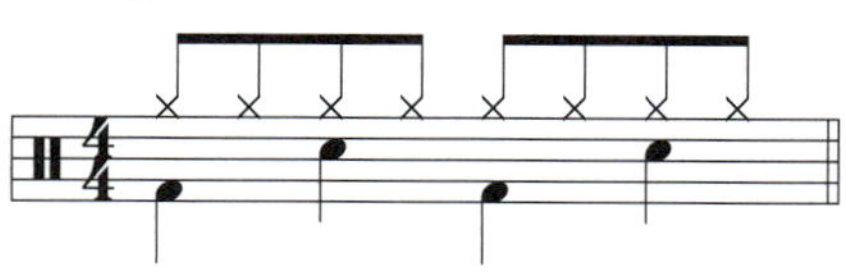

Stand-Tom

Take Me Back to Africa

Harry Belafonte beschreibt Jamaika in einem seiner Songs als „Island in the Sun“ – dennoch hat dieses karibische Paradies eine dunkle Geschichte: Kolumbus entdeckte Jamaika 1494. Schon kurz darauf wurde es bedeutendes Zentrum des Sklavenhandels. Afrikas musikalisches Erbe zeigt sich bis heute auf Jamaika z. B. in Form von Burru-Rhythmen, Nyahbinghi-Chants oder im Ska- und Calypsostil. Diese haben zusammen mit US-amerikanischen Einflüssen den Reggae geprägt, der als Musik der Rastafaris internationale Popularität erlangte.

1 a Erstellt eine kurze Übersicht über die Geschichte Jamaikas und der Rastafari-Bewegung. Informationen findet ihr in der Infobox und im Internet.
b Erklärt, warum die Rastafaris die westliche Kultur als „Babylon“ bezeichnen und in diesem Zusammenhang die Rückkehr nach Afrika propagieren.

2 Benennt im Bild links Elemente, die auf die Rastafaribewegung hinweisen.

3 a Hört euch „Pretty Africa“ in einer Aufnahme des Reggaemusikers Desmond Dekker an. Worin spiegelt sich die Botschaft der Rastafari wieder? A 41
b Notiert im Arbeitsheft die musikalischen Elemente, die den Reggae prägen.

INFO

Merkmale der Rastafarikultur

Die Rastafaris sehen in der Rückkehr aller Afroamerikaner nach Afrika deren Erlösung. Die westliche Kultur verdammen sie als „Babylon“. Sie verehren Kaiser Haile Selassie I. (1892–1975) als Gott. Er wird auch „Löwe von Juda“ genannt. Sein Geburtsname (Ras Tafari Makonnen) gab der Bewegung ihren Namen.
Für die Rastafaris ist der Genuss von Marihuana Hilfsmittel, um Gottesnähe und religiöse Entrückung zu erreichen. Sie tragen oft Dreadlocks (lange, gedrehte Haarsträhnen), die ihnen Hinweis auf die Mähne eines Löwen, das Symbol Afrikas, sind.

Rum und Reggae

Der weltgrößte Rumhersteller Bacardi übernahm im Jahr 1988 den Song „Summer Dreaming“ als Werbejingle.

4 **Gruppenarbeit:** Gruppe 1 beschäftigt sich mit dem Song „Summer Dreaming“, Gruppe 2 mit dem Song „Africa Unite“ von Bob Marley. A 49, 50

- Hört euch den jeweiligen Song mehrmals an und macht euch Notizen zum Text und zur musikalischen Gestaltung (Art des Gesangs, Instrumente, Soundgestaltung usw.).
- Als Mitarbeiter eines Grafikbüros habt ihr den Auftrag, für euren Song ein CD-Cover zu entwerfen. Einigt euch auf einen Coverentwurf und erstellt eine aussagekräftige Skizze davon.
- Stellt euch gegenseitig eure Gestaltungskonzepte vor und vergleicht sie anschließend miteinander. Welche Rückschlüsse zieht ihr aufgrund des jeweiligen Covers auf die beabsichtigte Wirkung?

5 a Schaut euch das Video zu „Summer Dreaming“ an und beschreibt die dargestellten Szenen. Erläutert, welches Gefühl beim Zuschauer geweckt werden soll und mit welchen Mitteln das Video die Wirkung der Musik verstärkt.
b Die Geschichte des Rums ist eng mit dem Dreieckshandel (s. Infobox S. 27) verbunden. Tauscht euch darüber aus, ob Reggae als Musik für eine Rumwerbung angemessen ist.

Bob Marley

Samba-Reggae: Rhythmen aus Brasilien

A 51

♩ = 60–110

Arrangement: M. Papst-Krüger

Intro

Apito (Sambapfeife)

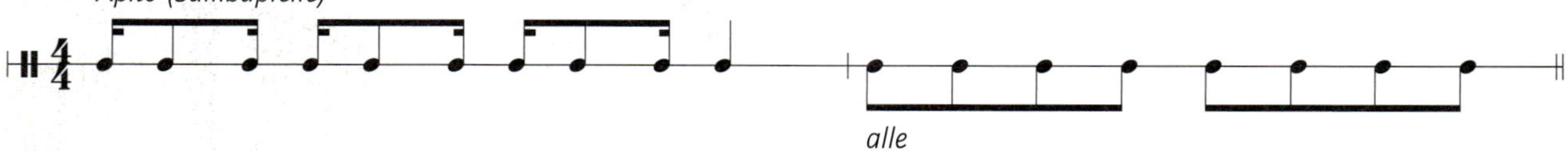

Patterns/Grooves

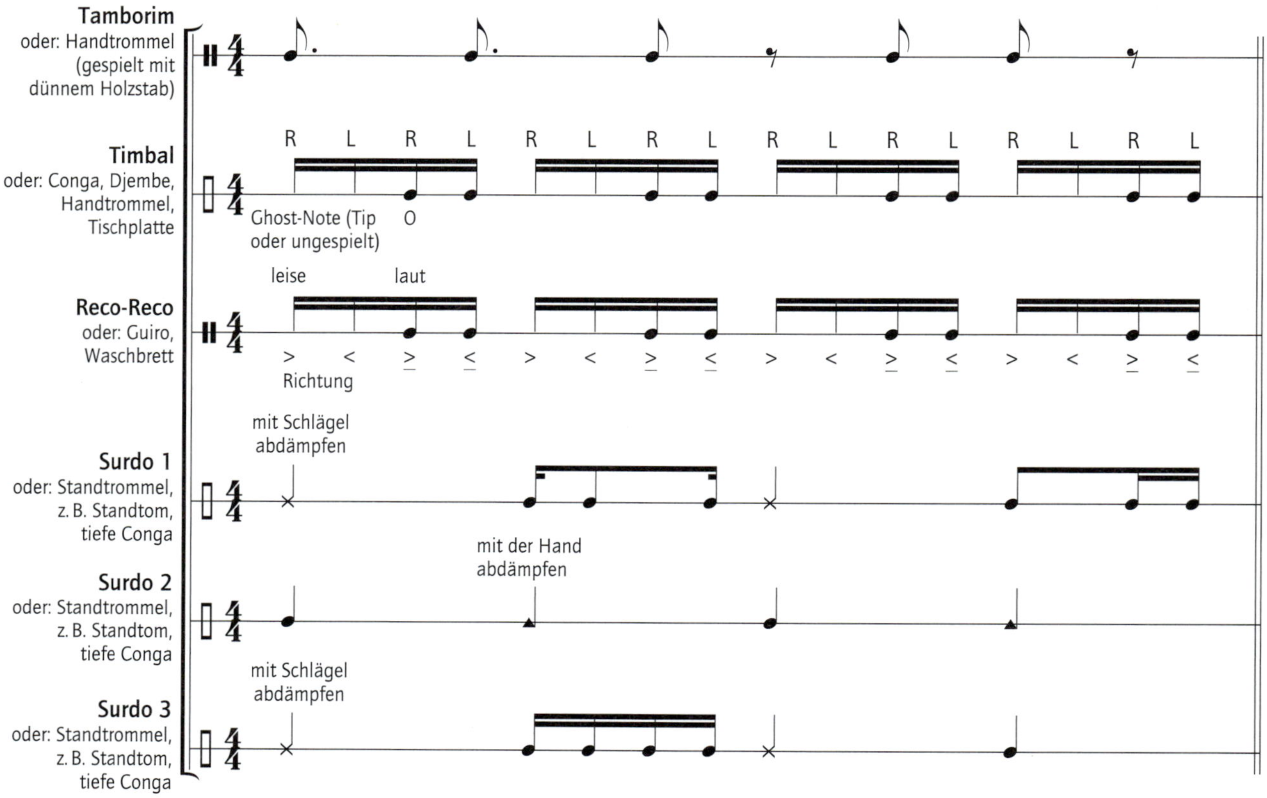

Break der Surdos (die anderen Instrumente spielen ihre Grooves oder pausieren ad lib.)

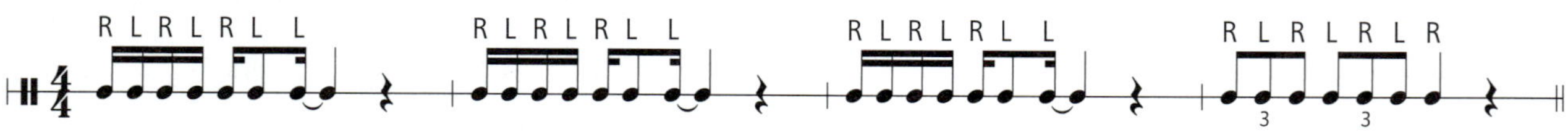

Outro

Apito

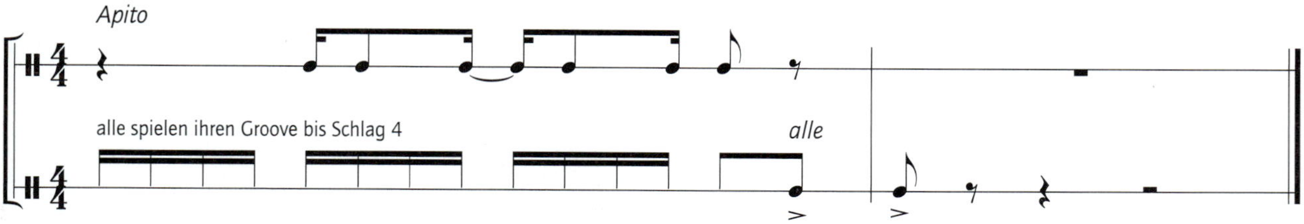

1 Studiert den Samba-Reggae folgendermaßen ein:

Schritt 1: Führt zunächst ohne Instrumente folgende Schrittfolge im Viertelpuls am Platz aus:
rechts – beistellen – links – beistellen

Schritt 2: Klatscht die Timbal-Stimme.

Schritt 3: Klatscht die Tamborim-Stimme.

Schritt 4: Bildet zwei Gruppen für die Timbal- und die Tamborim-Stimme. Wechselt die Stimmen nach einer festgelegten Taktzahl.

Schritt 5: Spielt das Arrangement mit Klasseninstrumenten.

2 Hört euch die Aufnahme eines Samba-Reggae an. Weist typische Reggae-Rhythmuselemente nach und benennt die Instrumente, die diesen Rhythmus spielen. A 51

Die Combo Ilê Aiyê

Die Instrumente des Samba

Die Originalinstrumente des Samba-Reggae sind in der Regel recht einfach gebaut. Oft werden Gegenstände des täglichen Lebens wie z. B. Flaschen, Teller, Bratpfannen, Tischplatten usw. zu Musikinstrumenten.

3 Seht euch das Video zu den heute im Samba verwendeten Instrumenten Tamborim, Surdos, Caixa, Repinique, Timbal und Reco-Reco an. Macht euch Notizen zu baulichen und klanglichen Besonderheiten.

4 Seht den Film über eine Sambagruppe an. Achtet auf die verwendeten Instrumente und darauf, mit welchen Mitteln die Gruppe die Musik zur Geltung bringt. Tauscht euch anschließend über eure Beobachtungen aus.

Der Bloco Afro: mehr als Karneval und Trommeln

In Salvador, der Hauptstadt des brasilianischen Bundesstaates Bahia, wird der größte Straßenkarneval der Welt gefeiert. Der dort gespielte „Samba-Reggae" mit seinen afrikanischen und karibischen Einflüssen ist weit mehr als nur groovige Karnevalsmusik. Er ist Ausdruck kultureller Identität und Sprachrohr im Kampf um Gleichberechtigung der Afrobrasilianer. Im Refrain eines Songs von *Ilê Aiyê* heißt es:

» *Welcher Bloco ist das ... ? Es ist „Ilê Aiyê", die schwarze Welt. Wir sind verrückte Kreolen, wir sind völlig in Ordnung und haben krause Haare. Ja, Weißer, wenn du wüsstest, welchen Wert wir Schwarzen haben, würdest du in Teer baden, um auch schwarz zu sein.* «

5 **a** Überlegt, warum die Musiker für ihre Gruppe einen Namen aus der Sprache der Yoruba (westafrikanisches Volk) gewählt haben, der übersetzt bedeutet: „Haus des Lebens". Betrachtet das Bild oben. Wie inszeniert sich die Gruppe?
b Hört euch eine Aufnahme des Stückes „Que bloco é esse?" an. Erläutert, welche Anliegen die Musiker verfolgen und wie sie dabei ihre Musik einsetzen. A 52

INFO

Blocos Afros und Samba
Brasilien schaffte erst 1888 die Sklaverei ab – die Diskriminierung blieb. In den 1970er-Jahren besannen sich die Nachkommen afrikanischer Sklaven auf ihre Herkunft und gründeten „Blocos Afros" (von portug.: *blocos* = Perkussionsgruppen). Dabei vermischten sie afrikanische, karibische Reggae- und Sambaelemente mit Klängen aus aller Welt und entwickelten daraus neue musikalische Stile.

INFO

Ilê Aiyê
Die brasilianische Musik- und Kulturgruppe wurde 1974 als erste Bloco-Afro-Perkussionsgruppe gegründet und trat an, um den schwarzen Brasilianern einen Platz im von Weißen dominierten Karneval zu erobern. Inzwischen hat *Ilê Aiyê* etwa dreitausend Mitglieder. Der Einfluss ist enorm: Die erste Teilnahme am Karneval 1975 löste eine Welle von weiteren Gründungen aus. Um 1980 galt der Karneval von Salvador als komplett „afrikanisiert".

Andere Länder – andere Skalen

Im 19. Jahrhundert entstand in Istanbul ein Lied, das sich im ganzen Osmanischen Reich verbreitete und bis heute populär ist. Mittlerweile erheben verschiedene Nationen Anspruch auf dieses Lied. Darin geht es um einen „Schreiber", der in Istanbul auf dem Weg zur Arbeit in den Stadtteil Üsküdar ist.

Üsküdar'a

B 1, 2

Text u. Musik: überliefert

Übersetzung:

1. Auf dem Weg nach Üsküdar begann ein Regen. Die Jacke meines Schreibers ist lang, ihr Saum ist schmutzig. Er ist gerade aufgewacht, seine Augen sind verschlafen.

   Der Schreiber ist mein, ich bin sein, was geht das die Fremden an? Wie gut steht das gestärkte Hemd meinem Schreiber!

2. Auf dem Weg nach Üsküdar fand ich ein Taschentuch und füllte es mit Süßem. Ich war auf der Suche nach meinem Schreiber, fand ihn neben mir.

   Der Schreiber ...

Hinweise zur Aussprache:
yağmur = jahmur
uzun = usun
eteği = eteji
şamur = tschamur
uyanmiş = ujanmisch
gözleri = gösleri
mahmur = machmur
karişır = karischr

1 Singt das Lied und schaut euch anschließend die Karte des Osmanischen Reiches um 1900 an. Erklärt, wie es dazu kommen konnte, dass das Lied „Üsküdar'a" von vielen Ländern als ihr eigenes Lied empfunden wird. B 2

Das Osmanische Reich um 1900

„Fremde" Skalen? Die harmonische Molltonleiter

Verallgemeinernd kann man sagen, dass in Mitteleuropa viele Lieder in Dur, in Skandinavien in Moll stehen. Außerhalb Europas, etwa im Nahen Osten oder im Mittelmeerraum, verwendet man oft andere Skalen, z. B. die „harmonische Molltonleiter", die wegen ihrer Tonschritte auf Europäer orientalisch wirkt.

2 Notiert die d-Moll-Tonleiter und darunter den Tonvorrat des Liedes „Üsküdar'a". Spielt die Tonleitern anschließend und vergleicht sie miteinander. Welche Unterschiede und klanglichen Besonderheiten zeichnen das „harmonische Moll" aus?

Grundwissen aufgefrischt

Die *natürliche* (bzw. *reine*) Molltonleiter

Notiert ist eine *natürliche* a-Moll-Tonleiter. Zwischen welchen Stufen liegen Ganz- bzw. Halbtonschritte?

Klezmermusik

Juden wurden seit dem Mittelalter vermehrt im nördlichen Mitteleuropa ansässig, da in anderen Regionen oft strikte Ansiedlungsverbote für sie bestanden. Aus der Musik, die ursprünglich nur in Synagogen gespielt wurde, entwickelte sich ab etwa 1500 instrumentale Volksmusik (Klezmer), die auf Hochzeiten und anderen Festen gespielt wurde. Typisch für Klezmer ist das Improvisieren über bestimmten Tonleitern, z. B. dem harmonischen Moll, das man jedoch von der 5. Stufe aus spielt.

3 Hört euch das Hörbeispiel an und beschreibt den Klangcharakter. B 3

4 Spielt die harmonische d-Moll-Tonleiter vom Grundton *d'* aus aufwärts und abwärts. Spielt nun denselben Tonvorrat von der 5. Stufe (also vom Ton *a*) aus. Beschreibt die jeweilige Wirkung.

Unzere Toyere

B 4, 5

M.: überliefert

Begleitung

5 **a** **Gruppenarbeit:** Gruppe 1 notiert eine Begleitstimme für Stabspiele, Gruppe 2 für Gitarre und Gruppe 3 für E-Bass. Orientiert euch am notierten Begleitsatz und übt anschließend eure Begleitung. Achtet darauf, dass die Akkorde auf die Zählzeit 2 und 4 des jeweiligen Taktes erklingen.

b Spielt Melodie und Begleitung von „Unzere Toyere" zusammen.

[Tipp] Hört euch eine Originalaufnahme von „Unzere Toyere" an, um ein Gespür für das typische Klezmerfeeling zu bekommen. B 4

Grundwissen aufgefrischt

Grundton und Leitton

In der Durtonleiter gibt es zwei besonders wichtige Töne:

1. Der Grundton bestimmt die Tonart.
2. Der Leitton leitet mit einem Halbtonschritt in den Grundton und baut dabei Spannung auf, die sich zum Grundton hin auflöst.

Schreibt die F-Dur-Tonleiter in euer Arbeitsheft und markiert ebenfalls Leitton und Grundton.

[Tipp]

Gestaltet ein Improvisations-Rondo, bei dem die notierte Melodie das Ritornell (wiederkehrender Teil) ist. Improvisiert dann acht Takte lang zur Begleitung mit Instrumenten oder eurer Stimme. Euch steht der Tonvorrat von d-Moll harmonisch (beginnend beim Ton *a*) zur Verfügung.

WISSEN

Harmonische Molltonleiter

Die harmonische Molltonleiter entsteht, indem die 7. Stufe der natürlichen Molltonleiter um einen Halbton erhöht wird.
Daraus ergibt sich ein Leitton hin zum Grundton der Tonleiter. Folglich entsteht zwischen dem 6. und 7. Ton der Abstand von drei Halbtonschritten (übermäßiger Sekundschritt), der maßgeblich für den Klangcharakter der harmonischen Molltonleiter ist.

natürliche Molltonleiter

harmonische Molltonleiter

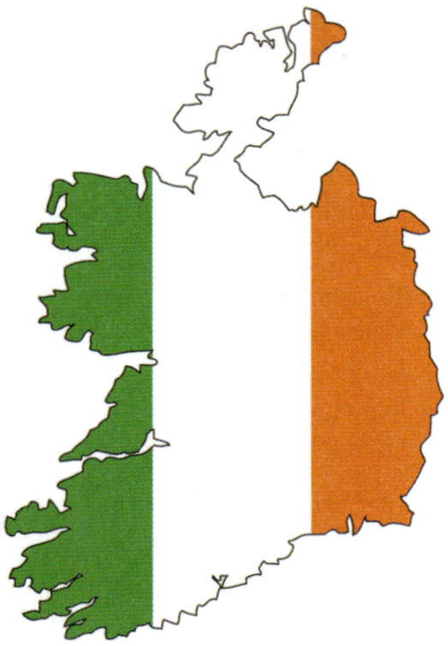

Ireland Boys, hurrah: Musik von der grünen Insel

Ireland Boys, hurrah

B 6, 7

Text u. Musik: überliefert

Übersetzungshilfen:
to tread: betreten
shanty: Hütte
to toast on sth.: auf etw. anstoßen
rant: Schimpftirade
to increase fifty-fold: sich verfünfzigfachen
to snap: hier: sprengen, durchbrechen
in vain: vergebens
sup: ugs. für Schluck

2. We've heard her faults a hundred times, the new ones and the old
in songs and stories, rants and rhymes, increased some fifty-fold.
But take them all, the great and small, and this is what we'll say:
Here's good old Ireland, loved old Ireland! Ireland boys, hurrah!

3. We know that brave and good men trying to snap her rusty chain.
While patriots grieved and martyrs died, some still sing in vain,
and always know, a glance will show how far they won their way –
hurray for Ireland, God bless Ireland! Ireland boys, hurrah!

4. Deep in Canadian woods we met and we never may see again,
wild Ireland where our hearts are set, and our loved ones do remain!
So come, fill up another cup, and with every sup we'll say:
Here's to old Ireland, long live Ireland! Ireland boys, hurrah!

Kulturen aus verschiedenen Blickwinkeln: Inside Looking Out – Outside Looking In

Wenn man in einem bestimmten Land aufwächst, nimmt man sein Heimatland anders wahr als jemand, der dieses Land als „Fremder" besucht. Innen- und Außenperspektive sind oft sehr verschieden.

1 **Gruppenarbeit:** Sammelt Begriffe, die euch spontan zu Irland einfallen und schreibt jeden Begriff auf jeweils ein Blatt Papier. Ordnet die Begriffe an der Tafel nach Zusammengehörigkeit und beschreibt, welches Bild über Irland sich für euch daraus ergibt.

Irische Combo

Musik und Identität

Trifft man im Ausland auf Leute aus dem eigenen Heimatland, fühlt man sich ihnen oft schnell verbunden, weil man die gleiche Sprache spricht und viele Erfahrungen teilt (z. B. bestimmte Speisen oder auch Musik). Das Lied „Ireland Boys, hurrah" entstand in Kanada und wurde dort in der irischen Gemeinschaft gesungen.

2 **a** Singt das Lied „Ireland Boys, hurrah" und übersetzt anschließend den Text. (B 7)
b Beschreibt die Stimmung des Songs und benennt die zentralen Worte, mit denen Irland beschrieben wird. Warum zeigt die zweite Strophe die Liebe zur Heimat ganz besonders?

3 Hört euch die Aufnahme noch einmal an und beschreibt, was ihr an der Musik als „typisch irisch" empfindet. Geht dabei auf die Melodie, den Rhythmus und die Instrumente ein. Das Leadsheet und die Infobox helfen euch dabei. (B 6)

Eine Anekdote aus dem amerikanischen Bürgerkrieg erzählt, dass sich auf den beiden Seiten eines Flusses die Armeen der Nord- und der Südstaaten gegenüberstanden. In beiden Armeen gab es auch irischstämmige Soldaten. Als am Abend das Lied „Ireland Boys, hurrah!" am einen Ufer angestimmt wurde, sangen die irischen Soldaten auf der anderen Flussseite laut mit.

4 Vergegenwärtigt euch die Anekdote und zieht Rückschlüsse hinsichtlich des Zusammenhanges von Musik und nationaler Identität.

5 **a** Eure Ausgangssicht auf Irland war möglicherweise von Klischees (z. B. „grüne Insel", „Whiskey", „Dudelsack", „Lord of the Dance" etc.) geprägt. In welchen Punkten hat sich eure Sicht auf Irland und die Identifikation der Iren mit ihrem Land durch die Beschäftigung mit dem Lied verändert?
b Überlegt, welche Bedeutung das englische Begriffspaar „Inside Looking Out – Outside Looking In" dadurch gewinnt.

INFO

Irland
(irisch *Éire*) ist ein Inselstaat auf der gleichnamigen Insel. Die jüngere irische Geschichte ist geprägt vom Kampf der IRA (irische Untergrundorganisation) gegen England. Die Kartoffelfäule führte im 19. Jhd zu zahlreichen Hungersnöten, die viele Iren zur Auswanderung in die USA zwangen. 1922 wurde der Freistaat Irland gegründet, 1999 war Irland Gründungsmitglied der Eurozone mit eigener Münze. Darauf ist eine Harfe zu sehen, die auch im Wappen Irlands abgebildet ist.

INFO

Irische Musik
Die irische Volksmusik verwendet bestimmte Instrumente, Rhythmen und Tanzformen.
Instrumente: Bodhran (irische Rahmentrommel), Fiddle (Geige), Tin Whistle (Metallflöte), Uileann Pipes (Dudelsack), Box (Knopfakkordeon), Flute (Holzquerflöte)
Rhythmus: Typisch für irische Volksmusik ist die Verwendung von Achtelfolgen und Synkopen in allen Taktarten.
Tanzformen:
1. Jig: ein schneller Tanz im 6/8-Takt, der bereits in der Barockzeit als „Gigue" in der Suite vorkam.
2. Reel: schneller Tanz im 2/2-Takt, der ursprünglich aus Schottland stammt. Die Melodien sind weitgehend aus Achtelnoten aufgebaut.
3. Hornpipe: nach dem Instrument benannter, relativ schneller Tanz im 3/2-Takt, der oft mit Clogs (Holzschuhen) getanzt wird.

Typisch deutsch?

Habt ihr einmal darüber nachgedacht, was Menschen aus anderen Ländern für „typisch deutsch" halten? Oft stehen Lederhosen, Bier, Sauerkraut und Socken in Sandalen im Ausland auf der Liste der deutschen Eigenheiten ganz oben – auch wenn das sicherlich nur auf eine kleine Zahl Deutscher zutrifft.
Wenn wir fremde Kulturen verstehen wollen, müssen wir uns auch damit beschäftigen, wie unsere Kultur von anderen wahrgenommen wird.

1 Eine thailändische Brieffreundin hat MusiX eine Mail geschrieben. Beantwortet ihre Fragen.

Verfassen: Wie ist es bei euch in Deutschland?

Von: araya@mailcenter-home.th

An: musix@helbling.com

Betreff: Wie ist es bei euch in Deutschland?

Hallo,
in meiner letzten Mail habe ich Dir ja ausführlich darüber berichtet, wie wir hier in Thailand leben. Es gibt vieles, was mich an Deutschland interessiert:
- Was für Feste feiert ihr? Wird da auch getanzt?
- Wie zieht ihr euch an, wenn ihr Feste feiert? Ist das in Deutschland überall gleich oder gibt es auch Unterschiede?
- Welche Lieder singt ihr in Deutschland?
- Kannst Du mir ein typisch deutsches Lied schicken?

GLG, Araya

2 Diskutiert, welches Lied ihr Araya schicken wollt. Auf welche Schwierigkeiten stoßt ihr dabei?

In einer weiteren Mail schreibt Araya:

Verfassen: Wie ist es bei euch in Deutschland?

Von: araya@mailcenter-home.th

An: musix@helbling.com

Betreff: Wie ist es bei euch in Deutschland?

Hallo,
gestern hat mir Fabian das Lied „Brenna tuats guat" geschickt. Ich finde, das klingt total nach Deutschland. Was meinst Du dazu?

GLG,
Araya

3 **a** Hört euch den Song „Brenna tuats guat" an. Erstellt einen Ablaufplan des Songs und tragt darin ein, wo Araya „typisch deutsche" Elemente gehört haben könnte. Geht dabei auf Instrumente, Rhythmen, Melodieführung und Spiel- bzw. Singweise ein.

B 8

www

b Der Song stammt vom österreichischen Sänger Hubert von Goisern, dem wichtigsten Vertreter des „Alpenrock". Überlegt, was dazu führen konnte, dass Araya den Song dennoch für „typisch deutsch" hält.

4 Erläutert, welche Bedeutung „Inside Looking Out – Outside Looking In" für den Mailwechsel mit Araya hat.

Blasmusik in den Charts!

Beim deutschen Vorentscheid zum Eurovision Song Contest 2013 schaffte es die bayerische „Blaskapelle“ *La Brass Banda* auf den 2. Platz mit dem Song „Nackert“. Obwohl der Vorentscheid in Hannover stattfand und das mitentscheidende Publikum vom bayerischen Text sicher recht wenig verstanden hatte, überzeugte die fünfköpfige Band und brachte die Halle zum Toben.

5 Schaut euch das Video an und notiert, was neben den musikalischen Mitteln den Auftritt prägt (Sprache etc.).

6 Lest euch die Aussagen der Bandmitglieder zu ihrem Selbstverständnis durch. Fasst mit eigenen Worten zusammen, welche Aspekte der Identität jeweils angesprochen werden und wie sich die Bandmitglieder positionieren.

Auffällig ist, dass wir im bayerischen Dialekt singen. Beim Eurovision-Song-Contest finde ich das auch gerade die Stärke. Mir haben immer die Beiträge am besten gefallen, die in der Landessprache waren. Ich verstehe dann zwar nix, aber ich freue mich darüber, wenn das ein ehrlicher Beitrag aus dem Land ist.

(A. M. Hofmeier)

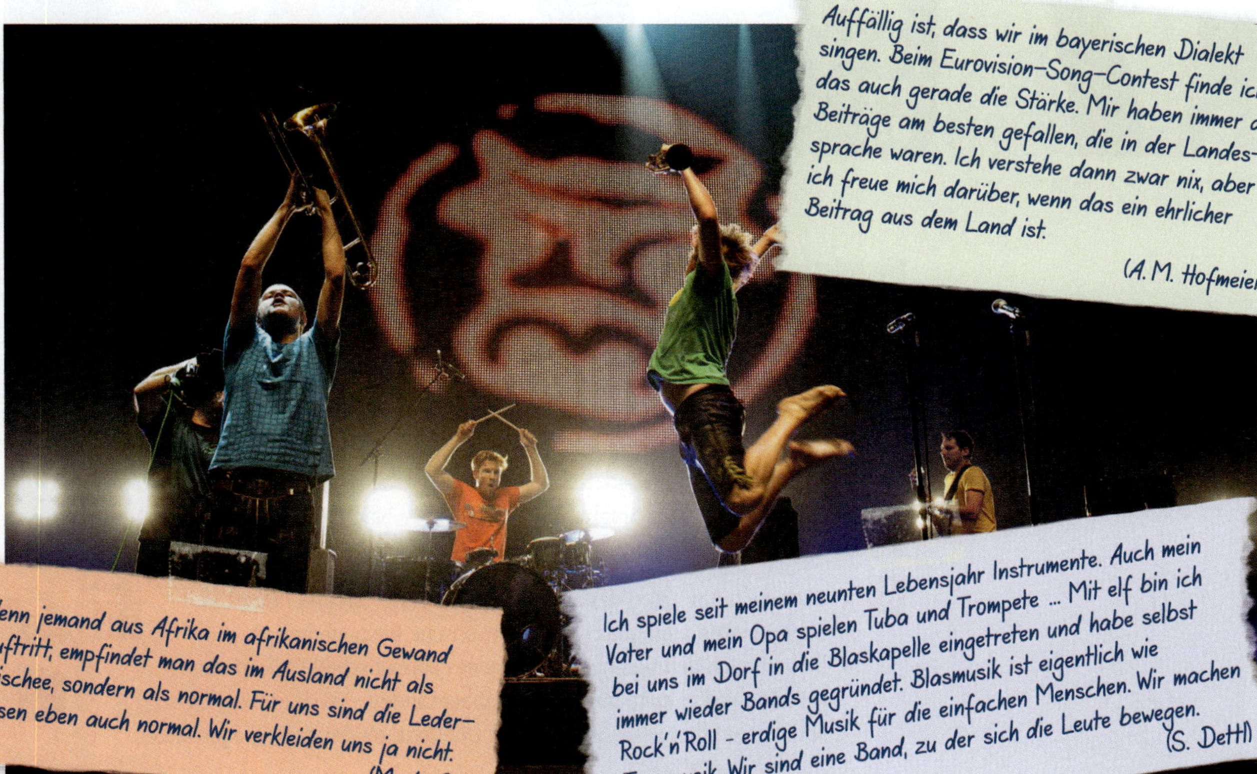

Wenn jemand aus Afrika im afrikanischen Gewand auftritt, empfindet man das im Ausland nicht als Klischee, sondern als normal. Für uns sind die Lederhosen eben auch normal. Wir verkleiden uns ja nicht.

(M. da Coll)

Ich spiele seit meinem neunten Lebensjahr Instrumente. Auch mein Vater und mein Opa spielen Tuba und Trompete ... Mit elf bin ich bei uns im Dorf in die Blaskapelle eingetreten und habe selbst immer wieder Bands gegründet. Blasmusik ist eigentlich wie Rock'n'Roll – erdige Musik für die einfachen Menschen. Wir machen Tanzmusik. Wir sind eine Band, zu der sich die Leute bewegen.

(S. Dettl)

La Brass Banda

Die Band sieht sich als „Botschafter eines wahren bayerischen Lebensgefühls“. S. Dettl beschreibt ihre Musik folgendermaßen:

» *Echte Volksmusik, also Musik vom Volk und für das Volk gemacht, findet nicht am Samstagabend im Fernsehen statt, sondern bei uns auf den Dörfern. Oder in Sibirien. Oder auf Musikfestivals in England. Wir sind keine gutaussehenden Grinsgesichter, wir taugen nicht für Glitziglitzi und Playback. Deshalb würden wir nicht zu Florian Silbereisen oder Carmen Nebel in die Sendung gehen. Obwohl die immer wieder anfragen.* «

7 Schreibt einen Leserbrief über *La Brass Banda*. Nehmt darin Stellung, ob die Band exemplarisch für eine neue deutsche musikalische Identität stehen kann und ob sie geeignet ist, Deutschland international (z. B. auf dem Eurovison-Song-Contest) zu repräsentieren.

Tradition trifft Globalisierung

Der koreanische Künstler Psy

Ein koreanischer Fächertanz

Fächertanz und Gangnam Style

Als Tourist in Korea kann man unter anderem die von Frauen getanzten traditionellen Fächertänze bewundern. Im Jahr 2012 machte Korea allerdings besonders durch das Youtube-Video „Gangnam Style" von sich reden. Mehr als eine Milliarde Menschen hatten das Video innerhalb eines halben Jahres angeklickt. Dabei wollte der bis dahin unbekannte Künstler *Psy* mit seinem Video eigentlich nur den luxuriösen Lebensstil im Seouler Stadtteil Gangnam parodieren. Der überraschende Erfolg sorgte dafür, dass koreanische Popmusik über Nacht auf der ganzen Welt bekannt wurde – und damit ein ganz bestimmtes Bild von Korea in die Welt exportiert wurde.

1 **a** Seht euch das Video des Hits „Gangnam Style" an und notiert in Stichpunkten musikalische und tänzerische Besonderheiten.

b Schaut euch den Videoausschnitt eines koreanischen Fächertanzes an und tauscht euch über eure Beobachtungen – auch im Vergleich zum Video „Gangnam Style" – aus. Überlegt, ob derartige Gegensätze auch in Deutschland existieren.

Psy bekam vom südkoreanischen Kultusministerium für seine Leistung den Okgwan-Orden – eine der höchsten kulturellen Auszeichnungen Südkoreas – verliehen. Begründet wurde dies damit, dass er als Künstler das „weltweite Interesse" an Südkorea gesteigert habe. Gibt man bei „Youtube" das Suchwort „Gangnam Style" ein, finden sich hunderte Parodien des Tanzes, unter anderem von Prominenten wie UN-Generalsekretär Ban Ki Moon oder von der Popsängerin Britney Spears.

2 Überlegt, wie sich die weltweite Wahrnehmung Koreas durch „Gangnam Style" verändert hat und was das für die kulturelle Identität des Landes bedeutet.

3 Diskutiert, welche Gefahren der große kommerzielle Erfolg von *Psy* für andere musikkulturelle Erscheinungen Koreas birgt.

Globalisierung in der Musik – Gefahr oder Chance?

Gangnam Style in „Wetten, dass …", Gangnam-Style-Imitatoren, Flashmobs im Gangnam Style … Selten erregte ein Musiker weltweit so viel Aufmerksamkeit, die ohne das Internet wohl nicht möglich gewesen wäre. Das Internet ist zentraler „Streitpunkt" in der Debatte um die Globalisierung.

4 **Gruppenarbeit:** Bereitet in Vierergruppen eure jeweilige Rolle mithilfe der Rollenkarten und der Infobox vor. Führt das Rollenspiel nach den Regeln einer Debatte durch, d. h. Ausgangsstatements (1 Minute pro Redner), freie Aussprache (10 Minuten), Schlussstatements (1 Minute pro Redner).

Dr. Georg K.,
Befürworter der Globalisierung

Du bist Chef eines großen deutschen Musiklabels und es ist dir wichtig, dass alle Menschen Zugang zu jeder Art von Musik bekommen, weil damit das ganze Wissen und alle Kulturen der Menschheit jedem zur Verfügung stehen. Du gehst selbstverständlich davon aus, dass die Menschen bereit sind, für diesen Service zu bezahlen und hoffst, dass dieses Ziel langfristig Arbeitsplätze in Deutschland sichern wird.

Robin H.,
Gegner der Globalisierung

Du bist Mitglied bei „Attac", einem globalisierungskritischen Netzwerk. Du denkst, dass durch die Globalisierung riesige Konzerne und nicht mehr zu kontrollierende Geldströme entstehen, die zu Staatsbankrotten und massenhafter Arbeitslosigkeit führen. Dass dabei auch regionale Kulturen als Grundlage von menschlichen Gemeinschaften aufgrund kapitalistischer Interessen zerstört werden, ist für dich nicht hinnehmbar.

Sabina S.,
Globalisierungsgegnerin

Als Musikethnologin beschäftigst du dich mit der Musik anderer Kulturen. Dir ist bewusst, dass sich keine Kultur der Welt gegen Fremdeinflüsse abschotten kann, sondern dass sich jede anpassen muss. Deswegen möchtest du mit deiner Forschung die Eigenheiten regionaler Kulturen dokumentieren, Aufmerksamkeit wecken und die Kulturen in ihrem derzeitigen Zustand für die Nachwelt bewahren. Dir ist das so wichtig, weil Kultur ständig im Wandel war und ist und durch deine Tätigkeit die Entwicklung einer Kultur besser nachvollzogen werden kann.

Franziska L.,
Befürworterin der Globalisierung

Du bist Schülerin und dank Facebook und Twitter immer „up to date". Du findest es gut, dass du mithilfe des Internets immer Musik hören und sie mit Freunden teilen kannst und immer erreichbar bleibst, egal, wo du dich gerade in der Welt aufhältst. Du gehst davon aus, dass es durch das Internet viel leichter ist, etwas über die Welt zu erfahren und Wissen aufzubauen – ganz im Gegensatz zu deinen Eltern, die noch Bücher und Zeitung lesen oder CDs anhören.

INFO

Globalisierung

Unter „Globalisierung" versteht man die internationale Verflechtung von Wirtschaft, Politik, Kultur und von Menschen, Institutionen oder Staaten. Die Globalisierung ist geprägt von:

1. technischem Fortschritt, insbesondere im Bereich der Neuen Medien
2. wirtschaftspolitischen Entscheidungen (Liberalisierung des Welthandels)
3. Bevölkerungswachstum.

Die Auswirkungen der Globalisierung werden unterschiedlich eingeschätzt. Während die einen sagen, die Armut in der Welt könne damit bekämpft werden, fürchten die anderen einen Raubbau an Natur und Kultur.

[Das habt ihr gelernt]

- welchen Einfluss afrikanische Musikkultur auf Amerika hat
- die Elemente des Reggae und etwas über die Rastafaribewegung
- die harmonische Molltonleiter und ihre Verwendung in orientalischer Musik und Klezmermusik
- einen Samba-Reggae zu spielen und die Hintergründe zur sozialen Bedeutung des Samba-Reggae
- die Bedeutung von Musik für die nationale Identität
- die eigene Sichtweise auf die irische Kultur hinsichtlich Klischees kritisch zu hinterfragen
- was Globalisierung für eine Musikkultur bedeuten kann

Kapitel 4

Musiktheater 1: Musical

Wusstet ihr,

- dass die vier Musicals „Phantom der Oper", „König der Löwen", „Wicked" und „Cats" zusammen bisher mehr als 15 Milliarden US-Dollar eingespielt haben?
- dass seit der Uraufführung 1984 über 15 Millionen Zuschauer „Starlight Express" in der eigens dafür errichteten „Starlighthalle" in Bochum gesehen haben und es somit als das erfolgreichste Musical weltweit gilt?
- dass es allein am Broadway in New York 40 Musicaltheater gibt, die täglich ein Musical zeigen?
- dass der bekannteste Musicalkomponist aller Zeiten Andrew Lloyd Webber ist? Mit „Phantom der Oper", „Cats" und „Starlight Express" hat er drei der weltweit erfolgreichsten Musicals geschrieben. Insgesamt komponierte er 17 Musicals.
- dass das Musical „König der Löwen" Anfang 2014 im Musicaltheater Hamburg mit der 5000. Show Jubiläum feierte und laut Marktforschungsinstitut TNS Infratest als der wichtigste kulturelle Anlass für eine Reise nach Hamburg gilt?
- dass für die Tänzer in „Phantom der Oper" aus mehr als 1000 Bewerbern 300 gecastet wurden, um die 14 Rollen zu besetzen?

Stimme und Ohren

Showbusiness B 9, 10

Quodlibet Melodien

Text: I. Gershwin, Musik: G. Gershwin
© Neue Welt Musikverlag

Text u. Musik: E. Idle
© BMG

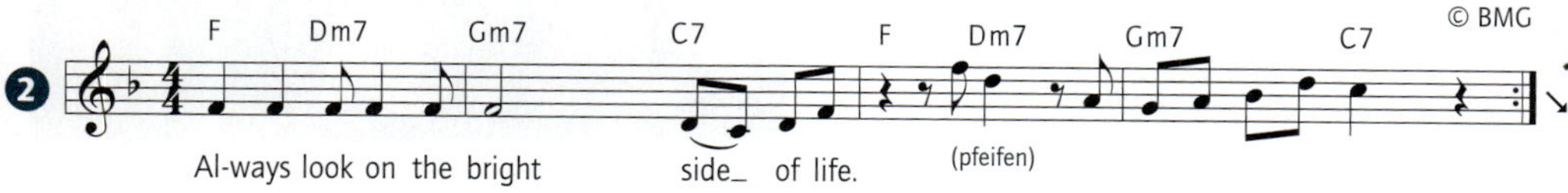

Text: L. Hart, Musik: R. Rodgers
© EMI

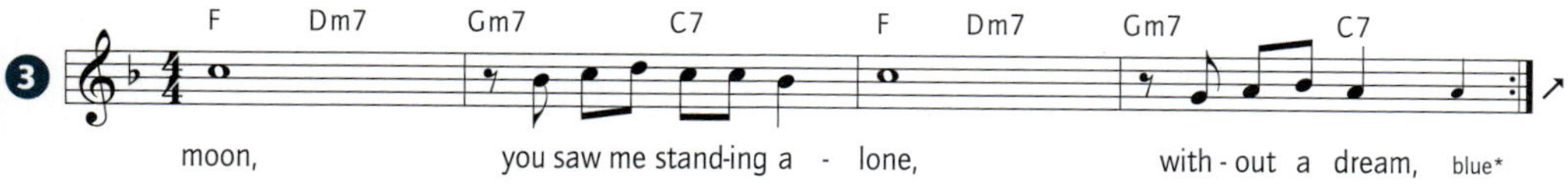

* „blue" wird nur bei der Wiederholung des Strophenteils als Auftakt gesungen.

Text: J. Berlin, Musik: M. Detterbeck
© Helbling

❖ Übt zunächst die drei Melodien und den Refrain einzeln.

❖ Bildet anschließend drei Gruppen und teilt die drei Melodien untereinander auf.

❖ Gestaltet einen interessanten Ablauf: Beginnt mit einer der Melodien und singt den Refrain gemeinsam. Nehmt im zweiten bzw. dritten Durchgang die anderen Melodien hinzu. Der Refrain dient dabei immer als gemeinsamer Zwischenteil.

Rhythmus und Zusammenspiel

Train Your Brain N°2: Tell Me!

Sprecht den folgenden Satz mit gleichbleibendem Metrum:

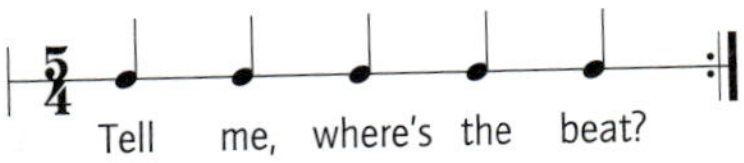

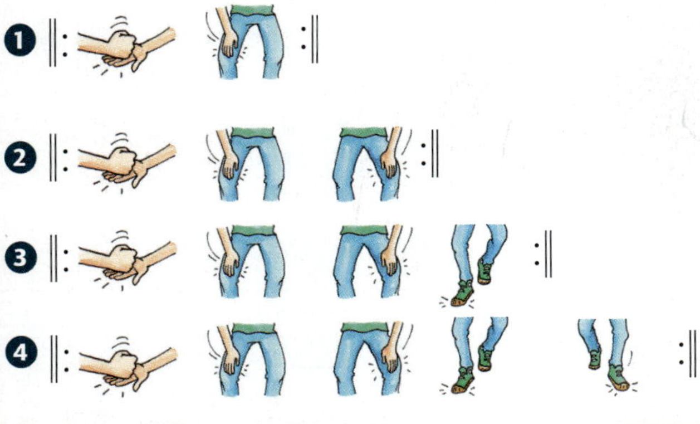

Level1: Sprecht den Text gleichmäßig und führt dazu die Patterns im Rhythmus von Viertelnoten einzeln aus.

Level 2: Bildet zwei Gruppen. Jede Gruppe führt ein anderes Pattern aus.

Level 3: Kombiniert alle vier Patterns.

Für Profis: Sprecht nur die Silben, die mit dem Faustschlag zusammenfallen.

Hair – „Flower Power" gegen bürgerliche Werte

Lange Haare und Bärte, nackte Haut, Batikhosen, freie Liebe, Räucherstäbchenduft, Sitarklänge und Drogen … Aus Protest gegen bürgerliche Werte- und Moralvorstellungen der Generation ihrer Eltern distanzierten sich in den 1960er- und 1970er-Jahren viele Jugendliche von den damals gültigen gesellschaftlichen Konventionen. Als Höhepunkt der Hippiebewegung gilt u. a. das „Woodstock Music and Art Festival", das 1969 im US-Bundesstaat New York stattfand.

Good Morning Starshine

B 11, 12

Text: J. Rado, G. Ragni
Musik: A.T.G. Mac Dermot

Ein Hippiemusical

Im Zentrum von „Hair" steht eine Gruppe von „Aussteigern", die sich den gesellschaftlichen Normen ihrer Zeit widersetzen. Sie tragen lange Haare, rauchen Haschisch, wechseln oft ihre Partner und verbrennen ihre Einberufungsbescheide für den Militärdienst. Zu ihnen stößt ein Jugendlicher vom Land, der einen Einberufungsbescheid für den Vietnamkrieg erhalten hat. Er gerät zunehmend in einen inneren Konflikt zwischen Pflichtbewusstsein und den Verlockungen des freien Lebens.

1 Recherchiert zu den beiden abgebildeten Symbolen im Internet. Was stellen sie dar und welche tiefere Bedeutung haben sie?

2 Erstellt mithilfe des Internets eine Mindmap über die Hippiegeneration. Geht dabei u. a. auf ihr Lebensgefühl, ihre Ziele, Kleidung und ihren Musikgeschmack ein.

3 Lest die Zitate aus „Hair" und tauscht euch darüber aus, inwiefern sich darin die von euch recherchierten Wertvorstellungen wiederfinden. Diskutiert anschließend, welche der Themen für euch heute noch aktuell sind.

„Wenn das Baby weiß und zerknittert rauskommt und heult, dann ist Woof bestimmt der Vater. Wenn's aber schön ist und schokobraun, dann ist es meins!"

„Ich hab Leben in mir, Mutter. Ich hab Lachen in mir, Schwester. Ich hab Freiheit, Bruder. Und ich hab Spaß, Mann!"

„Was wollen wir?" – „Frieden."
„Und wann wollen wir ihn?" – „Jetzt."

„Hatte Jesus vor rund zweitausend Jahren nicht auch lange Haare? Und Maria liebte ihren Sohn – nur meine Mutter hasst mich dafür. Haare!"

4 Hört euch die Originalaufnahme des Songs „Good Morning Starshine" an und nehmt zu folgender Aussage Stellung:

B 11

» *Dieser Song ist ein typischer Hippiesong* «

Geht in eurer Begründung auf musikalische und textliche Merkmale ein.

INFO

Hair

„Hair" ist bis heute eines der erfolgreichsten Musicals aller Zeiten. Es war in vielerlei Hinsicht revolutionär.
So stand es z. B. dem experimentellen Theater nahe und verzichtete auf eine durchgehende Handlung.
Die Akteure turnten während der Show durch den Zuschauerraum und zogen sich teilweise nackt aus. Das Publikum konnte am Schluss auf der Bühne mitsingen und -tanzen. Außergewöhnlich war damals auch, dass ein Drittel des Ensembles Schwarze waren. Nicht zuletzt ging „Hair" musikalisch neue Wege. Anstelle der bis dahin eher üblichen Schlager- und Unterhaltungsmusik stehen die Songs stilistisch der Rock- und Popmusik nahe.

Musik für ein neues Zeitalter

Ein Mitwirkender sagte über das Musical: „Hair war keine Show, sondern eine Bewegung". Man habe nichts weniger gewollt als „die Welt zu retten", und viele seien vom Gefühl ergriffen gewesen, in eine neue Ära einzutreten. So fand man in Esoterik und Astrologie Hinweise, dass der Wechsel ins friedlichere „Zeitalter des Wassermanns" bevorstand.

Aquarius

B 13, 14

Text: J. Rado, G. Ragni
Musik: A. T. G. Mac Dermot

1 Hört den Song „Aquarius" an und übersetzt den Text. Recherchiert dazu euch unbekannte Wörter und Begriffe in einem Wörterbuch oder im Internet. Gebt die Aussage des Songs mit eigenen Worten wieder. B 13

2 Untersucht den Verlauf des Songs und zeigt, mit welchen musikalischen Mitteln der Textinhalt, insbesondere der „Anbruch des neuen Zeitalters" ausgedrückt wird. Die Leitfragen auf den Post-its® helfen euch dabei.

Wo finden sich in der Strophe Tonschritte und -sprünge?

Welchen Tonumfang hat die Melodie? Wo sind die höchsten Töne?

In welcher Richtung bewegt sich die Melodielinie?

Inwiefern ist das Wort „dawning" (Morgendämmerung) hervorgehoben?

Warum erscheint im Refrain ein Auflösungszeichen? Was drücken die langen Töne aus?

On Stage

Neben der Musik spielt im Musical auch der Tanz eine zentrale Rolle. Regisseure arbeiten in den Proben oft mit Standbildern, um einen bestimmten Ausdruck zu erarbeiten oder einen Stimmungswechsel zu verdeutlichen.

INFO

Tanz im Musical
Da in vielen Musicals spektakuläre Tanznummern zentrales Element sind, ist der Choreograf („dance director") mittlerweile sehr wichtig. „Saturday Night Fever" und „A Chorus Line" thematisieren den Tanz sogar als solchen.

3 **Gruppenarbeit:** Bildet Gruppen mit 6–8 Schülern und setzt den Wechsel zwischen dem „alten" und dem „neuen" Zeitalter, das im Song „Aquarius" dargestellt wird, in zwei Standbildern um.

[Tipp] Sucht online Bilder und Filmausschnitte, die zeigen, wie die Hippies aussahen. Überlegt anschließend, mit welchen Requisiten und Accessoires ihr die Wirkung in euren Standbildern steigern wollt, z. B. mit Stirnbändern, Blumen, Tüchern etc.

Einstimmung (B 13)
Hört euch „Aquarius" an und achtet auf die musikalische Umsetzung des Übergangs ins „neue" Zeitalter. Singt die beiden Teile des Songs und versucht, diesen Übergang auch mit der Stimme zu gestalten.

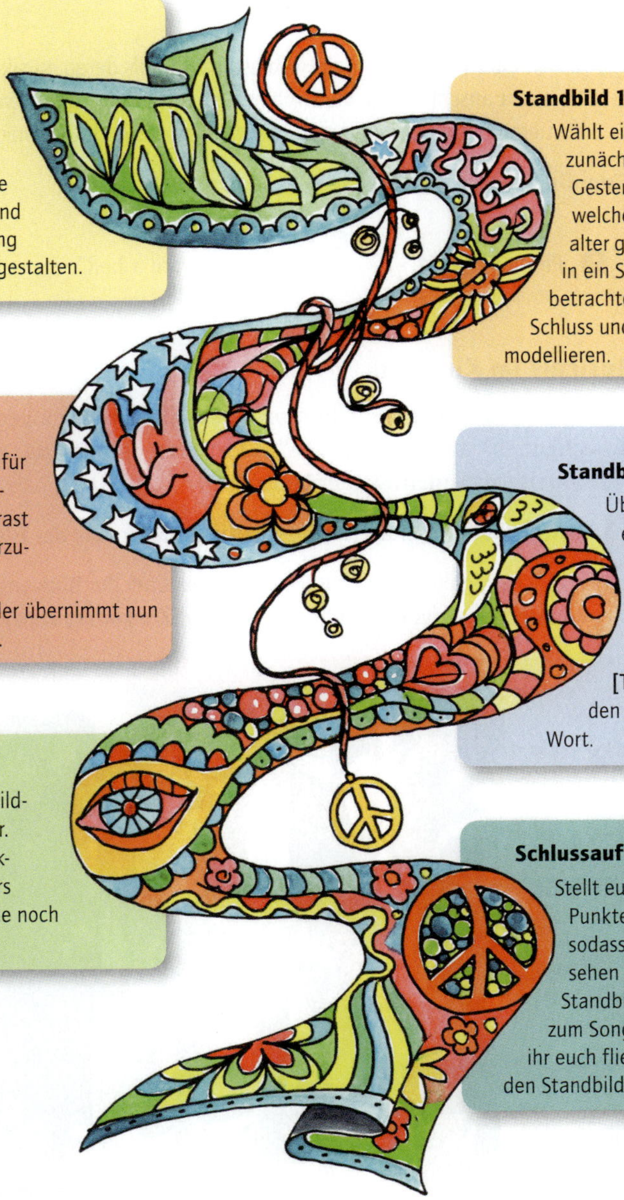

Standbild 1
Wählt einen Regisseur. Überlegt zunächst gemeinsam, welche Gesten, Körperhaltungen und welche Mimik für das „alte" Zeitalter geeignet sind und bringt es in ein Standbild. Euer Regisseur betrachtet das Standbild zum Schluss und kann noch letzte Details modellieren.

Standbild 2
Erarbeitet ein Standbild für das „neue" Zeitalter. Versucht dabei, es als Kontrast zum „alten" Zeitalter darzustellen.

[Tipp] Ein anderer Schüler übernimmt nun die Rolle des Regisseurs.

Standbildwechsel (B 14)
Übt nun den Wechsel vom ersten zum zweiten Standbild ohne Musik, später singend zum Playback. Legt dabei fest, wann der Wechsel erfolgen soll.

[Tipp] Wählt als Signal für den Wechsel ein bestimmtes Wort.

Auswertung
Führt euch eure Standbildwechsel gegenseitig vor. Gebt jeder Gruppe Rückmeldung, was besonders gelungen ist und was sie noch verbessern könnte.

Schlussaufführung
Stellt euch an verschiedenen Punkten im Musikraum auf, sodass ihr die anderen Gruppen sehen könnt, und führt euren Standbildwechsel gemeinsam zum Song aus. In der Bridge könnt ihr euch fließend zwischen den beiden Standbildern oder frei bewegen.

4 Recherchiert verschiedene Inszenierungen von „Hair" im Internet und beschreibt, wie „Aquarius" tänzerisch jeweils umgesetzt wurde.

Das Musical – eine Erfolgsgeschichte

WISSEN

Das Musical
Aus verschiedenen Formen des unterhaltenden Theaters wie der Operette, den Minstrel Shows und der Revue entwickelte sich in New York um 1900 das Musical. Bühneneffekte, Tanzeinlagen und Kostüme waren zentrales Element. Begünstigt durch das Aufeinandertreffen vieler unterschiedlicher Nationalitäten und Kulturen entstand im Theaterviertel am Broadway in den 1920er-Jahren eine boomende Musicalszene mit achtzig Theatern und über zweihundert (!) Neuproduktionen im Jahr. In der Folge entwickelte sich auch das Filmmusical. Ab 1960 findet ein inhaltlicher und musikalischer Umbruch durch neue Autoren und Komponisten statt: Die Rockmusik hielt Einzug ins Musical und spätere Musicalkompositionen bedienten sich oft am gerade angesagten Musikstil.

Das Musical entstand als Genre Anfang des 20. Jahrhunderts am New Yorker Broadway. Als Musiktheater vereint es Gesang, Tanz, aufwändige Bühnenbilder, Kostüme, Klang- und Lichteffekte.

1 Berichtet euch gegenseitig von Musicals, die ihr kennt, und gebt deren jeweiligen Inhalt kurz wieder. Benennt auch den Aufführungsort, die Besonderheiten der Inszenierung und ob ihr das Musical live oder als Film gesehen habt.

Die musikalische Ausrichtung der Musicals hat sich im Laufe der Geschichte verändert. Dabei ging die Entwicklung vom Broadwaymusical über das Filmmusical und das Rockmusical hin zu einer großen Vielfalt von Erscheinungsformen am Ende des 20. Jahrhunderts.

2 Beschreibt mithilfe der drei Hörbeispiele jeweils deren musikalische Merkmale. Versucht anschließend, die Hörbeispiele nach ihrer zeitlichen Entstehung zu sortieren und begründet, wodurch euch eine Zuordnung möglich war. B 15–17

[Tipp] Die Wissensbox links gibt euch weitere Hinweise.

❶ „Pinball Wizard“ ❷ „If I were a bell“ ❸ „CB“

Musicals im Kinosaal

Die Entwicklung des Tonfilms und des Filmmusicals verlief parallel. Durch die „sprechenden“ und „klingenden“ Bilder erfreute sich das Musical seit den 1930er-Jahren weltweit zunehmender Beliebtheit.

3 Beschreibt mithilfe des Filmausschnitts die Merkmale des Filmmusicals „Grease“.

4 a Welche Möglichkeiten hat der Film gegenüber der Bühnenshow und umgekehrt?
b Inwiefern ist der Film Unterstützung und Konkurrenz zum Musical zugleich?

Szene aus „Grease“

Kunst oder Kommerz?

Seit den 1990er-Jahren nimmt die Kommerzialisierung der Musicalbranche zu. Durch steigende Ansprüche an die Ausstattung wird es immer teurer, ein Musical auf die Bühne zu bringen. Um die Kosten wieder einzuspielen, werden längere Spielzeiten notwendig. Eine Produktion wird dazu in mehreren festen, manchmal eigens für diesen Zweck gebauten Spielstätten vermarktet – oft im Paketangebot mit Anreise, Hotel und Merchandising (CDs, T-Shirts, Souvenirs etc.).

5 Informiert euch mithilfe des Flowcharts rechts über die Produktionsschritte eines Musicals.

6 Nehmt zur untenstehenden Aussage Stellung. Nutzt die folgenden Impulsfragen als Ausgangspunkt für eure Diskussion:

- Was hat den Sprecher wohl zu dieser Einschätzung geführt?
- An welcher Stelle der Produktion ist eine kommerzielle Ausrichtung erkennbar?
- Schließen sich Kunst und Kommerz aus?
- Was sind die Kennzeichen künstlerischer Arbeit?

» *Musical hat nichts mit Kunst, sondern nur mit Profit zu tun.* «

7 Findet heraus, ob in eurer Nähe ein Musical gespielt wird. Informiert euch im Reisebüro oder Internet über die Kosten einer Musicalreise.

! WISSEN

Merkmale des Musicals

1. **Unterhaltungsanspruch:** Der Zuschauer soll eine perfekte und mitreißende Show geboten bekommen.
2. **aufwändige Ausstattung:** Für Bühnentechnik, Spezialeffekte, Sound, Licht und Kostüme wird oft ein riesiger Aufwand betrieben und viel Geld ausgegeben.
3. **Gesang, Tanz und Schauspiel:** Wie in keiner anderen Sparte müssen Musicaldarsteller Multitalente sein.
4. **Inhalte:** Musicals greifen oft aktuelle Themen auf und verwenden in ihren Songs eher Alltagssprache.

Von der Idee zum Musical auf der Bühne

1. Komponist und Texter arbeiten die Idee für ein Stück aus.
2. Der Produzent sucht nach Investoren.
3. Die Songs werden geschrieben.
4. Der Arrangeur orchestriert die Songs und schreibt Zwischenmusiken.
5. Tanz- und Gesangsproben
6. „Try-Outs" (Testaufführungen); dabei werden oft radikale Änderungen an Musik, Text, Besetzung, Bühnenbild und Choreografie vorgenommen. Was beim Publikum nicht gut ankommt, wird gestrichen.
7. Anmietung und Umbau eines Privattheaters, wo das Stück dann oft mehrere Jahre lang gespielt wird.

[Das habt ihr gelernt]

- zwei Songs aus dem Musical „Hair"
- einiges über die gesellschaftliche Entwicklung der 1960er- und 1970er- Jahre und ihre Darstellung im Musical
- musikalische Mittel eines Musicalsongs zu beschreiben
- eine Musicalszene mithilfe von Standbildern szenisch umzusetzen
- Geschichte und Merkmale des Musicals
- was man unter dem Begriff der Kommerzialisierung im Fall des Musicals versteht

[Kapitel 5]

Musik und Wirkung

Über die Wirkung von Musik haben sich viele berühmte Menschen sehr unterschiedliche Gedanken gemacht:

» Musik ist ein Vehikel für Traurigkeit – aber auch für Freude. Und wenn es gelingt, beide Extreme zusammenzubringen, entsteht Magie. «

(Paul McCartney)

» Wenn ich Beethoven höre, werde ich tapfer. «

(Otto von Bismarck)

» Take a music bath once or twice a week for a few seasons. You will find it is to the soul what a water bath is to the body. «

(Oliver Wendell Holmes)

» Musik hat von allen Künsten den tiefsten Einfluss auf das Gemüt. Ein Gesetzgeber sollte sie deshalb am meisten unterstützen. «

(Platon)

» Wenn einer mit Vergnügen zu einer Musik in Reih und Glied marschieren kann, dann hat er sein großes Gehirn nur aus Irrtum bekommen, da für ihn das Rückenmark schon völlig genügen würde. «

(Albert Einstein)

» Ah, music, a magic beyond all we do here! «

(Albus Dumbledore)

Körper und Bewegung

Stadion-Clap

Idee u. Gestaltung: M. Detterbeck
© Helbling

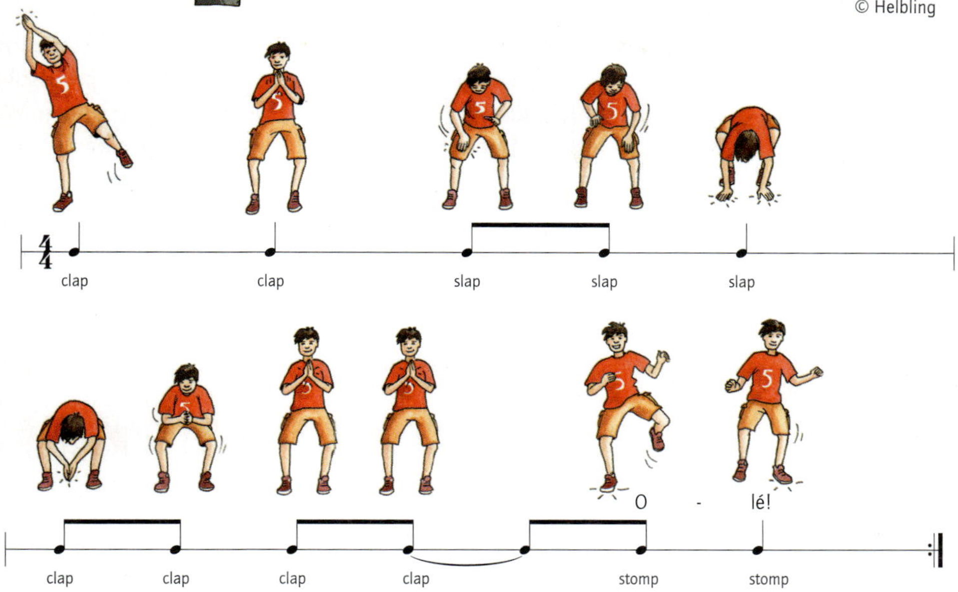

Für Profis: Lasst eine Stadionwelle entstehen, indem ihr vier Gruppen im Abstand von Viertelnoten nacheinander einsetzen lasst.

Stimme und Ohren

Hey, ho, Nobody at Home

B 18, 19

Text u. Musik: überliefert

Stimme und Ohren

Come Follow

B 20, 21

Text u. Musik: J. Hilton

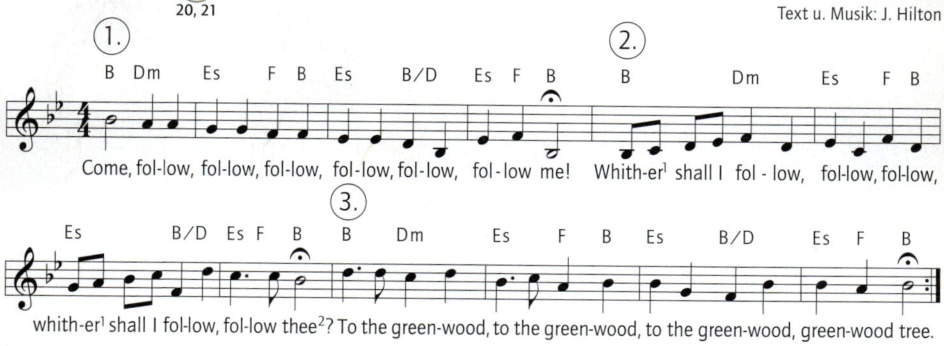

[1] veraltet für „wohin"
[2] veraltete Form von „you"

Musik wirkt ...

auf verschiedenen Ebenen auf den Menschen. Wir nehmen Schallwellen auf der **physischen Ebene** wahr, also hörend bzw. bei tiefen Frequenzen auch mit dem Körper. Auf **psychischer Ebene** beeinflusst Musik unser Bewusstsein und unsere Gefühle. Musik kann z. B. Zeit verdichten und so unsere Wahrnehmung verändern. Auf **ästhetisch-intellektueller Ebene** kann Musik Botschaften vermitteln und Weltsichten verändern, aber auch manipulieren.

1 a Beschreibt, welchen Situationen die Hörbeispiele jeweils entnommen sind. B 22–25
b Notiert beim zweiten Anhören mithilfe der Tabelle, wie die Hörbeispiele auf physischer, psychischer und ästhetisch-intellektueller Ebene auf euch wirken.
c Gewichtet die verschiedenen Wirkungsweisen der einzelnen Hörbeispiele.

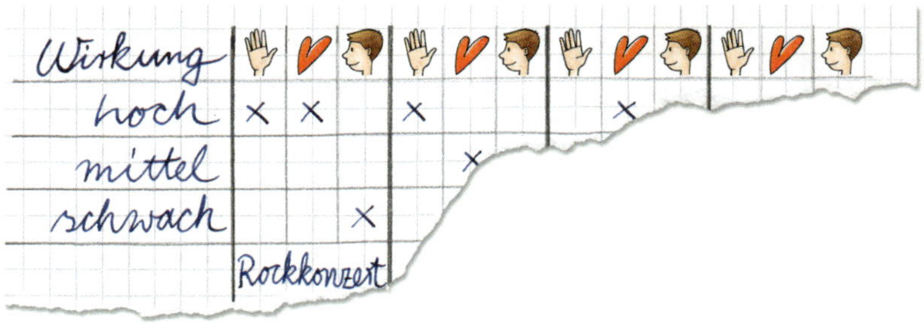

Die Hörbeispiele können verschiedenen Situationen und Funktionen zugeordnet werden, beispielsweise um auf Menschen einzuwirken, um Rituale durchzuführen oder um Gemeinschaft zu stiften.

2 a Erstellt eine Mindmap, in der ihr die Funktionen von Musik in verschiedenen Bereichen eures Lebens reflektiert. Denkt dabei u. a. an die Bereiche Medien, Alltag, Gemeinschaft und Religion.
b Diskutiert ausgehend von den Ergebnissen, ob es Musik ohne Funktion gibt.

Funktionale Musik

Funktionale Musik ist Musik, die für einen bestimmten außermusikalischen Zweck geschaffen wurde oder für diesen verwendet wird – eventuell auch in Abänderung vom Original. Je nach Situation kann sie somit ihre ursprüngliche Funktion verlieren oder eine neue Funktion übernehmen – und deswegen kann Musik auch missbraucht werden. In manchen Fällen wird Musik aber auch erst durch ihre situationsbezogene Verwendung eine Funktion zugewiesen, z. B. bei einem Werbesong.

Lied und Arbeit

Der Forscher Karl Bücher untersuchte Anfang des 20. Jahrhunderts die Arbeitsbedingungen verschiedener Stammesvölker und stellte fest, dass Musik auf der ganzen Welt zur Rhythmisierung körperlicher Arbeit dient. Musik kann bei eintöniger Arbeit sowohl Müdigkeit als auch die Zeit vertreiben. In Liedern können Arbeiter über die Mühsal der Arbeit klagen. Diese Funktion übernahmen z. B. auch die Worksongs, in denen afroamerikanische Sklaven ihre harten Arbeitsbedingungen thematisierten. Die typische Call-&-Response-Form ermöglichte dem Vorsänger dabei auch, Texte zu improvisieren und so die Arbeiter mit neuen Geschichten zu unterhalten.

Musik und Kult

1963 erklärte das Vatikanische Konzil: „Ihre vornehmste Form nimmt die liturgische Handlung an, wenn der Gottesdienst feierlich mit Gesang gehalten wird."
Musik ist in allen Religionen essentieller Bestandteil kultischer Handlungen, z. B. im Spiritual und Gospel der USA oder den Trommelrhythmen des Santería-Kultes auf Kuba. Die Formen und Klangbilder kultischer Musiken sind so unterschiedlich wie ihre Funktionen. Während Musik im Christentum Ausdruck von Gotteslob und Interpretation von Bibeltexten ist, dient sie in anderen Religionen der Meditation und dem Erreichen ekstatischer Bewusstseinszustände.

Musik und Politik

Der Komponist Luigi Nono behauptete „Alle Musik ist politisch". Tatsächlich kann Musik, auch wenn sie auf den ersten Blick „unverdächtig" erscheint, eine politisch-soziale Dimension annehmen. So sind Punk oder Grunge nicht nur Musikstile, sondern eng mit einer politischen Weltanschauung verbunden. Politisches Handeln definiert sich u. a. darin, bestimmte Forderungen und Ziele durchzusetzen. Musik spielt dabei als Protestsong oder militärische Musik, im Patriotismus und im Widerstand eine wichtige Rolle. Für die Iren ist Musik sogar identitätsstiftend: Die auf dem Staatswappen abgebildete Harfe ist Symbol dafür, dass Musik in den Jahrhunderten der englischen Unterdrückung das Zusammengehörigkeitsgefühl der Iren gestärkt hat.

Gesänge im Stadion

Musik fördert Gemeinschaft. So entsteht beispielsweise im Fußball durch Synchronklatschen, Fangesänge und Vereinshymnen, mit denen eine Mannschaft angefeuert und unterstützt wird, ein starkes Gemeinschaftsgefühl. Eine wichtige Rolle übernimmt der Vorsänger („chant-leader"), der die Rufe und Gesänge anführt, in die die übrigen Fans einstimmen. Seine (gemeinschaftsstiftende) Funktion hat eine lange Tradition, die vor 2000 Jahren in Gotteshäusern mit dem Amt des „Präcentors" (lat. Vorsänger) begann. Dieser trug den Gebetstext vor, der dann von der Gemeinde mit dem Refrain (responsio) beantwortet wurde. Vereinslieder sind Gruppenlieder. Sie dienen der Selbstdarstellung und der Vermittlung eines „Wirgefühls" und ermöglichen eine Abgrenzung von anderen Vereinen.

! WISSEN

Funktionen von Musik
Musik kann verschiedene Funktionen einnehmen. Sie kann
- unterhalten
- Rituale begleiten
- Affekte verstärken
- manipulieren
- Gemeinschaft stiften

Grundwissen aufgefrischt

Ergotrope und trophotrope Musik
Man unterscheidet zwischen
1. ergotroper Musik, die stimulierend und aktivierend wirkt.
2. trophotroper Musik, die entspannend und beruhigend wirkt.

Ordnet folgende Gegensatzpaare den beiden Wirkweisen von Musik zu:
- eher piano/forte
- fließende Melodien/viele Sprünge
- wenige/viele Akkordwechsel
- Moll/Dur
- schnell/langsam
- Konsonanzen/Dissonanzen
- hart, akzentuiert/weich, gleichmäßig

3 a **Gruppenarbeit:** Bildet vier Gruppen und beschreibt, welche Funktionen (s. Wissensbox oben) die Musik in den beschriebenen Beispielen einnimmt.
b Findet für die Funktionen jeweils zwei weitere Beispiele und tauscht euch anschließend über Schwierigkeiten bei der Zuordnung der Funktionen aus. Beurteilt, ob eine eindeutige Zuordnung überhaupt möglich ist.

Musik begleitet Rituale

Wenn wir vom Zähneputzen oder Kaffeekochen am Morgen sprechen, denken wir an ein morgendliches Ritual. Doch ist das wirklich ein Ritual? In Ritualen ist häufig das Gemeinschaftserlebnis zentral. Meist ist Musik eng mit Ritualen verbunden – und in vielen Fällen wird ein Ritual erst durch Musik erschaffen.

» *Am Samstagnachmittag vergessen Millionen Menschen ihre Alltagssorgen.* «

O. Hitzfeld
(ehemaliger Fußballspieler und Fußballtrainer)

» *Der getragene, feierliche Gesang (der Mönche) ergriff mich wie ein Betäubungsmittel … ich fiel in eine seltsam erregte Starre … und in dieser Umnebelung meines Geistes, gleichsam wie entrückt in eine Region, die nicht von dieser Welt war, hatte ich eine Vision, es kann auch ein Traum gewesen sein.* «

U. Eco (aus: Der Name der Rose)

1 Lest die Zitate und betrachtet die Bilder. Überlegt, welche in der Wissensbox genannten Merkmale in den jeweils dargestellten Situationen erfüllt sind und entscheidet, ob es sich dabei um ein Ritual handelt.

! WISSEN

Merkmale von Ritualen

Der Begriff Ritual (von lat.: *ritus* = Gebrauch, Sitte) wird unterschiedlich definiert. Dennoch gibt es Merkmale, die in allen Definitionen übereinstimmen. Demzufolge

1. sind Rituale Handlungsabläufe, die festen Regeln folgen.
2. finden Rituale meist regelmäßig und in Gemeinschaft statt.
3. tritt der Mensch in/durch Rituale(n) aus seinem Alltag heraus (z. B. durch besondere Kleidung, durch das Aufsuchen eines speziellen Ortes etc.).
4. sind Beginn und Ende eines Rituals durch festgelegte Handlungen markiert.
5. verwenden Rituale Symbole und/oder symbolische Handlungen.
6. sind Rituale oft mit Grenzerfahrungen (z. B. Trance) verbunden und können somit auch religiöse Dimension haben.

Das Rockkonzert: Rituale und ihre Funktion

2 a **Gruppenarbeit:** Untersucht mithilfe der Wissensbox auf der linken Seite die folgenden Elemente eines Rockkonzertes bezüglich ihres rituellen Charakters:
- Räume für Musiker und Publikum
- am Konzert beteiligte Personen und deren Funktion
- Ablauf des Konzertes und der Performance

b Tauscht euch anhand eurer Ergebnisse darüber aus, ob es sich bei einem Rockkonzert um ein Ritual handelt.

3 Der „MC" ist für ein Hip-Hop-Konzert äußerst wichtig. Recherchiert die Bedeutung dieser Abkürzung und die Funktion des „MC" im Konzert.

INFO

Circle Pit
Beim „Circle Pit" entsteht vor der Konzertbühne ein Kreis, in welchem die Konzertbesucher in einer Richtung im Kreis laufen. Meist gehört aber auch der Pogo – ein aggressiver Tanzstil, bei dem andere angerempelt werden – zum „Circle Pit" dazu. „Circle Pits" entstehen meist spontan, die Mitte bleibt zumeist leer.

„Circle Pit" und „Stage Diving"

In Rockkonzerten – insbesondere im Metal – haben sich verschiedene Rituale etabliert. Meist sind sie von den Fans initiiert, aber auch Bands fordern ihre Fans gezielt dazu auf.

4 a Beschreibt Organisation und Ablauf eines „Circle Pit" mithilfe des Videos. Überlegt, welche Bedeutung und Funktion der „Circle Pit" im Ablauf eines Konzertes hat.

b Tauscht euch darüber aus, ob man hier von einem Ritual sprechen kann.

5 a Recherchiert im Internet folgende Aktionen eines Rockkonzertes: „Mosh Pit", „Stage Diving", „Instrument Destruction" und „Head Banging" und überlegt, welche Funktion sie jeweils für die Fans bzw. die Musiker haben.

b Überlegt, was Fans und Musiker zur Ausübung solcher Aktionen motivieren könnte. Sammelt dazu Argumente und diskutiert diese anschließend.

Ein Circle Pit beim Rock am Ring

Für Anthropologen sind Rituale zentraler Bestandteil von Rock- und Popmusik.

»*Rituelle Handlungen erzeugen (...) nachhaltige affektive Transformationen (Veränderungen des Gefühlszustandes). Der Fan wird durch den Zauber der Rituale wie durch einen Bann emotional an den Star gebunden und auch wieder entbunden. Dieser Bann kann in einem Begehrensverhältnis gegenüber dem Star oder einer mimetischen Identifikation (Identifikation durch Nachahmung) mit dem Star zum Ausdruck kommen. Über die rituellen Handlungen ist es diesem Fantypus auch möglich, seinen Protest gegenüber der bürgerlichen Welt auszudrücken.*«

(R. Mattig)

6 a Gebt in eigenen Worten die Kernaussage des Zitats wieder.

b Überlegt, ob es Situationen gibt, in denen ihr von Ritualen wie von Mattig beschrieben beeinflusst werdet.

Gesänge im Stadion

Ich kann mich nicht erinnern, dass zwei Menschen aus völlig unterschiedlichen Kreisen Arm in Arm aus einem Opernhaus, einem Museum oder dem Bundestag gekommen sind.
(Otmar Hitzfeld, Fußballtrainer)

Das Zitat zeigt, wie Sport Menschen begeistern und verbinden kann. Bei Sportveranstaltungen spielt Musik in Form von Fangesängen oder synchronisiertem Klatschen eine entscheidende Rolle, sodass dieses Gemeinschaftsgefühl über gesellschaftliche Grenzen hinweg entstehen kann.

Anheizer im Fußballstadion

INFO

Fangesänge
Man kann Fangesänge grob in drei Kategorien unterteilen.
- Unterstützende Fangesänge reichen von einfachen Rufen des Vereinsnamens über „Finale, oh oh" bis zu Vereinshymnen.
- Fordernde Fangesänge feuern die Mannschaft zu mehr Anstrengung an z. B. mit Sätzen wie „Kämpfen, Neustadt, kämpfen!"
- Diffamierende Fangesänge richten sich an die gegnerische Mannschaft, oft mit ziemlich deftigen Texten.

„Unsere Heimat ist die Kurve ..."

Fans gehören zum Fußball wie der Ball zu den Spielern. Sie sind keine unbeteiligten Zuschauer, sondern Teil des Spiels. Oft tragen sie durch anfeuernde Fangesänge und Rhythmen maßgeblich zum Sieg der eigenen Mannschaft bei.

1 **a** Seht euch im Internet Videos über Fans im Fußballstadion an. Erklärt, welche Funktionen die Beteiligten übernehmen und welche Rolle Gesänge im Stadion spielen.

b Informiert euch im Internet über die Geschichte der Fußballgesänge.

„Einpeitscher" und Dirigent

Jojo Liebnau (26 Jahre) ist Vorsänger für die HSV-Kurve. Zu seinen Aufgaben gehört das Anstimmen bzw. Koordinieren von Fangesängen. Somit ist die Aufgabe am ehesten mit einer Kombination aus „Einpeitscher" und Dirigent zu vergleichen. In einem Interview mit MusiX berichtet er:

Vorsänger zu sein bedeutet nicht nur mit der Kurve in guten Zeiten zu feiern, sondern auch die Mannschaft bzw. den Verein zu unterstützen, wenn es einmal nicht so gut läuft. Gerade dann ist es aber häufig auch mehr Verpflichtung als nur Freude. Abgesehen davon liegt die Herausforderung vor allem darin, immer wieder und gemeinsam mit anderen Fans neue und passende Gesänge zu entwickeln, die so einfach wie nötig, aber trotzdem so komplex wie möglich sind. Es ist immer ein schmaler Grat zwischen simpler Massentauglichkeit auf der einen und Authentizität auf der anderen Seite. Gesänge im Stadion sollen die Mannschaft motivieren. Sie sind aber auch identitäts- und gemeinschaftsstiftend für die Fans und helfen ihnen, sich akustisch von den anderen Fans abzugrenzen.

2 Beschreibt anhand des Zitats die Funktion des Vorsängers, seine Aufgaben und Möglichkeiten.

Lieder aus der Kurve

3 **a** Spielt oder singt auf eine beliebige Silbe die untenstehenden Melodien von Fangesängen und tauscht euch darüber aus, ob ihr den Text dazu kennt. Weitere Informationen findet ihr im Internet.

b Untersucht die Melodien auf Gemeinsamkeiten und Unterschiede. Achtet dabei auf Rhythmus, Intervalle und musikalische Gestaltungsmittel.

c Ordnet die Fangesänge mithilfe der Infobox links und der Hörbeispiele jeweils einer Funktion zu.

B 26–28

A

B
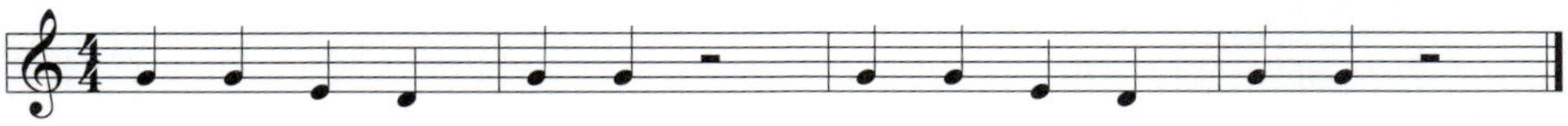

C

4 **a** **Gruppenarbeit:** Erfindet einen Fangesang zu einer der folgenden Situationen:

A Eure Mannschaft hat den lang ersehnten Ausgleichstreffer erzielt.

B Ein gegnerischer Verteidiger spielt unfair.

C Ein Spieler eurer Mannschaft hat überragend gespielt.

[Tipp] Ihr könnt dabei auch bekannte Melodien verwenden und einen neuen Text erfinden.

b Tragt euch ohne Nennung der gewählten Situation gegenseitig eure Ergebnisse vor. Die anderen Zuhörer versuchen, die Situation zu erraten.

Der globale Fan?

Fußballgesänge haben international ähnliche Funktionen. Die Liveübertragungen von Spielen der Fußballweltmeisterschaft machen jedoch deutlich, dass Gesänge, Symbole und Kleidung der Fans sehr verschieden sein können.

5 Ordnet den Bildern die nachfolgenden Ländernamen zu. Begründet eure Entscheidung und überlegt, inwiefern sich die Fangesänge wohl unterscheiden: Brasilien – Irland – Südafrika

Orishas und magische Trommeln

Zum Aufbau der kubanischen Zuckerindustrie brauchte man für die Zuckerrohrplantagen viele Arbeitskräfte. Unter den aus Westafrika stammenden Sklaven befanden sich viele Yorubas, Angehörige eines Volkes, dessen Heimat im heutigen Nigeria und Benin liegt. Ihre Kultur und Religion brachten sie mit nach Kuba. Das zeigt sich z. B. an folgendem Lied, das Yemayá, der Göttin (Orisha) des Meeres, gewidmet ist.

Yemayá Asesú

B 29, 30

überliefert aus Kuba
Einrichtung: G. Seemann, C. Herzberg, M. Detterbeck

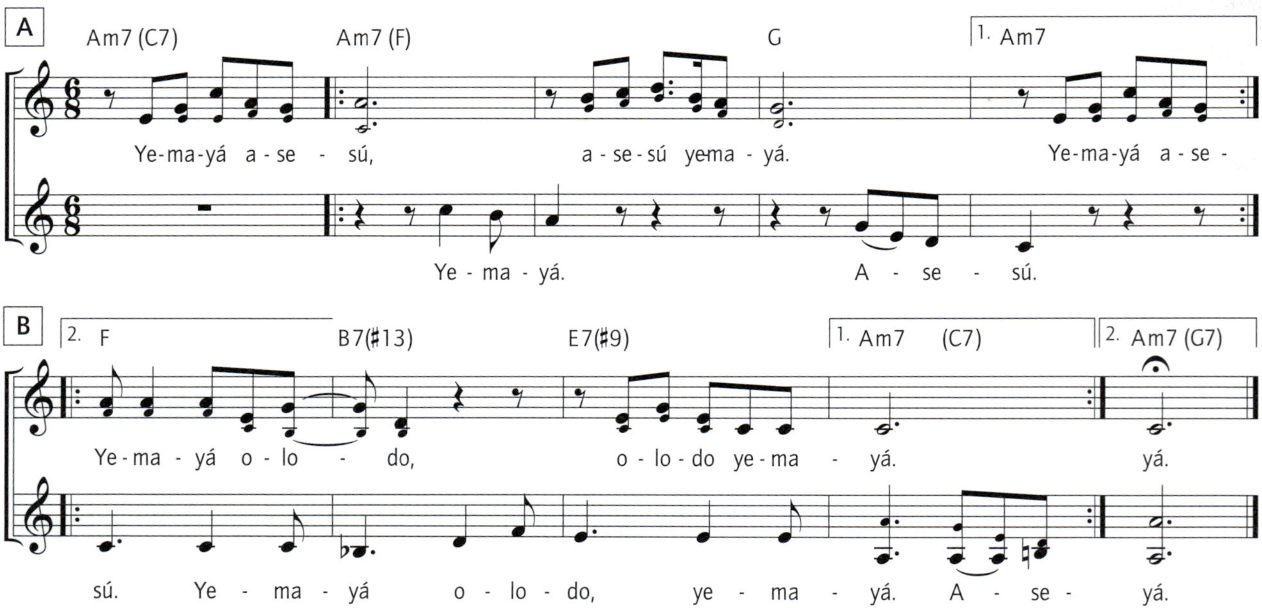

Begleitpatterns

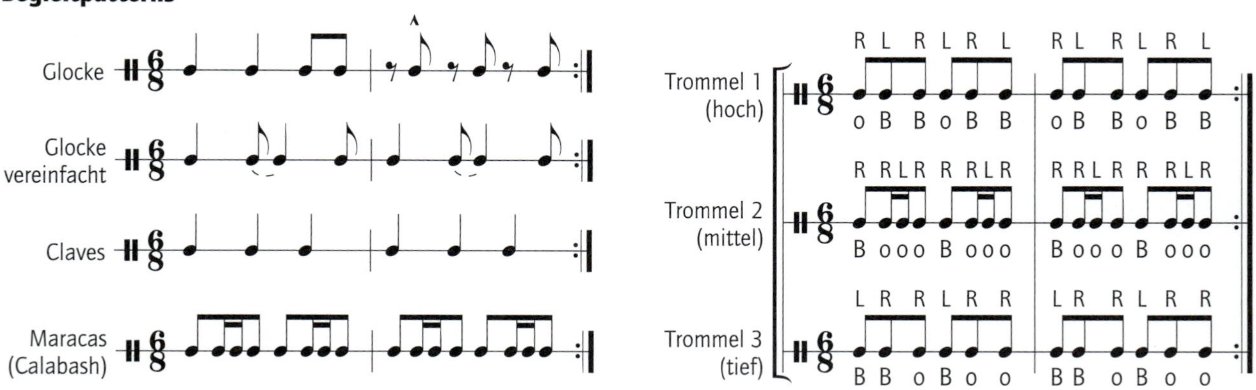

Yemayá: Orisha des Meeres

Yemayá gilt als höchste weibliche Gottheit im kubanischen Santería-Kult, der den katholischen Heiligenkult und den Kult der Yoruba vermischt. Yemayá wird auch „la diosa del mar" (= die Göttin des Meeres) genannt. Aufgrund ihrer Weisheit wird die hoch angesehene Göttin in schwierigen Fragen um Rat gebeten.

1 **a** Versucht mithilfe des Hörbeispiels die Bewegungen der Meeresgöttin im Raum umzusetzen. B 31

b Beschreibt, mit welchen musikalischen Mitteln der Charakter von Yemayá dargestellt wird. Denkt dabei an Takt, Trommelrhythmen und Melodie.

2 In Kapitel 3 habt ihr euch bereits intensiv mit Fragestellungen zur kulturellen Identität beschäftigt. Informiert euch im Internet und in der Infobox über den Santería-Kult und tauscht euch darüber aus, inwiefern er für die Geschichte Kubas und die Nachfahren afrikanischstämmiger Sklaven bedeutsam ist.

Eine Feier für Yemayá

Ein Besucher erinnert sich nachfolgend an eine Feier zu Ehren von Yemayá:

» *In schnellem Tempo erklingen die Rhythmen der drei Batá-Trommeln. Der Vorsänger (Akuón) steht vor den drei sitzenden Trommlern und singt für Yemayá. Der Chor (Coro) antwortet dem Akuón. Caridad, eine der Mitfeiernden, wird unruhig. Ihre Gesten und ihre Mimik verändern sich, sie macht kleine Tanzschritte. Als sie in die Mitte des Raumes geht, werden die anderen aufmerksam. Die Trommeln spielen unermüdlich weiter und zusammen mit dem Vorsänger und dem Chor erweisen sie Yemayá ihre Verehrung. Denn jetzt tanzt dort nicht mehr Caridad, sondern diese Orisha. Auf einige der Gläubigen geht sie direkt zu und gibt ihnen Ratschläge oder segnet sie.* «

3 Benennt mithilfe des Berichts oben, welche Personen an der Feier beteiligt sind und welche Funktion sie jeweils übernehmen.

4 In dieser Feier spielt Musik eine wichtige Rolle. Überlegt, welche Funktion sie übernimmt und was sie zum zentralen Teil des religiösen Rituals macht.

Musik als Medium: Trance und übersinnliche Erfahrung

Meditation wird in vielen Religionen und Kulturen zur Bewusstseinserweiterung ausgeübt. Musik schafft dabei günstige Voraussetzungen und intensiviert die meditative Versenkung. Neben Achtsamkeits- und Konzentrationsübungen ist oft auch der Tanz zentral, etwa im Santería-Kult oder in den Tänzen der Derwische im Sufismus.

5 Verfolgt die Bewegungen der Tänzerin im Video und beschreibt, wie sie auf die Trommelbegleitung reagiert. Erläutert anhand eurer Beobachtungen, an welcher Stelle eine Veränderung der Tänzerin stattfindet, welche Funktion die Musik in diesem Zusammenhang hat und welche musikalischen Parameter den Trancezustand verstärken bzw. aufrechterhalten.

6 Überlegt, in welchen anderen Bereichen Musik als Medium für bewusstseinserweiternde Prozesse bis hin zu Trancezuständen zum Einsatz kommt.

INFO

Santería auf Kuba

In Kuba vermischten sich die Riten und Bräuche der verschleppten afrikanischen Volksgruppen mit religiösen Kulten europäischen Ursprungs (Synkretismus). Santería (span.: *santos* = heilig) ist die bekannteste kultische Mischform und wird bis heute praktiziert. Die Gesänge und Tänze des Santería-Kultes werden von Instrumentalensembles begleitet, in deren Zentrum drei als heilig geltende Batá-Trommeln stehen. Ähnliche synkretistische Religionen finden sich in Haiti/Karibik bzw. New Orleans/USA (Voodoo) und in Brasilien (Candomblé).

Mittelalter, Mystik und Kirchenmusik

Eine faszinierende Frau: Hildegard von Bingen

Leonardo da Vinci, Goethe oder Newton galten in ihrer Zeit als Universalgelehrte, weil sie wegweisende Denker in verschiedensten wissenschaftlichen und künstlerischen Disziplinen waren. Lange vor diesen Männern gab es aber eine Frau – Hildegard von Bingen –, die sich als erste Naturforscherin, Ärztin, Dichterin, Komponistin und sehr anerkannte Mystikerin ihrer Zeit einen Namen machen konnte.

1 Verfasst mithilfe der abgebildeten Materialien und weiteren Informationen aus dem Internet einen Lexikonartikel zu Hildegard von Bingen.

INFO

Hildegard von Bingen
(1098-1179)
1112: Eintritt ins Kloster Disibodenberg
1136: Leitung des Klosters
1141: erste Visionen und Schriften
1147: erste Veröffentlichungen, Gründung des Klosters Rupertsberg

Werke:
- 77 Lieder und Gesänge
- 15 Schriften zu Biologie, Medizin und Mystik (Erfahrung von göttlicher Wirklichkeit)

Ausschnitt aus dem „liber divinorum operum“

Hildegard von Bingen empfängt eine göttliche Inspiration und gibt sie an ihren Schreiber weiter.

» In der Musik hat Gott den Menschen die Erinnerung an das verlorene Paradies hinterlassen. «

» Durch das Hören des Ohres wird das Innere des Menschen erschüttert. «

» Weil also die Frau den Tod gebracht hat, hat eine glänzende Jungfrau jenen überwunden, und so ruht der höchste Segen auf der Gestalt der Frau vor aller Kreatur. Denn Gott ist Mensch geworden in der lieblichsten und glücklichsten Jungfrau. «

INFO

Musik der Hildegard von Bingen

Für Hildegard von Bingen war Musik Ausdruck höchsten Gotteslobes, welches sich nicht nur durch Vokalkompositionen, sondern auch mit Instrumentalmusik und Tanz erreichen ließ. Mit dieser Vorstellung stand sie im Gegensatz zur Ästhetik der rein vokalen Kirchenmusik ihrer Zeit. Wie alle Frauen durfte auch Hildegard von Bingen in der Kirche nicht predigen. Dennoch gestaltete sie die Gottesdienste durch ihre Musik mit.

2
- **a** Lasst den Gesang „Veni creator spiritus“ bei geschlossenen Augen auf euch wirken. Beschreibt danach, welche Bilder vor eurem inneren Auge entstanden sind. (B 32)
- **b** Überlegt, welche räumlichen und akustischen Voraussetzungen diese Musik braucht, um wirksam werden können.
- **c** Beschreibt mithilfe eurer Beobachtungen, welche Funktion diese Musik innerhalb einer Klostergemeinschaft einnimmt.

Klänge in der Kirche: Gregorianische Gesänge

Vor Hildegard von Bingen war religiöse Vokalmusik in Europa meist einstimmig. Sie entstand bereits im 4. Jahrhundert und wurde zunächst nur mündlich weitergegeben. In der Kirche waren Instrumente verboten, weil sie von den gesungenen Texten ablenken, der Unterhaltung des Menschen und somit nicht dem Gotteslob dienen würden. Der Kirchenvater Augustin bekannte: „Wenn mich zuweilen der Gesang mehr anrührt als der Sinn der gesungenen Worte, habe ich mich einer großen Sünde schuldig gemacht."

3 Überlegt, was Augustin mit seiner Aussage kritisieren wollte und welche Funktion seiner Meinung nach Musik im rituellen Zusammenhang einnehmen sollte.

Psalmodie – ein erhöhter Sprechgesang

Die Kirchenmelodien wurden zu Beginn nur mündlich tradiert. Die Psalmodie der Synagogen, eine Art Sprechgesang, ist Ausgangspunkt und Grundlage der Gregorianik.

4 **a** Stellt mithilfe des Hörbeispiels den Melodieverlauf grafisch dar. B 33
b Sprecht den Notattext mit feierlicher und ausdrucksstarker Sprachmelodie.
c Wählt einen Dirigenten, der die nachfolgende Melodie anleitet. Überlegt anschließend, welche Vorteile die Ausführung durch einen Dirigenten bietet.

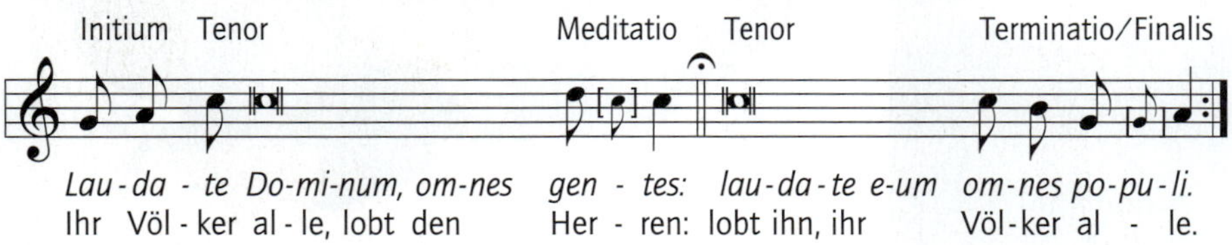

Vom Dirigierzeichen zur Notation: Neumen und Quadrate

Die ersten Notationszeichen gaben keine genaue Tonhöhe an. Wahrscheinlich wurden die Bewegungen und Gesten des Dirigenten dargestellt. Deshalb bezeichnet man sie als Neumen (griech.: *neuma* = Geste). Später entwickelte sich die Quadratnotation.

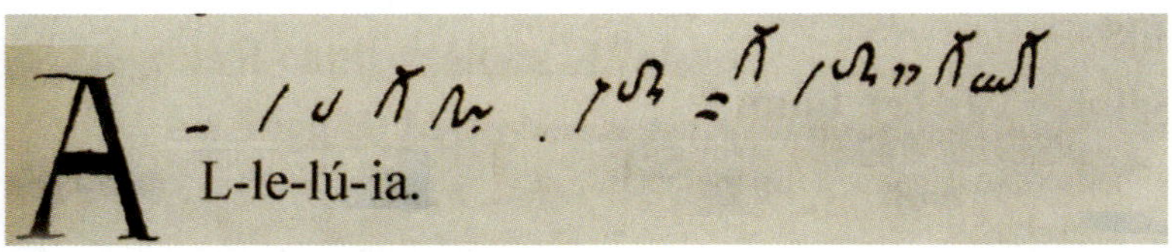

5 **a** Verfolgt die Neumen mithilfe des Hörbeispiels. Wo könnt ihr den Verlauf der Melodie gut nachvollziehen, wo habt ihr Schwierigkeiten? B 34
b Verfolgt dasselbe Hörbeispiel mithilfe der Quadratnotation. Sucht nach Erklärungen, warum die Neumen durch die Quadratnotation abgelöst wurden.

WISSEN

Der Gregorianische Choral
Der Legende nach soll Papst Gregor I. (540–608) die Kirchengesänge seiner Zeit gesammelt und in einem Werk vereint haben.
Der einstimmige Kirchengesang entwickelte sich aus dem Gesang der jüdischen Synagoge. Dort wurden Psalmen, Gebete und Lesungen in einer Art erhöhtem Sprechgesang (Psalmodie) vorgetragen.
Diese einfache melodische Sprechweise basiert auf einem einzigen Ton und variiert je nach Betonung des zugrundeliegenden Textes um wenige Tonschritte. Das hatte einerseits akustische Gründe, da die melodische Gestaltung die Worte in großen Räumen besser verständlich machte, andererseits erleichterte sie das Memorieren der Gesangs- und Gebetstexte und es enthob sie der Alltagssprache.

Grundwissen aufgefrischt

Ursprünge der Notation
Im frühen Mittelalter (9. Jhd.) entstand mit den Neumen die erste Notationsform. Diese war eher eine Gedächtnisstütze für den Dirigenten. Im Lauf der Zeit wurden zunächst zwei, später drei und vier Linien hinzugefügt. Das Notensystem entstand. Zur besseren Orientierung wurde zusätzlich der Notenschlüssel erfunden. Um die Tonhöhen und den Rhythmus präziser darstellen zu können, entstand schließlich die Quadratnotation, der Vorläufer unserer modernen Notenschrift.

Seht euch ein modernes Notat an (z. B. S. 42) und beschreibt, was sich seit der Quadratnotation noch verändert hat.

Musik gezielt eingesetzt

Musiktherapie und die heilende Kraft der Musik

Musik wirkt auf alle Areale unseres Gehirns und auf unsere Gefühle. Daher nutzen Ärzte, Therapeuten und Pädagogen Musik, um Schmerzen zu lindern, Erinnerungen hervorzurufen, psychische Blockaden zu überwinden oder Kommunikation zu ermöglichen. Inzwischen beschäftigen sich auch Neurowissenschaftler und Evolutionsforscher mit der Wirkung von Rhythmen und Melodien auf den Menschen. So versuchen sie beispielsweise herauszufinden, warum manche Klänge, Stücke oder Songs uns faszinieren, währenddessen uns andere kaltlassen.

1 Seht euch die beiden Abbildungen an und überlegt, welchen Zweck die Musik jeweils erfüllt.

! WISSEN

Musiktherapie ist eine Heilmethode mit dem Ziel, seelische, körperliche und geistige Gesundheit wiederherzustellen, zu erhalten oder zu fördern. Ihr interdisziplinärer Ansatz speist sich aus den Fachbereichen Medizin, Psychologie, Musikwissenschaft und Pädagogik. Sie wird eingesetzt bei:

- chronischen Schmerzen
- Traumata (verstörenden Erfahrungen)
- Suchterkrankungen
- Entwicklungs- und Verhaltensstörungen bei Kindern
- geriatrischen Patienten (Patienten mit Alterskrankheiten)
- Patienten im Koma

Für den Einsatz von Musik in der Musiktherapie muss der Therapeut individuell und kreativ auf die Art der psychischen oder körperlichen Erkrankung reagieren. Folgendes Beispiel aus einer Therapiesitzung verdeutlicht das:

Paul, ein 10-jähriger Junge, hat Ängste und Albträume. Die Musiktherapie soll ihm helfen, seine Ängste abzubauen. Gemeinsam mit der Therapeutin, die Klavier spielt, macht er dazu Musik auf verschiedenen Instrumenten.

2 **a** Das Hörbeispiel dokumentiert die Therapiesitzung. Protokolliert beim Anhören den musikalischen Ablauf. (B 35)

b Im Therapiebericht äußert sich Paul zum Abschluss der Sitzung folgendermaßen:

»*Das war Angstmusik! Wenn ich die Angst spiele, habe ich keine Angst mehr davor.*«

Beschreibt, wie er seine Ängste musikalisch ausgedrückt hat und überlegt gemeinsam, inwiefern ihm das wohl geholfen hat.

3 Informiert euch im Internet mithilfe der Wissensbox über die Arbeitsfelder der Musiktherapie und überlegt, welchen Herausforderungen Musiktherapeuten im Arbeitsalltag begegnen. Denkt dabei an die verschiedenen beteiligten Fachbereiche. Welche Voraussetzungen müssen sie für diesen Beruf mitbringen?

Musik in der Werbung

Mal ehrlich: Wenn ihr die Wahl hättet zwischen einem No-Name-Pullover und einem Markenpullover – was würde eure Kaufentscheidung beeinflussen? Die Qualität und der Look oder der Markenname? In einem Experiment fand man heraus, dass von Werbung beeinflusste Personen im Schnitt etwa 5% mehr für ein Markenprodukt ausgeben. Werbefachleute setzen in Werbespots dabei auch die jeweilige Musik gezielt ein.

Präzision · Eleganz · Liebe · Unbeschwertheit · Selbstbewusstsein · Bodenständigkeit · Schwung · Natur · Protest · Kraft · Emotionen · Qualität · Lebensfreude · Reife · Ursprünglichkeit · Disziplin

4 **a** Ordnet die Begriffe rechts den Hörbeispielen zu. B 36–38

b **Gruppenarbeit:** Wählt eines der Musikbeispiele aus und überlegt, welches Produkt ihr damit vermarkten wollt. Beachtet bei der Auswahl u. a., wie die Musik das Image eures Produktes zusätzlich verstärken kann.

Vom Werbelied zum Audio-Branding

Nachdem in der Werbung lange Zeit Jingles und Werbelieder verwendet wurden, um den Wiedererkennungswert einer Marke akustisch zu gewährleisten, verwenden Firmen heute meist das „Audio-Branding" (engl.: *brand* = Marke). Dabei werden alle musikalischen Komponenten (z. B. Audio-Logo, Jingle, Werbesong, Geräusche, Hintergrundmusik) zur Bewerbung eines Produktes aufeinander abgestimmt.

5 2013 wurde *Ritter Sport* für seine Audio-Branding-Initiative für den „Best-Audiobrand" nominiert.

a Hört euch die verschiedenen Elemente Kurzmotiv, Werbesong, Geräusche und Audiologo der Audio-Brand-Initiative mehrmals an. B 39–42

b Beschreibt mithilfe der Werbeclips, wie die verschiedenen Elemente jeweils eingesetzt werden, um die Käufer anzusprechen. Beurteilt, ob die Konzeptidee für das Audio-Branding das gewünschte Produktimage unterstützt.

Bin ich manipulierbar?

Forschungsergebnisse bestätigen, dass Musik die Wirkung von Werbung entscheidend beeinflussen kann. Dabei wird die emotionale Reaktion, die durch die Musik hervorgerufen wird, auf das Produkt übertragen – der Zuschauer wird konditioniert.

6 Überlegt, wann diese Konditionierung besonders erfolgreich ist, und übertragt eure Ergebnisse auf andere Funktionen von Musik.

Grundwissen aufgefrischt

Formen von Musik in der Werbung

Man unterscheidet Kurzmotiv, Jingle, Werbelied und Hintergrundmusik.

Ordnet die Aussagen der jeweiligen Form zu:

- verleiht dem Spot eine bestimmte Atmosphäre
- gesungener Werbeslogan
- gesungene Werbebotschaft
- Erkennungssignal
- liegt hinter dem Text, tritt nur in Sprechpausen hervor
- soll Aufmerksamkeit erregen
- meist von bekannten Melodien abgeleitet (z. B. Kinderliedern)
- entweder eigens komponiert oder bereits bekannt

[Das habt ihr gelernt]

+ wie Musik auf den Menschen wirken kann, u. a. in Musiktherapie und Werbung
+ welche Formen funktionaler Musik es gibt
+ inwiefern Rituale und Musik zusammenhängen, z. B. im Stadion oder Rockkonzert
+ ein Santería-Lied und wie es in den Orishakult eingebunden ist
+ etwas über Hildegard von Bingen und die Ursprünge der Notation
+ wie Werbung die Wirkung von Musik nutzt

[Kapitel 6]

Musik in Form

In Robert Schneiders Roman „Schlafes Bruder" improvisiert der 22-jährige Bauernsohn Elias Alder bei einem Orgelwettbewerb zum Erstaunen der Jury eine Fuge wie folgt:

» Als er das Fugenthema mit vollem Prinzipalchor vorgestellt hatte, schrie der dritte der kalkweißen Professoren plötzlich laut auf. ‚Das ist unmöglich!! Das ist nicht möglich!!', schrie er und konnte nur mit brutaler Kraft wieder in die Sitzbank gedrängt werden. Denn das Fugenthema war von einer so gigantischen Erfindungskunst und Länge, dass man glauben musste, auf der Empore gehe es mit übernatürlichen Dingen zu. Das Thema bestand aus den Grundtönen des zu improvisierenden Chorals, hatte aber eine so filigran-träumerische Gestimmtheit, dass ein jüngeres Weib auf der Evangelienseite zu Recht ausrief: ‚Ich sehe den Himmel!' Und das Thema wollte nicht enden, schwang von der einen Sequenz zur anderen, immer höher und immer duftiger, bis es schließlich in die Dominante pendelte, auf welcher die zweite Stimme dasselbe Spiel von vorne beginnen durfte. Was er an Fugentechnik von seinen Vorspielern abgelauscht, das stellte er jetzt mit Leichtigkeit in die eigene Konzeption. Er hatte gelernt, dass das Thema in zyklischer Weise wiederauftaucht, und zwar in einem ganz bestimmten Tastenzahlverhältnis zum vorangegangenen Einsatz ... «

Nach mehr als zweistündiger Improvisation endet er und gewinnt den Wettbewerb ...

In diesem Kapitel geht es um den Aufbau musikalischer Formen wie z. B. der Fuge, die der Protagonist Elias in „Schlafes Bruder" so meisterhaft improvisiert.

Stimme und Ohren

Get You

B 43, 44

Text u. Musik: M. Detterbeck, G. Schmidt-Oberländer
© Helbling

Körper und Bewegung

Boom, Boom, Cha

Text u. Musik: G. Schmidt-Oberländer
© Helbling

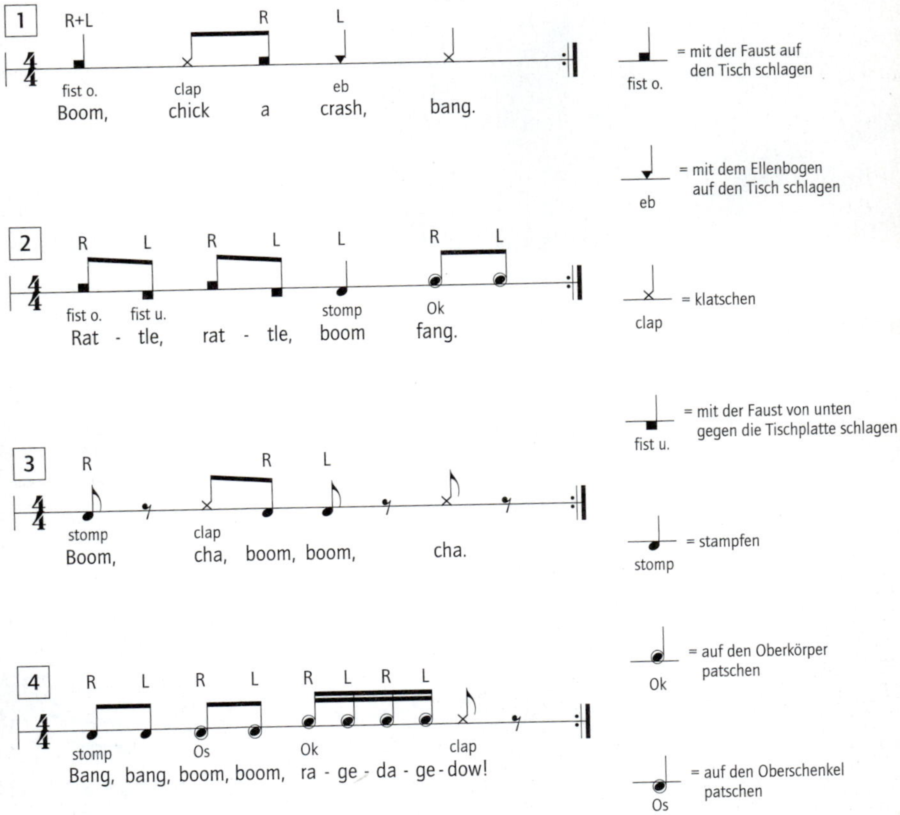

Die Fuge: Kunst und Ordnung

In der Barockzeit wurden Kirchen, Schlösser und Gärten kunstvoll verziert und mit vielen Details ausgeschmückt. Dabei folgten sie in ihrer Anlage strengen geometrischen Formen. Auch in der Barockmusik – z. B. in den Fugen von J. S. Bach – kann man diese Verzierungen bei gleichzeitig strengen Kompositionsregeln feststellen.

Thema der Orgelfuge in C (BWV 553)

B 45

J. S. Bach

Ein Barockgarten in Prag

1 **a** Übertragt das Thema der Orgelfuge in C von J. S. Bach in euer Arbeitsheft. Macht euch anschließend Notizen zum rhythmischen und melodischen Aufbau.

b Prägt euch das Thema durch Singen auf eine beliebige Tonsilbe ein.

2 **a** Seht euch den nachfolgenden Notenausschnitt der Fugenexposition – also dem Abschnitt, in dem alle Stimmen das Thema zum ersten Mal spielen – an. Benennt die Reihenfolge der Themeneinsätze und beschreibt, wo und auf welche Weise das Thema gegebenenfalls verändert wurde.

b Vergleicht eure Beobachtungen zur Fuge mit der Struktur eines Kanons.

Exposition der Orgelfuge in C (BWV 553)

B 45, 46

J. S. Bach

Die Zutaten der Fuge: Motiv, Verarbeitung und Kontrapunkt

Eine Fuge folgt strengen Regeln und steckt gleichzeitig doch voller Erfindungen und Raffinessen. Die abwechslungsreiche und kunstvolle Verarbeitung des Fugenthemas bzw. einzelner Motive steht im Zentrum der Fugenkunst. Ebenso wichtig ist die kunstvolle Begleitung des Themas durch einen sogenannten „Kontrapunkt".

3 **a** Beschreibt in der Fugenexposition beim zweiten Themeneinsatz die Begleitstimme (Kontrapunkt) bezüglich Melodieführung und Rhythmus.
b Sucht in der Fugenexposition die Stellen, an denen dieser Kontrapunkt wieder erscheint. Welchem Prinzip folgt dieses Erscheinen?

Höhepunkt: die Engführung

Als Höhepunkt nutzen Komponisten oft die Technik der Engführung, die durch eine Verdichtung der Themeneinsätze zustande kommt.

4 Seht euch das Notenbeispiel an und beschreibt, wie Bach die Themeneinsätze miteinander kombiniert. Verwendet dabei die Begriffe Kontrapunkt, Motiv und Abspaltung.

Engführung der Orgelfuge in C (BWV 553)

B 47

J.S. Bach

Grundwissen aufgefrischt

Motiv und Verarbeitung

Unter einem Motiv versteht man den kleinsten musikalischen Baustein. Es kann auf unterschiedliche Weise weiterverarbeitet werden. Schaut euch den Beginn der verschiedenen Verarbeitungen des Themas aus der Orgelfuge in C von J.S. Bach an und erklärt, wie es jeweils verändert wurde. Ordnet anschließend die entsprechenden **Fachbegriffe** den Notenausschnitten zu.

Umkehrung (Tonhöhen werden horizontal gespiegelt)

Veränderung der Intervalle

Diminution (Verkleinerung der Notenwerte)

Sequenzierung (Wiederholung des Motivs auf einer anderen Tonstufe)

Abspaltung (nur ein Teil des Themas wird wiederholt)

Augmentation (Vergrößerung der Notenwerte)

Der Aufbau einer Fuge

Eine Fuge ist in ihrem Gesamtaufbau nur in einigen Teilen streng definiert. Das betrifft insbesondere die Fugenexposition. Im weiteren Verlauf wechseln sich Zwischenspiele (Abschnitte ohne Verwendung des Themas), einzelne oder kombinierte Fugeneinsätze ab.

5 a Hört euch die ganze Fuge an und zählt mit, wie oft das Thema gespielt wird. B 45–47
b Erstellt beim nochmaligen Hören ein Ablaufschema. Verwendet die entsprechenden Fachbegriffe.

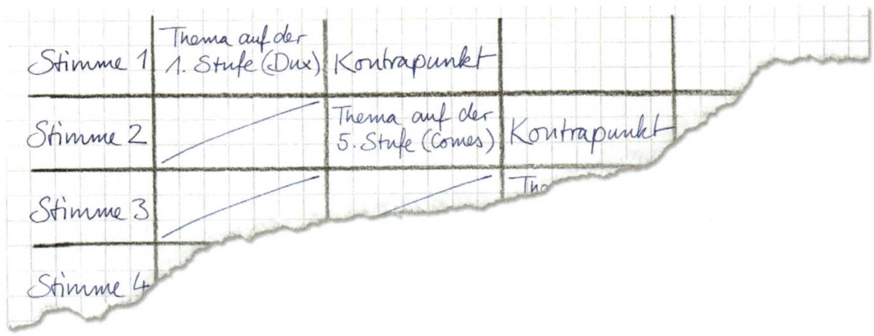

Die Fuge als besonders kunstvolle Form des Komponierens hat insbesondere im 20. Jahrhundert auch Literatur und Kunst beeinflusst. So nannten Paul Klee, Wassily Kandinsky oder Josef Albers einige ihrer Bilder „Fuge".

6 Erklärt, auf welche Weise Josef Albers in seinem Glasrelief „Fuge" das Kompositionsprinzip der Fuge bildlich übertragen hat.

J. Albers: Fuge (1925)

! WISSEN

Merkmale der Fuge

Polyfonie: Mehrstimmigkeit, bei der die einzelnen Stimmen eigenständig sind. Den Gegensatz dazu bildet die Homofonie, bei der eine Melodie begleitet wird.

Kontrapunkt: bezeichnet einerseits die Gegenstimme zu einem Fugenthema, andererseits die Kompositionstechnik, die mit Kontrapunkten arbeitet, z. B. in Kanons oder Fugen; seine Blütezeit liegt in der Renaissance und im Barock.

Fugenexposition: der erste Abschnitt einer Fuge, in dem das Thema einmal in allen Stimmen vorgestellt wird. Der erste Themeneinsatz wird als Dux (lat. „Führer") bezeichnet, der zweite als Comes (lat. „Gefährte"). Der Dux erklingt auf der 1. Stufe, der Comes in der Regel auf der 5. Stufe. Besteht die Fuge aus mehr als zwei Stimmen, kommen weitere Stimmen nach demselben Prinzip hinzu.

Engführung: meint die Überschneidung von Themen in den einzelnen Stimmen. Demzufolge beginnt eine Stimme das Thema bereits, während es in einer anderen Stimme noch nicht zu Ende geführt ist.

Königin der Instrumente: die Orgel

„Eine Kirche ohne Orgel ist wie ein Körper ohne Seele", sagte Albert Schweitzer. Eine Orgel beeinflusst mit der Gestaltung ihres Gehäuses und der Front (Orgelprospekt) die Wirkung des Kirchenraumes und beeindruckt durch ihren gewaltigen Klang.

1 **a** Beschreibt anhand der Aufnahme die klanglichen Möglichkeiten der Orgel. Überlegt, warum Mozart die Orgel als „könig aller instrumenten" bezeichnet hat. B 48

b Recherchiert im Internet über die Geschichte der Orgel. www

Orgelprospekt

INFO

Geschichte der Orgel
Im antiken Alexandria spielte man ein Instrument namens Hydraulos (also „Wasser-Aulos"). Das Wasser diente dabei als Druckregler für die Luft, die man in verschieden lange Auloi (antike Rohrblattinstrumente) leitete.
Spätestens seit dem 4. Jahrhundert setzten sich Orgeln als Kircheninstrumente durch. Eine Blütezeit erlebte die deutsche Orgelbaukunst im Spätbarock u. a. durch die Brüder Silbermann. Mit den neuen technischen Errungenschaften des 19. Jahrhunderts baute man immer größere Instrumente mit romantischen Klangmöglichkeiten.

Prospekt und Spieltisch

Betrachtet man eine Orgel, fällt der Orgelprospekt (also die „Fassade" der Orgel) mit ihren sichtbaren Pfeifen ins Auge, bei genauerer Betrachtung auch der Spieltisch mit Tastatur und Knäufen, mit denen man die verschiedenen (Klang-) Register zieht.

2 Informiert euch mithilfe der Videos über folgende Fachbegriffe und notiert dazu jeweils eine kurze Erklärung in Stichworten: Orgelprospekt, Spieltisch, Manual, Pedal, Hauptwerk, Rückpositiv, Schwellwerk, Register, Prinzipal.

Aufbau der Orgel

Orgeln arbeiten im Grunde nach einem ganz einfachen Prinzip: Zur Klangerzeugungung wird Luft in die verschiedenen Pfeifen geblasen. Doch was passiert dabei im Detail?

3 Beschreibt mithilfe der schematischen Darstellung im Video den Weg der Tonerzeugung vom Tastendruck bis zum klingenden Ton.

Orgelpfeifen derselben Klangfarbe werden in „Registern" zusammengefasst. Der Umgang mit den Registerzügen ist für einen Organisten ebenso wichtig wie das Spiel auf den Tasten.

4 Erklärt anhand der Grafik und des Videos, wie die Register einer Orgel aufgebaut sind und wie sie vom Organisten angesteuert werden.

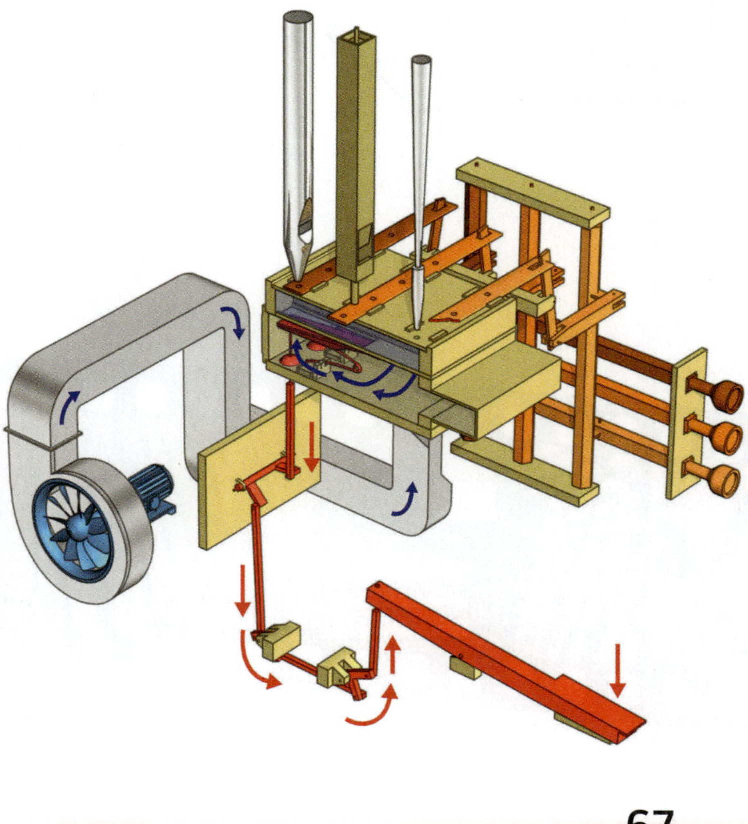

! WISSEN

Orgelpfeifen
Jede Pfeife kann grundsätzlich nur eine Tonhöhe, eine bestimmte Klangfarbe und eine Lautstärke erzeugen. Um dennoch alle verschiedenen Tonhöhen, Klangfarben und Lautstärken zu ermöglichen, benötigt man eine Vielzahl von Pfeifen verschiedener Größe und Bauart. Je länger die Pfeife, desto tiefer der Ton. Die Größe der Pfeifen und damit die Tonhöhe wird bei Orgelregistern immer noch nach dem alten Längenmaß „Fuß" angegeben. Für die Klangerzeugung werden zwei unterschiedliche Pfeifentypen genutzt: Labialpfeifen (Lippenpfeifen) und Lingualpfeifen (Zungenpfeifen). Labialpfeifen funktionieren ähnlich wie eine Blockflöte.

Es gibt auch Register, die nicht im Oktavabstand zum nächstgrößeren stehen. 2 2/3' ist z. B. um eine Quint höher als 4'.

Klangmöglichkeiten der Orgel

Durch das Ziehen von Registern kann eine Orgel sehr unterschiedliche Klangfarben hervorbringen. Je nach Art der „Registrierung" treten bestimmte Obertöne stärker oder aber schwächer hervor. So gesehen funktionieren Pfeifenorgeln nicht anders als ein Synthesizer: Je mehr Obertöne zum Grundton hinzugefügt werden, desto heller und farbenreicher wird der Klang. Wenn man auf der Tastatur der Orgel die tiefste Taste (großes C) drückt, erklingt je nach gezogenem Register der Ton c in einer anderen Oktavlage. Die folgende Grafik verdeutlicht dies:

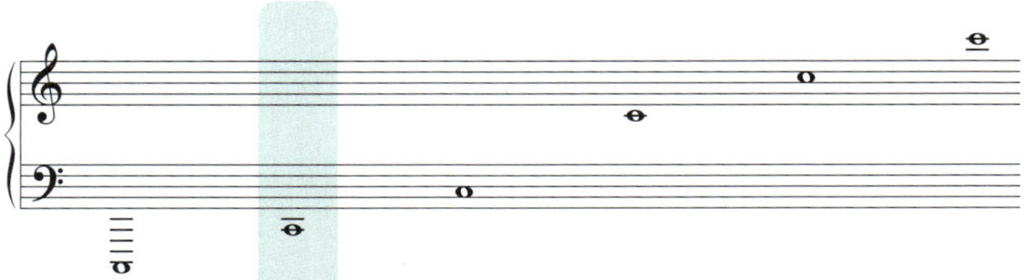

Gezogenes Register in Fuß	16'	8'	4'	2'	1'	1/2'
Länge in cm (ca.)	480	240	120	60	30	15

5 Erklärt mithilfe des Notats, des Videos und der Grundwissen-aufgefrischt-Box rechts, welcher Gesetzmäßigkeit die Baulänge der Pfeifen folgt.

6 **a** Hört euch fünf unterschiedliche „Fußlängen" von Registern an und prägt euch den Klang gut ein. B 49

1. Prinzipal 16'
2. Flöte 8'
3. Flöte 4'
4. Superoktave 2'
5. Quinte 2 2/3'

b **Hörquiz:** Notiert Fußlänge und Registerbezeichnung der jeweiligen Orgelpfeife. B 50

Eine Orgel spielen

Mithilfe der virtuellen Orgel könnt ihr die klanglichen Möglichkeiten der Orgel selbst ausprobieren.

7 **Partnerarbeit:**

- **a** Prägt euch in einer „Kennenlernrunde" der Programmierung die Klangfarben der unterschiedlichen 8'-Register ein.
- **b** Partner 1 schließt die Augen und benennt die Bezeichnung des von Partner 2 gespielten Registers.
- **c** Partner 1 versetzt sich in die Rolle des Organisten und findet gut klingende Kombinationen von Registern. Partner 2 ist der Kritiker und bewertet die Registerkombination.

[**Tipp**] Die nebenstehenden Auswahlbegriffe helfen euch bei der Beschreibung der Klangfarben.

- **d** Wechselt nun die Aufgabe von Organist und Kritiker.

Auswahlbegriffe

gut/wenig ausgewogen

zu wenig/genügend Fülle/Tiefe

richtiger/zu viel/
zu wenig Kontrast

(zu) scharf

(zu) weich

Einem Organisten über die Schulter geschaut

Der amerikanische Organist Cameron Carpenter feiert weltweit Erfolge und reizt aus, was die Orgel an Farbenpracht und Klanggewalt zu bieten hat. Nach einem Konzert urteilte die Berliner Zeitung 2012:

» Am Montag spielte Carpenter in der Philharmonie und was er da am ... Spieltisch der großen Karl-Schuke-Orgel trieb, ist derart bestürzend, dass man es nur noch mit der Wirkung Franz Liszts vor 170 Jahren vergleichen kann. «

8 Recherchiert im Internet über den Organisten Cameron Carpenter. Macht euch Notizen über seine Ausbildung, seine Vorbilder, seine Motivation und seine Ziele.

Der Organist Cameron Carpenter

Grundwissen aufgefrischt

Obertöne

Der natürliche Ton eines Instruments ist eigentlich ein Klang, da er sich aus einem Grundton und mehreren Obertönen zusammensetzt. Diese folgen einer Ordnung, die man Obertonreihe nennt. Schlägt man z. B. am Klavier den Ton *C* an, klingen folgende Töne mit:

Benennt die Töne der Obertonreihe und überlegt, welche Gesetzmäßigkeiten es zwischen den Tönen gibt.

Das Oratorium: eine musikalische Großform

Ordnung und Chaos

Klar: ein ordentliches Schulheft, ein aufgeräumtes Zimmer – davon hat man eine Vorstellung. Die Frage, wie man Ordnung in der Kunst erkennen kann, hat sich der Künstler und Kabarettist Ursus Wehrli gestellt und dazu einige Gemälde berühmter Künstler „aufgeräumt".

Wassily Kandinsky: Roter Fleck

Aus: „Kunst aufräumen" von Ursus Wehrli

1 Deutet das Bild von Wehrli in Bezug auf Kandinskys Original.

2 a **Gruppenarbeit:** Verwendet eines der beiden Bilder als Grundlage für eine Improvisation (ca. 1 Min.) mit verschiedenen Instrumenten und/oder euren Stimmen.

b Führt euch die Ergebnisse gegenseitig vor und achtet auf die jeweils für Chaos bzw. Ordnung eingesetzten musikalischen Mittel. Fasst anschließend an der Tafel mögliche musikalische Prinzipien zur Gestaltung von „Chaos" und „Ordnung" zusammen.

Am Anfang schuf Gott Himmel und Erde. Und die Erde war wüst und leer, und es war finster auf der Tiefe; und der Geist Gottes schwebte auf dem Wasser. Und Gott sprach: Es werde Licht! Und es ward Licht. Und Gott sah, dass das Licht gut war. Da schied Gott das Licht von der Finsternis. (1. Mose 1, 1–4)

Eine Geschichte von der Erschaffung der Welt

Im Alten Testament wird der Weg vom Chaos zur Ordnung der Welt beschrieben. Joseph Haydn (1732–1809) hat zur Schöpfungsgeschichte ein Oratorium komponiert, bei dem in der Einleitung der Übergang vom Chaos zur Ordnung hörbar wird.

3 Benennt die Begriffe, mit denen im nebenstehenden Bibeltext Chaos und Ordnung beschrieben werden.

4 a Beschreibt anhand des Hörbeispiels, mit welchen musikalischen Mitteln Haydn das Chaos gestaltet. Hört dazu das Hörbeispiel mehrmals und beantwortet die Impulsfragen auf den Post-its®.

b **Für Experten:** Begründet die Aussage „Haydn lässt das Ohr während der ganzen Einleitung nicht zur Ruhe kommen".

C 1

Wann ist ein klarer Grundton zu erkennen?

Wo sind Kadenzen zu hören?

Wie verwendet Haydn die Gestaltungsmittel Wiederholung, Veränderung und Kontrast?

Ein Ohrenzeuge berichtet von der Uraufführung:

» *In dem Moment, als das Licht zum ersten Mal erschien, … [war die] Verzauberung der elektrisierten Wiener so allgemein, dass das Orchester einige Minuten lang nicht weiterspielen konnte.* «

5 Befasst euch hörend mit diesem Ausschnitt und sucht Gründe für die oben zitierte Verzauberung.

C 4

„Der Geist über den Wassern"

Haydn verwendet zu Beginn seiner Komposition besondere musikalische Mittel.

6 **a** Verfolgt seine weitere Umsetzung der Schöpfungsgeschichte und benennt die musikalischen Formen, die Haydn für die unterschiedlichen Abschnitte wählt. Die Grundwissen-aufgefrischt-Box hilft euch dabei. (C 2–4)

b Hört den Ausschnitt, in dem der Chor singt, noch einmal an und beschreibt, wie Haydn das Schweben des Geistes Gottes über den Wassern darstellt. Geht dabei auch auf die Orchesterbegleitung und den Chorgesang ein. (C 3)

c Erklärt, warum Haydn für diesen Abschnitt den Chor gewählt hat und überlegt, inwiefern der Einsatz eines Chores an dieser Stelle ungewöhnlich erscheint.

Kampf der Geister der Finsternis mit der neuen Weltordnung

Im folgenden Abschnitt schildert Haydn den Kampf zwischen den Geistern der Finsternis und der neuen Weltordnung.

„Verzweiflung, Wut und Schrecken" (aus: Die Schöpfung) (C 5, 6)

J. Haydn

7 **a** Beschreibt mithilfe der Hörbeispiele, mit welchen musikalischen Mitteln Haydn den Text der beiden Abschnitte vertont. Achtet u. a. auf die Gestaltung der Melodielinie (Richtung, Schritte/Sprünge), den Rhythmus, Betonungen und Versetzungszeichen. (C 5, 6)

b Überlegt, warum Haydn an dieser Stelle mit den Satztechniken Homo- bzw. Polyfonie arbeitet.

WISSEN

Oratorium

Ein Oratorium ist ursprünglich eine Art Kapelle, in der Bibellesungen und musikalische Andachten abgehalten wurden. Deswegen hat das musikalische Oratorium für gewöhnlich geistliche Inhalte und wird oft in der Kirche aufgeführt. Es weist allerdings auch viele Elemente der Oper auf und entwickelte sich parallel zu dieser Gattung.
Der Chor übernimmt im Oratorium oft die Rolle des Volkes, des Gebets oder Kommentars und hat meist einen hohen Anteil an wörtlicher Rede.

Die Begriffe Homo- und Polyfonie habt ihr bereits auf S. 66 kennengelernt.

Grundwissen aufgefrischt

Formen im Oratorium und der Oper

Oratorium und Oper sind dramatische Gattungen für Solisten, Chor und Orchester. Im Gegensatz zur Oper wird das Oratorium konzertant – also ohne Bühnenbild und szenische Darstellung – aufgeführt. Ordnet den Fachbegriffen der musikalischen Formen die passenden Beschreibungen zu.

Musikalische Formen

- Ensembleszenen
- Chorszenen
- Rezitativ
- Ouvertüre (Einleitung)
- Arie

Beschreibung

- einleitendes Orchesterstück oft mit thematischem Material aus Oratorium oder Oper
- Sologesang, der oft virtuos und publikumswirksam gestaltet ist; beschreibt Gefühle, Stimmungen oder Gedanken mit kunstvollen Melodielinien (melismatisch)
- eine Textvertonung, die sich dem Sprachrhythmus angleicht (syllabisch) und die Handlung transportiert
- bieten Abwechslung zu den Solostücken und lassen „das Volk" zu Wort kommen. Oft kombiniert mit Tanz, bilden sie in der Oper meist das Finale eines Aktes

Die Erschaffung der Tiere

Haydn berichtet in zwei Rezitativen, wie die neu entstehende Welt von Tieren bevölkert wird.

Meister Bertram: Die Erschaffung der Tiere

> **WISSEN**
>
> **Secco- und Accompagnato-Rezitativ**
>
> Der Sprechgesang des Rezitativs kann auf zwei Arten begleitet werden.
>
> 1. **Secco** (ital. = trocken): Der Sänger wird nur von der Continuogruppe (Cembalo, Cello usw.) begleitet.
> 2. **Accompagnato** (ital. = begleitet): Der Sänger wird vom Orchester begleitet, das Orchester kommentiert oft den Fortgang der Handlung. Manchmal wird ein liedhafter Teil (Arioso) eingeflochten.

1 **a** Deutet die Bilder in Bezug auf die unterschiedlichen Auffassungen von der Entstehung der Tiere. Im Internet findet ihr weitere Hinweise.

b Hört euch das einleitende Rezitativ an und benennt, welche Auffassung von der Entstehung der Tiere Haydn für sein Oratorium vorlag. (C 7)

Mehr als 60 Jahre nach der Uraufführung von Haydns „Schöpfung" veröffentlichte Charles Darwin 1859 seine Evolutionstheorie „On the Origin of Species" (Von der Entstehung der Arten). Dieses Buch war ein Meilenstein der modernen Naturwissenschaft und rief nach seiner Veröffentlichung heftige Diskussionen hervor, da es in völligem Gegensatz zum biblischen Schöpfungsbericht steht.

2 Überlegt gemeinsam, warum es wohl einfacher ist, die Erschaffung der Tiere wie in der Bibel beschrieben zu vertonen als nach Darwins Evolutionstheorie.

3 **a** Hört euch das einleitende Rezitativ und dessen Fortsetzung an. Beschreibt, wie sich die Begleitung des Gesangs verändert. (C 7, 8)

[Tipp] Die Wissensbox gibt euch weitere Hinweise.

b Betrachtet den Notenausschnitt und vergleicht ihn mit eurem Höreindruck. Beschreibt, was die Continuogruppe zusätzlich zu dem Notat des Komponisten ausführt.

Tonmalerei

Tonmalerei ist ein Verfahren, Außermusikalisches mit Musik darzustellen. Die Erschaffung der Tiere im zweiten Teil des Oratoriums enthält zahlreiche Beispiele, wie Haydn die Laute oder Bewegungen von Tieren musikalisch nachahmt.

4 Nachfolgend seht ihr die Notenausschnitte, mit denen Haydn Löwe, Insekten, Rind und Tiger musikalisch darstellt.

a Überlegt, welches Tier zu welchem Notenausschnitt gehören könnte. Begründet eure Entscheidung anhand des Notenbildes und der angegebenen Dynamik.

A

B

C

D

b Ordnet die Hörbeispiele den Notenbeispielen zu. Stimmt eure innere Klangvorstellung von der Musik mit den Hörbeispielen überein? (C 9–12)

c Hört die Hörbeispiele im Kontext der Rezitative, in welchen die orchestrale Darstellung der Tiere kommentiert wird. Bringt die Notenbeispiele anschließend in die richtige zeitliche Reihenfolge und erklärt bei jedem Beispiel, welche Form der Kommentierung Haydn verwendet. (C 8–12)

Nachahmung der Tierlaute | **Zuordnung durch Assoziationen** | **Nachahmung der Bewegung der Tiere**

5 Im Bibeltext ist an dieser Stelle lediglich die Rede „von Vieh, von Kriechtieren und von Tieren des Feldes." Sammelt Argumente, die den Librettisten dazu bewogen haben könnten, weitere Tiere einzufügen.

Grundwissen aufgefrischt

Generalbass

Der Generalbass ist eine Art Kurzschrift für den Cembalisten der Continuogruppe. Dabei werden nur die Basstöne und wenn nötig Ziffern aufgeschrieben. Wie der Spieler diese Anweisungen umsetzt, ist ihm zum Teil freigestellt: Die Ziffern unter den Basstönen geben den Intervallabstand der Akkordtöne zum Basston wieder. Ein ♯ nach der Zahl schreibt ein Versetzungszeichen vor.

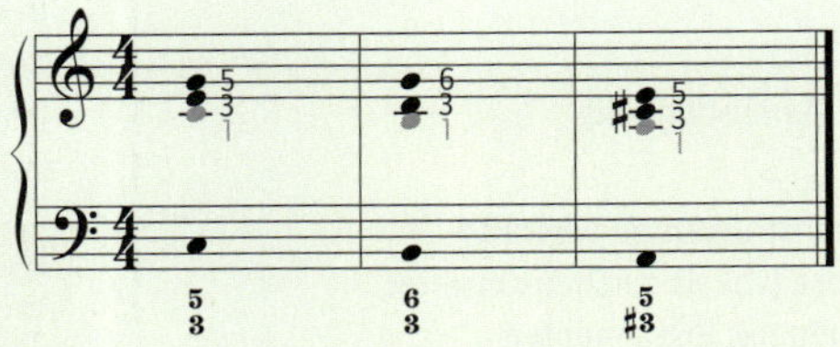

Notiert zum Rezitativausschnitt auf S. 72 die jeweils zu spielenden Akkorde. Schreibt dazu in die untere Zeile die Bass-Stimme und ergänzt in der oberen jeweils die zu spielenden Akkorde.

Das Konzert: Entwicklung einer Form

Formen verändern sich zwar, aber ihr Prinzip, ihr Aufbau und ihre Funktion bleiben meist gleich, wenn sie sich in der Praxis bewährt haben. Das Rad beispielsweise war zunächst nur eine Holzscheibe, die sich um eine Achse drehte. Für mehr Leichtigkeit und Stabilität sorgten später die Speichen und ein Eisenring. Durch die Erfindung des Luftgummireifens konnte es noch leichter und stoßfreier laufen. An der Form (rund) und der Funktion des Rades (Erleichterung der Bewegung eines Transportmittels) hat sich aber in den über 5000 Jahren seiner Geschichte nichts geändert. Auch in der Musik gibt es Formen, die sich über lange Zeit bewährt haben, z. B. das Konzert.

1 **Gruppenarbeitsphase 1:** Jede Gruppe macht sich zum Experten über die Entwicklungen des Konzertes in einer der vier Epochen mithilfe der Informationen im jeweiligen Kasten, in Nachschlagewerken und im Internet.

Gruppenarbeitsphase 2: Bildet neue Gruppen mit jeweils vier Schülern, in denen jeweils ein Schüler Experte für eine Epoche ist und den anderen über die Ergebnisse aus der Gruppenarbeitsphase 1 berichtet.

2 Fasst die Entwicklung des Konzertes schriftlich zusammen. Geht dabei u. a. auf Veränderungen ein und erklärt, was man unter dem „konzertierenden Prinzip" versteht.

3 Ordnet die vier Hörbeispiele dem jeweiligen Entwicklungsstadium zu. Begründet eure Entscheidung anhand der jeweiligen musikalischen Besonderheiten.

C 13–16

Mehrchörigkeit

Renaissance (ca. 1400 bis ca. 1600)

In einer Chronik von 1590 steht: „ ... und zu dero behuff hat man alda drei unterschiedliche Chor gehalten ..."

Gioseffo Zarlino berichtet 1558 aus Venedig: „Mehrchörigkeit wurde praktiziert in großen Kirchen, in denen die Vierstimmigkeit, auch wenn viele Sänger für jede Stimme vorhanden sind, ... nicht mehr ausreicht, ... in diesem Klang auch Abwechslung zu schaffen".

- entstand in Venedig im Markusdom mit mehreren Emporen
- Chöre wurden meist mit Instrumenten verstärkt, spätere Concerti da chiesa (vokale Kirchenkonzerte) kombinierten Solostimmen mit Instrumenten
- Komponisten: Gabrieli, Monteverdi, Schütz

Concerto grosso

Barock (ca. 1600 bis ca. 1750)

Georg Muffat (1653-1704) berichtet von seiner ersten Begegnung mit der Form des Concerto grosso: „Erste Gedanken (das Concerto grosso betreffend) hab ich vor Zeit in Rom gefaßt, da ich etliche dergleichen schön und mit großer Anzahl Instrumenten auffs genaueste producirten Concerten, vom Kunstreichen Herrn Arcangelo Corelli mit großem Lust und Wunder gehört."

In einem musikalischen Lexikon (1802) wird das Concerto grosso beschrieben als eine „erste Gattung, in welcher sich mehrere Instrumente verschiedener Art bald wechselweis, bald vereint, zwischen den vollen Sätzen des Orchester hören lassen."

- entstand in Italien
- zu Festlichkeiten an den Höfen der Kirchenfürsten wurden große Konzerte gegeben – oft mit mehr als 150 Musikern
- eine Solistengruppe (Concertino) und ein Orchester (Concerto grosso oder Ripieno)
- Komponisten: Corelli, Händel, Vivaldi

INFO

Die Solokadenz

Als Kadenz wird die Improvisation des Solisten kurz vor Ende eines Satzes (meist 1. und 3. Satz) im Instrumentalkonzert bezeichnet. In der Klassik beginnt die Kadenz immer auf der V. Stufe der Tonart und löst sich in die I. Stufe auf. In der Kadenz hat der Solist die Gelegenheit, seine Virtuosität durch schnelle Läufe, viele Triller, Verarbeitungen von Melodien zu zeigen. In der Klassik wurde die Solokadenz oft noch improvisiert, später wurde sie von den Komponisten meist ausgeschrieben.

Solokadenz aus Klavierkonzert, 2. Satz (KV 599) C 17

W. A. Mozart

Solokonzert

Klassik (ca. 1730 bis ca. 1830)

In einem musikalischen Lexikon (1802) steht, dass ein „gut gearbeitetes Concert ... einer leidenschaftlichen Unterhaltung des Concertspielers mit dem ihn begleitenden Orchester gleiche; diesem theilt der Concertspieler gleichsam seine Empfindungen mit; dieses winkt ihm durch kurze, eingestreute Nachahmungen bald seinen Beyfall zu, bald bejahet es seinen Ausdruck."

Johann Philipp Kirnberger beklagte 1771: „Dieses sind also die Cadenzen, in welche sich gegenwärtig sowohl die Sänger als die Spieler so verliebt haben, daß man glauben sollte, sie singen oder spielen ein Stük nur deßwegen, damit sie am Ende ihre Fertigkeit durch die seltsamsten Läufe und Sprünge zeigen können."

- erstes Auftreten im Barock (Italien)
- ein Solist und ein Orchester
- Satzfolge schnell – langsam – schnell
- in der Solokadenz zeigt der Solist sein Können
- Komponisten: Mozart, Beethoven

Virtuosenkonzert

Romantik (ca. 1820 bis ca. 1910)

Die „Gazetta di Genova" schreibt 1814: „Paganini ist ein Wunder. Mag er ein Teufel sein oder ein Engel, gewiss ist nur, dass er ein musikalisches Genie ist."

Robert Schumann schreibt über Franz Liszt: „Diese Kraft, ein Publikum sich zu unterjochen, es zu heben, tragen und fallen zu lassen, mag wohl bei keinem Künstler, Paganini ausgenommen, in so hohem Grad anzutreffen sein."

Hans Christian Andersen berichtet von einem Konzerterlebnis: „Wie ein elektrischer Schlag fuhr es durch den Saal, als Liszt hereintrat ... Er schien an das Instrument genagelt, aus dem die Töne strömten, sie kamen aus seinem Blut, aus seinen Gedanken; er war ein Dämon, der seine Seele freispielen musste."

- entstand in der Romantik
- der Solist wird sehr wichtig
- die Solokadenz ist der Höhepunkt
- Komponisten: Chopin, Paganini, Liszt

Barock oder Klassik – woran kann ich das erkennen?

Oft sprechen wir in der Musikgeschichte von „Epochen". Doch was ist eigentlich eine „Epoche"? In der Musik ist damit ein Zeitraum gemeint, der sich z. B. durch bestimmte musikalische Merkmale auszeichnet. Generell gibt es keine klar umrissenen Epochengrenzen, die Übergänge zwischen den Epochen sind fließend. Dennoch haben Klassik und Barock spezielle Merkmale, anhand derer man sie unterscheiden kann.

Architektur des Barock

Merkmale: Reichtum, Bewegtheit, Prachtentfaltung, schwingende Formen, ornamentaler Schmuck, Lichteffekte, Einbeziehung von Malerei und Skulptur in den Raum

Musik des Barock

Formen: Concerto grosso, Suite, Fuge, Kantate, Oratorium

Ausdruck: Affektenlehre

Struktur: oft Polyfonie (Zusammenklingen mehrerer selbstständiger Melodielinien), Generalbass

Brandenburgisches Konzert Nr. 3, 1. Satz (CD 18)

J. S. Bach

1 **Partnerarbeit:** Legt fest, wer sich mit welcher Epoche beschäftigt. Betrachtet anschließend „euer" Bild einer Kirche und versucht, die oben genannten Merkmale in der Architektur wiederzufinden. Führt euren Banknachbarn durch „eure" Kirche und erläutert anhand des Bildes die jeweiligen epochenspezifischen Merkmale.

2 Verfolgt die beiden Notentexte mithilfe der Hörbeispiele. Benennt die jeweiligen Merkmale bezüglich der Melodiegestaltung, der Instrumentation und der Rhythmik. Orientiert euch dabei an den Begriffen der Grundwissen-aufgefrischt-Box. (CD 18, 19)

3 Findet Parallelen zwischen den Merkmalen von Kunst und Musik in Barock und Klassik (bzw. Klassizismus).

4 Ordnet die weiteren Hörbeispiele den beiden Epochen zu. Begründet eure Entscheidung, indem ihr auf Themengestaltung, Besetzung, Dynamik und weitere Kompositionsmittel eingeht. (CD 15, 16)

Grundwissen aufgefrischt

Barock und Klassik hörend unterscheiden
Ordnet die Begriffe den Epochen **Barock** bzw. **Klassik** zu:

einfache Kadenz · Klarinette · Cembalo · Vordersatz/Nachsatz · Blockflöte · ein Affekt · ostinate Klangfolgen · Klavier · Periode · Fortspinnung · Kontrapunkt · zwei Themen · crescendo/decrescendo

Architektur der Klassik

(in der Kunst: Klassizismus)
Merkmale: Schlichtheit, klare Formen, Orientierung an griechischer Antike, Verzicht auf Ornamente

Musik der Klassik

Formen: Sinfonie, Sonate, Streichquartett
Ausdruck: Themendualismus, Liedhaftigkeit
Struktur: oft Homofonie (eine Melodie wird mit einfachen Mitteln begleitet), thematisch-motivische Arbeit

Klavierkonzert Nr. 27, 3. Satz (KV 595)

C 19

W.A. Mozart

[Das habt ihr gelernt]

- welchen Regeln eine Fuge folgt
- den Aufbau einer Orgel und wie sie gespielt wird
- einen Überblick über Haydns Komposition „Die Schöpfung"
- den Unterschied zwischen Secco- und Accompagnato-Rezitativ
- wie sich die Form des Konzerts im Laufe der Jahrhunderte entwickelt hat
- Musik aus Barock und Klassik noch besser zu unterscheiden

[Workshop] Musik hören

In diesem Workshop lernt ihr, eure Ohren für verschiedene Elemente und Ausdrucksebenen von Musik zu sensibilisieren, um damit ein besseres Verständnis und tieferes Erleben beim Musikhören zu gewinnen.

Musik unter der Lupe 1: Hören

CD 20

Der Satz „Eine Rose ist eine Rose ist eine Rose ist eine Rose“ wird oft interpretiert als Ausdruck dafür, dass Dinge sind, wie sie sind. Gertrude Stein wollte damit aber auch zum Ausdruck bringen, dass schon die Bezeichnung eines Gegenstands dessen Gestalt beinhaltet. Die damit verbundenen Empfindungen und Beobachtungen hängen aber vom jeweiligen Betrachter und seiner Einstellung zu dem Gegenstand ab. So sieht ein Verliebter in einer Rose ein Symbol für die Liebe, ein Gärtner verfolgt interessiert Wachstum und Blütenbildung, ein Lyriker wird zu einem Gedicht inspiriert. Ähnlich verhält es sich, wenn wir Musik hören …

Vom Großen …

Hörstation 1: Offene Ohren – assoziatives Hören

Schritt 1:

Macht es euch bequem, sodass ihr euch ganz aufs Hören konzentrieren könnt. Wer will, kann zusätzlich auch die Augen schließen. Lasst die Musik auf euch wirken und dabei eure Gedanken fließen.

Schritt 2:

Notiert auf einem Blatt, welche Bilder oder Szenen euch durch den Kopf gegangen sind und welche Gefühle diese Musik in euch ausgelöst hat. Tauscht euch darüber mit eurem Nachbarn aus.

Hörstation 2: Polaritätsprofil

Schritt 1:

Ergänzt in eurem Arbeitsheft folgende Gegensatzpaare zu den Eigenschaften von Musik. Notiert dazu euren Höreindruck zu der jeweiligen musikalischen Eigenschaft in einem Polaritätsprofil. Je mehr eine Aussage zutrifft, umso näher müsst ihr die Markierung an das jeweilige Extrem setzen.

Schritt 2:

Vergleicht eure Zuordnungen im Polaritätsprofil: Wie einheitlich sind eure Einschätzungen? Wo gibt es auffällige Abweichungen?

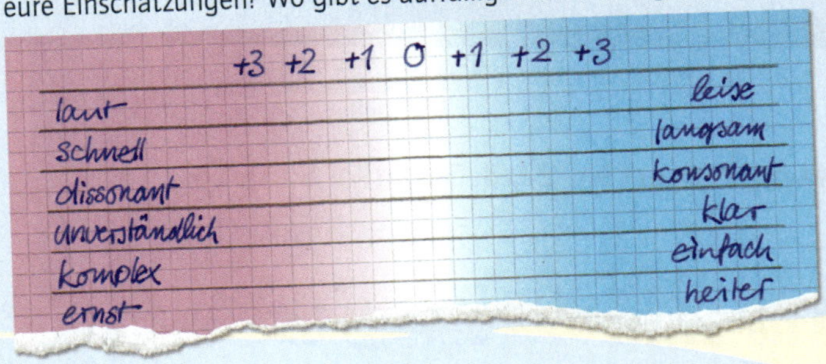

Hörstation 3: Musik messen – Strukturen hören

Schritt 1:

Erstellt eine Zeitleiste (ca. fünf Minuten). Zusätzlich braucht ihr eine Stoppuhr.

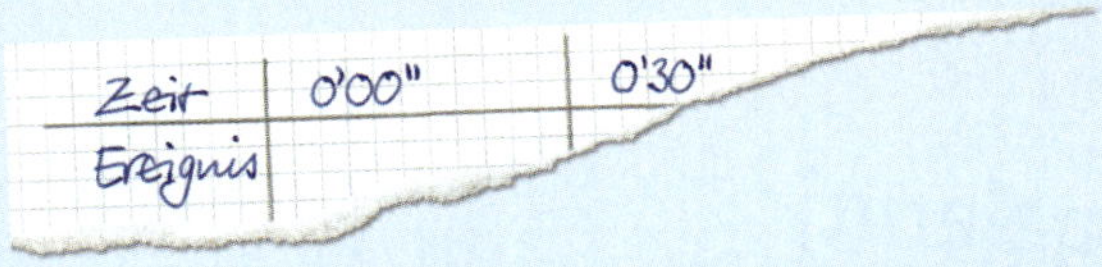

Schritt 2:

Tragt während des Hörens in der Zeitleiste in eurem Arbeitsheft erkennbare Abschnitte mit genauen Zeiten ein. Benennt, welches jeweilige musikalische Ereignis dazu führt, dass ihr von einem neuen Abschnitt sprechen wollt.

Schritt 3:

Vergleicht eure Ergebnisse untereinander. Dabei kommt es weniger auf die genaue Übereinstimmung der Sekunden an als auf den Bauplan des Stückes. Habt ihr Wiederholungen oder Veränderungen von Formteilen erkannt?
Sind alle Teile gleich lang?
Gibt es eine Entwicklung im Aufbau und Ablauf?

... zum Kleinen

Je nachdem, aus welchem Blickwinkel man ein Stück anhört oder worauf man seine Aufmerksamkeit richtet, kann die Hörwahrnehmung sehr unterschiedlich sein. Wenn ihr gezielt auf bestimmte Merkmale in der Musik achtet, könnt ihr viele Details erfassen, die euch beim ersten Hören noch gar nicht aufgefallen sind.

Hörstation 4: Musik im Fokus – musikalische Parameter und Gestaltungsmittel

Schritt 1:

Macht euch anhand der Box rechts mit den musikalischen Parametern und Gestaltungsmitteln vertraut.

Schritt 2:

Gruppenarbeit: Jede Gruppe wählt einen Parameter, auf den sie ihre Aufmerksamkeit richtet. Analysiert beim Hören euren Parameter anhand der Gestaltungsmittel und tragt die Ergebnisse in die Abschnitte auf der Zeitleiste ein.

Schritt 3:

Tragt alle Ergebnisse auf einer Zeitleiste an der Tafel ein und übertragt diese anschließend in euer Arbeitsheft.

Musikalische Parameter:

- **Tonhöhe:** Gibt es Abschnitte, die sich in der Tonhöhe deutlich von anderen unterscheiden?
- **Lautstärke:** Gibt es in dem Stück eine Entwicklung bezüglich der Lautstärke?
- **Tempo:** Ist das Stück eher schnell oder eher langsam?
- **Klangfarbe:** Mit welchen Adjektiven kann man den Klang der einzelnen Abschnitte beschreiben?

Hörstation 5: Musik im Fokus – Instrumente und Klangfarben

Schritt 1:

Hört euch den ersten Abschnitt an und beschreibt den Klang des Orchesters: Schrill oder düster? Sanft oder pompös? Aggressiv oder zurückhaltend?

Schritt 2:

Vergegenwärtigt euch die Instrumentengruppen des Orchesters und ihre klanglichen Eigenschaften (siehe S. 8).

Schritt 3:

Hört euch den ersten Abschnitt noch einmal an und beschäftigt euch mit folgenden Fragen:

Welche Instrumentengruppen sind beteiligt und welche Instrumente kann man besonders gut hören? Welche Klangfarben fallen euch besonders auf?

Spielen Instrumente solo oder gestalten Gruppen den Abschnitt?

Schritt 4:

Hört zuletzt das Stück ganz an und vermerkt in eurer Zeitleiste, wo Instrumente in besonderer Weise zu Klangfarben kombiniert werden.

Musikalische Gestaltungsmittel

- Wiederholung von Patterns/Mustern, Rhythmen, Begleitung, Motiven, Harmonien etc.
- Veränderung von Melodien, Begleitrhythmen, Taktarten, Tonarten, Tongeschlecht etc.
- Kontraste, z. B. ***f*** – ***p***, hell – dunkel, Klangflächen oder einzelne Töne etc.

Hören als Gesamterlebnis

Die fünf skizzierten Hörstationen lassen sich im Prinzip auf jede Musik anwenden. Je öfter ihr Musik auf diese Weise hört, umso leichter wird es euch fallen, die verschiedenen Zugänge gleichzeitig im Blick bzw. im Ohr zu haben und das Hören von Musik als ein Gesamterlebnis voller Entdeckungen genießen zu können.

[Kapitel 7]

Rock- und Popmusik

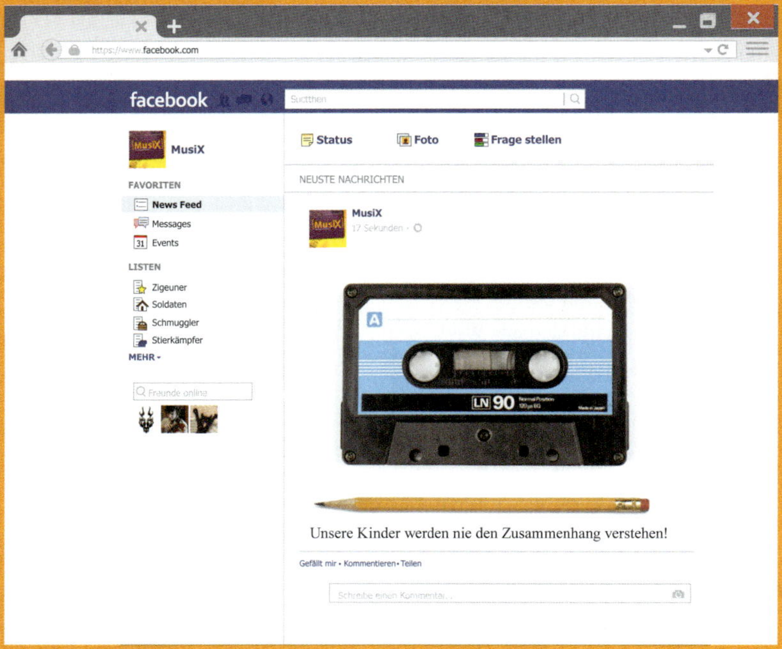

Das oben abgedruckte Bild wurde über Facebook verbreitet. Die Kassette und der Kassettenrecorder boten Jugendlichen in den 1970er-Jahren erstmals die Möglichkeit, sich ein individuelles Musikprogramm zusammenzustellen. Mit den Vinyl-LPs und -Singles war dies bisher nicht möglich gewesen, da die Reihenfolge der Songs und der jeweilige Interpret von vornherein feststanden. Die Kassette schaffte darüber hinaus die Möglichkeit, sich sowohl von Schallplatten als auch aus dem Radio eigene Songlisten zusammenzustellen.

In den 1970er-Jahren wurden die technischen Voraussetzungen für unseren heute als selbstverständlich empfundenen Musikkonsum geschaffen: Funktionierten Kassettenrecorder anfangs nur über ein Stromkabel, wurde in den 1970er-Jahren eine batteriebetriebene Variante entwickelt, sodass man überall und jederzeit seine selbst zusammengestellte Musik hören konnte. Ende der 1970er-Jahre wurde dann mit dem „Walkman" ein Gerät entwickelt, das so klein war, dass man es sogar zum Joggen mitnehmen konnte.
Aus heutiger Sicht mögen die Medien von damals steinzeitlich wirken, aber sie galten als revolutionär. Rückblickend wirken auch manche Bedienungsmethoden nahezu „steinzeitlich". Welchen Zusammenhang stellt ihr z. B. zwischen dem Bleistift und der Kassette her?

A Drunken Sailor Goes Rock/Pop

Text u. Musik: überliefert aus Irland

1. Em
What shall we do with the drunken sailor,
D
What shall we do with the drunken sailor
Em
What shall we do with the drunken sailor,
D Em
Early in the morning?

Refrain:

Em
Hooray and up she rises
D
Hooray and up she rises
Em
Hooray and up she rises
D Em
Early in the morning.

2. Put him in the longboat till he gets sober ...
3. Pull out the plug and wet him all over ...
4. Heave him by the leg in a running bowline ...
5. That's what to do with a drunken sailor ...

Begleitpatterns

C 21, 22

Begleitung: M. Detterbeck

Reggae ♩ = 58

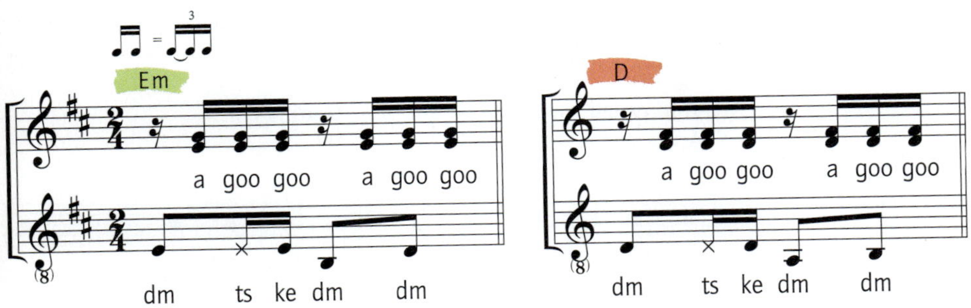

Techno ♩ = 128

Rock ♩ = 86

Rockstilistik: Bei der 4. Zeile des Liedes, in der die Akkorde ganztaktig wechseln, wird Takt 1 des D-Dur-Patterns gesungen, dann Takt 2 des e-Moll-Patterns.

Ein Song für die „Königin der Herzen"

Candle In The Wind

C 24, 25

Text und Musik: E. John, B. Taupin

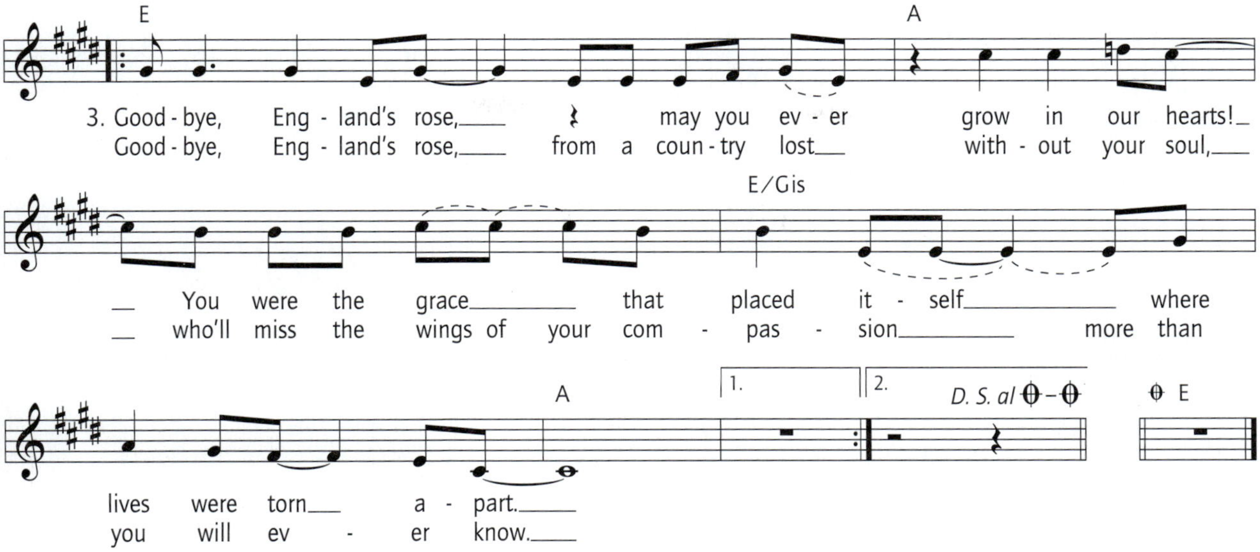

Candle In The Wind – ein Bestseller

Elton John

Als Elton John 1973 in Erinnerung an Marilyn Monroe „Candle In The Wind" veröffentlichte, war der Song nur mäßig erfolgreich. Zur Trauerfeier von Prinzessin Diana, die in die ganze Welt übertragen wurde, sang er 1997 den Song mit neuem Text. Die Single verkaufte sich daraufhin innerhalb weniger Wochen allein in England mehr als drei Millionen Mal. In der Folge wurde „Candle In The Wind" mit insgesamt über 37 Millionen verkauften Exemplaren zum wohl meistverkauften Song aller Zeiten.

1 **a** Sammelt Kriterien, die ein Song bezüglich Melodiegestaltung, Rhythmus, Arrangement und Inhalt erfüllen muss, damit er zu einem Bestseller werden kann.

b Hört euch den Song „Candle In The Wind" an und überprüft, inwieweit eure Kriterien zutreffen. C 24

The Greatest Songs of All Time?

Ein Song gilt meist dann als erfolgreich, wenn er sich gut verkauft. Der Erfolg eines Songs lässt sich aber z. B. auch an der Anzahl der verfügbaren Coverversionen messen. Regelmäßig bewerten Fachjurys Popsongs und erstellen u. a. eine Liste der „Greatest Songs of All Time". Dabei landete 2004 „Candle In The Wind" gemessen an seiner Bedeutung für die Popgeschichte in einer Juryentscheidung des Musikmagazins „Rolling Stone" nur auf Platz 356.

2 **a** Stellt Vermutungen darüber an, warum „Candle In The Wind" nicht höher platziert wurde. Recherchiert dazu im Internet, welche Kriterien für die Erstellung einer Bestenliste eine Rolle spielen.

b Lest den rechts geführten Chat durch und überlegt, ob es überhaupt möglich ist, von „Greatest Songs of All Time" zu sprechen.

Stationen von Rock- und Popmusik

Wo liegt eigentlich der Unterschied zwischen Rock- und Popmusik? Während „to rock" wiegen, schaukeln, sich bewegen heißt, ist „Pop" die Abkürzung für „Popular Music", also populäre Musik. Tatsächlich sind die Grenzen zwischen den beiden Stilen fließend. Deswegen werden die Begriffe oft synonym oder in Kombination verwendet.

Prog Rock

entstand in den 1970er-Jahren und ist mit Art Rock verwandt. Der Prog(ressive) Rock ist geprägt von langen und komplexen Stücken, ausgedehnten Soli, akustischen Effekten sowie Anleihen bei Klassik und außereuropäischer Musik. Oft werden Konzeptalben produziert.

Bekannte Künstler:
ELP, Yes, Genesis, Alan Parsons Project

New Wave

New Wave ist eine Mischung aus Punk (einfache Instrumentierung und Harmonisierung) und Reggae (Rhythmik, Melodik).

Bekannte Künstler:
The Police, The Clash, Elvis Costello

Hard Rock

Eine härtere Art der Rockmusik mit Betonung des Backbeats, einfacher Songform, Verwendung der Pentatonik oder Bluesskala.

Bekannte Künstler:
Led Zeppelin, Deep Purple, AC/DC, Kiss

Beat

Beatmusik (von engl.: *to beat* = schlagen) entwickelte sich Anfang der 1960er-Jahre zunächst in Liverpool und London und wurde zum gebräuchlichen Begriff für auf Gitarrenspiel basierenden Pop-Rock. Die Beatmusik hatte ihre Vorbilder im amerikanischen Rock 'n' Roll, Soul, Skiffle und Rhythm & Blues.

Bekannte Gruppen:
Beatles, Rolling Stones, The Who, Beach Boys

Rock 'n' Roll

bezeichnet eigentlich die rhythmischen Bewegungen beim Tanzen. Er verbindet Elemente des Rhythm & Blues und des Country & Western. Typisch für die meisten Rock-'n'-Roll-Bands, die Mitte der 1950er-Jahre in den USA entstanden, war eine Besetzung mit Frontmann, Gitarre und/oder Klavier, Bass und Schlagzeug.

Bekannte Künstler:
Chuck Berry, Buddy Holly, Elvis Presley, Little Richard, Bill Haley

Country & Western

Die Country-Music entstand aus einer Vermischung der Musik der englischen und irischen Einwanderer in die USA mit Blueselementen. Inhaltlich geht es oft um Persönliches/Alltägliches. Wenn es um den Alltag der Cowboys geht, spricht man auch von „Western Music". Sonderformen sind „Bluegrass" oder „Cajun".

Bekannte Künstler:
Dixie Chicks, Dolly Parton, Shania Twain

Blues

Der Blues entwickelte sich aus den Einflüssen von Worksong, Spiritual und Gospel und wurde zur Unterhaltungsmusik der unterdrückten schwarzen Bevölkerung in den USA. Die Texte berichten oft von Sorgen und Nöten, aber trotzdem muss der Blues nicht immer traurig sein. Er kann auch witzig und ironisch sein – und oft ist er alles zugleich.

Bekannte Künstler:
Billie Holiday, Ray Charles, Bobby Parker

Techno

Techno entstand in den 1990er-Jahren aus verschiedenen Stilen der elektronischen Musik wie z. B. House und Electronic Body Music (EBM). Kennzeichnend ist ein meist monotoner Grundbeat, Gesang ist selten. Aktuelle Spielarten sind Ambient, Goa Trance, Minimal.

Bekannte DJs:
Sven Väth, Westbam

Hip Hop

Der Hip-Hop entstand in den Ghettos der amerikanischen Großstädte in den 1970er-Jahren. Er basiert auf Rap (Sprechgesang), der über Drumloops, Gitarrenriffs oder Klangcollagen ausgeführt wird.

Bekannte Künstler:
Sugar Hill Gang, Grandmaster Flash, Curse, Torch

Disco

Disco-Music entstand Mitte der 1970er-Jahre aus dem Funk und ist in erster Linie für das Tanzen in der Diskothek gedacht. Dabei sind Text und Melodie weit weniger wichtig als ein durchgehender Groove und der Mix.

Bekannte Künstler:
Donna Summer, Boney M., Bee Gees

Reggae

Reggae ist seit Ende der 1960er-Jahre eine Mischung aus traditioneller schwarzafrikanischer und karibischer Musik und dem Rhythm & Blues mit einer starken Betonung auf der zweiten und vierten Zählzeit. Zum Reggae gehören auch die Dreadlocks und die Rastafarireligion, welche die Rückkehr nach Afrika propagiert.

Bekannte Künstler:
Bob Marley, Peter Tosh

Soul

Soul entwickelte sich in den 1950er- und 1960er-Jahren in den USA. Dabei wurden Elemente aus Gospel, Rhythm & Blues und mitunter auch Jazz kombiniert. Die Soulmusik ist eng verwoben mit der Bürgerrechtsbewegung um Martin Luther King.

Bekannte Künstler:
James Brown, Aretha Franklin, Marvin Gaye, Joss Stone, Lauryn Hill

Funk

Der Groove des Funk lebt von der Verzahnung mehrerer rhythmischer Ebenen (Bass, Begleitung, melodische Figuren). Harmonische Grundlage sind meist Blues und Soul, aber auch Latin-Elemente spielen eine Rolle.

Bekannte Künstler:
James Brown, Earth, Wind and Fire, Kool and the Gang

1 **a** **Gruppenarbeit:** Jede Gruppe beschäftigt sich mit einem der beschriebenen Stile. Recherchiert zusätzliche Informationen (z. B. Bilder, weitere musikalische Merkmale oder Vertreter) im Internet und sucht einen besonders typischen Song, auf den die Beschreibungen gut zutreffen.
b Präsentiert den anderen Gruppen „euren" Stil und stellt den Song vor.

2 **Hörquiz:** Ordnet die Hörbeispiele dem richtigen Stil zu. C 26–38

3 **a** Informiert euch mithilfe der Übersicht unten über die Unterscheidungskriterien von Rock- und Popmusik. Diskutiert, inwieweit eine Abgrenzung zwischen Rock- und Popmusik möglich ist.
b Versucht, die Stile der Pop- bzw. Rockmusik zuzuordnen. Wo stoßt ihr auf Schwierigkeiten?

Rockmusik	Popmusik
eher von einer Band mit Instrumenten gespielt (v. a. Gitarren, Bass, Schlagzeug)	eher ein einzelner Sänger oder eine Gruppe von Sängern, oft mit synthetischen Sounds
eher einer speziellen Subkultur zuzuordnen	eher breite Zuhörerschaft
eher Stilvielfalt	eher stilistisch einheitlich
eher längere Songs mit Improvisationsteilen	eher radiotauglich

Sting – vier Jahrzehnte Rockmusik

Sting (eigentlich Gordon Matthew Sumner) wurde 1951 in England geboren. Mitte der 1960er-Jahre kaufte er sich seine erste Gitarre. Seinen Spitznamen *Sting* (engl.: Stachel, Stich) erhielt er, als er bei einem Auftritt einen gelb-schwarz gestreiften Pullover trug und ein Freund daraufhin rief: „Gordon's got a sting!" *Sting* kennt keine stilistischen Grenzen. In den über vier Jahrzehnten seiner Karriere setzte er mit zahllosen Hits immer wieder neue Impulse.

***The Police* (1977–1986)**

„People thrashing out three chords didn't really interest us musically. Reggae was accepted in punk circles and musically more sophisticated, and we could play it, so we veered off in that direction. I mean let's be honest, ‚So Lonely' was unabashedly culled from ‚No Woman No Cry' by Bob Marley. Same chorus. What we invented was this thing of going back and forth between thrash punk and reggae. That was the little niche we created for ourselves."

- Informiert euch im Internet über die musikalischen Besonderheiten von thrash punk. Hört euch dann „So Lonely" an und beschreibt, wie das „going back and forth between thrash punk and reggae" umgesetzt wird. CD 39

Der Solo-Artist

Sting hat in seiner Solokarriere bereits zwölf Alben veröffentlicht, dazu weitere Livealben und Kompilationen. Am bekanntesten ist das Album „Nothing Like The Sun" mit dem Song „Englishman In New York" (1987), bei dem er u. a. mit Stars der Jazzszene zusammenarbeitete.

- Erstellt einen Ablaufplan des Songs, in den ihr die Abfolge von Strophen, Refrain, Bridge und Interludes sowie die jeweiligen musikalischen Besonderheiten eintragt. CD 40
- Findet Gründe, warum *Sting* in den Formteilen unterschiedliche musikalische Stilistiken verwendet haben könnte.

O-Töne

›› Sie [die Hörer meiner Musik] wissen eben mittlerweile, was sie von mir, meiner Stimme, den Sounds, der Instrumentierung und den Arrangements erwarten können. ‹‹

›› Die Fans mögen die alten Sachen und ich erfülle ihre Wünsche gerne. Unausgesprochene Abmachung ist aber, dass ich es mir vorbehalte, diese Songs auch anders zu spielen. Ich habe einen Teil von mir in der Vergangenheit, einen Teil in der Gegenwart und einen in der Zukunft. ‹‹

1. Erarbeitet euch anhand der Stationenkärtchen den Werdegang des Musikers *Sting*.
2. Tauscht euch anhand der Zitate links darüber aus, ob man bei einem neuen *Sting*-Album wissen kann, „was einen erwartet". Beurteilt, ob das als Vor- oder Nachteil gewertet werden kann.
3. Vergleicht die Originalversion von „Roxanne" mit einer späteren Interpretation. Beschreibt die Unterschiede und versucht einzuordnen, zu welcher Station die zweite Aufnahme gehört. CD 41, 42

Weltmusik

Irische und afrikanische Musik, Flamenco aus Spanien und französischer Chanson – das sind nur einige der vielen Inspirationsquellen *Stings.* Im Song „Desert Rose" wird ausdrucksvoller Solo- und Chorgesang von Trommel und Flöte begleitet. Sting singt hier im Duett mit dem Algerier Cheb Mami, einem der erfolgreichsten Vertreter des algerischen Musikstils Raï.

- Hört euch den Song an und beschreibt, wie *Sting* die algerische Musik mit seiner Musik verwebt. C 43

Klassik

Sting hat sich im Laufe seiner Karriere auch immer wieder von klassischer Musik inspirieren lassen. So setzte er sich z. B. im Album „Songs From The Labyrinth" mit der Musik von John Dowland (1563–1626) auseinander.

- Hört euch den „Cold Song" von Henry Purcell in der Originalversion und in der Version von Sting an. Erläutert, mit welchen Mitteln *Sting* den Song verändert hat. Geht dabei u.a. auf den Einsatz von Instrumenten und die Verwendung der Stimme ein. C 44, 45
- Bewertet seine Umarbeitung.

Mainstream und Prog Rock

Im Studienplan der „JazzRockPop-Akademie Winterthur" steht: » *Im Rock/Pop werden Band-Workshops durchgeführt mit ... ungeraden Taktarten, mit Stücken von* Sting *und* Pink Floyd *u. a.* «. Tatsächlich hat *Sting* in seinen späteren Alben eine ganze Reihe von Songs in ungeraden Taktarten (z. B. 5/4-, 7/8-Takt) geschrieben. Diese sind stilprägend für den Prog Rock.

- Identifiziert die Taktart in „I Hung My Head". C 46
- Denkt euch eine einfache Bodypercussion-Begleitung zum Song aus, die sich am Rhythmus des E-Bass orientiert. Verwendet mindestens zwei Sounds.

Musical

Sting überraschte seine Fans 2013 nach zehnjähriger Schaffenspause mit Aufnahmen zu seinem Musical „The Last Ship".

- Seht euch das Video über die Entstehungsgeschichte des Musicals an und benennt die wichtigsten Inspirationsquellen für *Sting.*
- Beschreibt, wie *Sting* die Atmosphäre seiner Heimat musikalisch umsetzt. C 47
- Erklärt, inwiefern das Musical autobiografische Bedeutung hat. WWW

(Umwelt-) Politisches Engagement

Sting möchte mit seinen Songs u. a. auf politische Themen und/oder die Zerstörung der Natur aufmerksam machen. So protestierte er mit „They Dance Alone" gegen den chilenischen General Pinochet, der Regimekritiker umbringen ließ. Nach einer Reise in das Amazonasgebiet berichtete er schockiert: „Es ist ungefähr so, als würde man bei einer Vergewaltigung zusehen", und gründete die „Rainforest-Foundation".

- Informiert euch im Internet über *Sting*s (umwelt-)politisches Engagement. WWW
- Hört den Song „Fragile" an und recherchiert im Internet seine Entstehungsgeschichte. Erklärt anschließend, wie *Sting* ihn in der Folge von 9/11 eingesetzt hat. C 48

So Lonely

Der Song „So Lonely“ von *The Police* ist eine Art musikalische Collage aus Reggae und Punk. Mit seinen vier Akkorden, die immer in derselben Reihenfolge gespielt werden, ist er relativ leicht zu begleiten.

So Lonely C 39, 49

Text u. Musik: Sting

Begleitpatterns

Strophe

Klavier/Gitarre

Bass

Schlagzeug

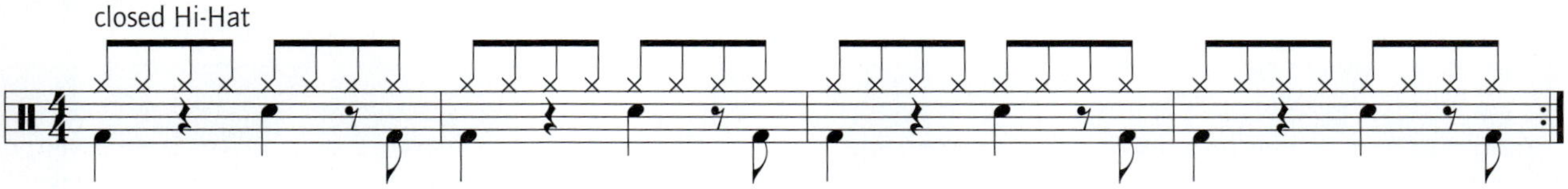

Refrain

Klavier/Gitarre

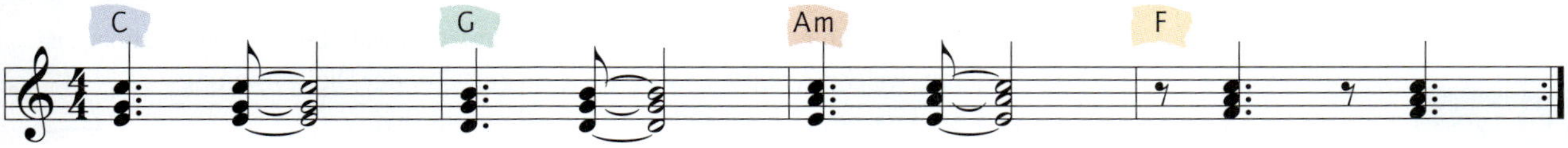

Bass

Schlagzeug

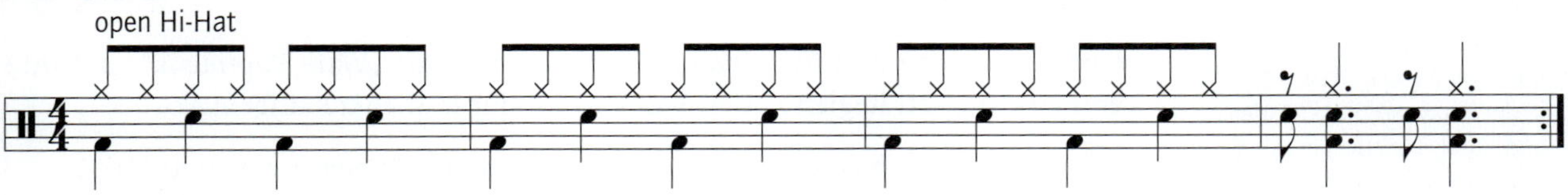

1 Übt zunächst die Begleitungen für Strophe und Refrain einzeln.

2 Lest das nachfolgende Zitat von Sting und zeigt mithilfe des Hörbeispiels, wo sich die angesprochenen Kontraste finden. C 39

»*In ‚So Lonely' verbinde ich einen alten* Last-Exit-*Text (*Last Exit *war Stings erste Band) schamlos mit den Akkordfolgen von Bob Marleys ‚No Woman, No Cry'. Monolithische Blöcke unterbrechen den swingenden Rhythmus der Verse. Solche musikalischen Kontraste finde ich ungeheuer spannend, und die Mühelosigkeit, mit der wir sie meistern, trägt noch weiter zu der Ironie des Songs bei, in dem in so heiterem Ton das traurige Thema der Einsamkeit besungen wird.*«

Musikmarkt: Kommerzialisierung von Musik

Das „Musikbusiness" gab es schon zu Zeiten Beethovens. Sein Berater Graf Ferdinand von Waldstein verschaffte ihm wichtige Kontakte zur und somit Konzerte in der gehobenen Wiener Gesellschaft. Heute gibt es eine milliardenschwere Unterhaltungsindustrie, die auf die Vermarktung von Musikern spezialisiert ist.

Majorlabels und die Abläufe der Musikindustrie

Spricht man von der Musikindustrie, meint man damit meist die „Majorlabels" *Sony Music Entertainment*, *Universal Music Group* und *Warner Music Group*, hinter denen sich multimedial aufgestellte, internationale Konzerne verbergen. Zusammen machen sie achtzig Prozent des weltweiten Musikmarktes unter sich aus. Ihnen gegenüber stehen viele kleine „Independent Labels". Vor der Digitalisierung (mp3, Internet usw.) wurde Musikproduktion in folgenden Schritten realisiert:

Komponist/Textdichter/Band → Urheberrechtliche Absicherung (z. B. GEMA) → Recording (Studio: Mastertape) → Tonträger-vervielfältigung → Erstverwertung (Verkauf, Distribution) → Zweitverwertung (Sendung in Radio und Fernsehen)

INFO

Marketing
(von engl.: Vermarktung) umfasst alle Maßnahmen, um ein Produkt bzw. einen Künstler auf dem Markt so zu positionieren, dass der Absatz (Verkauf) steigt. Marketing orientiert sich an der jeweiligen Zielgruppe, die das Produkt kaufen soll. Oft werden in der Popmusik Solokünstler und Bands künstlich geschaffen (Castings), um Bedürfnisse von Zielgruppen abzudecken oder aber um Bedürfnisse zu wecken und daraus Profit zu erzielen.

1 a Überlegt, wer an einer klassischen Musikproduktion wie oben skizziert beteiligt ist.
b Benennt, welche Abläufe bzw. Akteure im Zeitalter der Digitalisierung und des Internet wahrscheinlich nicht mehr nötig sind.

2 a Diskutiert die Sichtweise einiger Kritiker, dass die „Alleinherrschaft" der drei Majorlabels dazu beitrage, weltweit ein einseitig „westlich" geprägtes Kulturverständnis zu etablieren.
b Überlegt, inwieweit euer eigenes Leben von globalisierten Bilderwelten, Modeformen und Konsumgütern geprägt ist.

Popmusik als Ware

Medienkonzerne und die Musikindustrie richten die „Ware Popmusik" und ihre Vermarktungsstrategien an den Bedürfnissen jugendlicher Käufer aus.

3 a **Gruppenarbeit:** Vervollständigt die untenstehende Mindmap auf einem Plakat.
b Stellt euch eure Ergebnisse gegenseitig vor und überlegt gemeinsam, welche Aspekte eurer Mindmap durch Vermarktungsstrategien der Musikindustrie beeinflusst werden, bzw. sogar gezielt erzeugt werden.

Über die Chancen und Risiken der Globalisierung habt ihr bereits in Kapitel 3 (S. 39) nachgedacht.

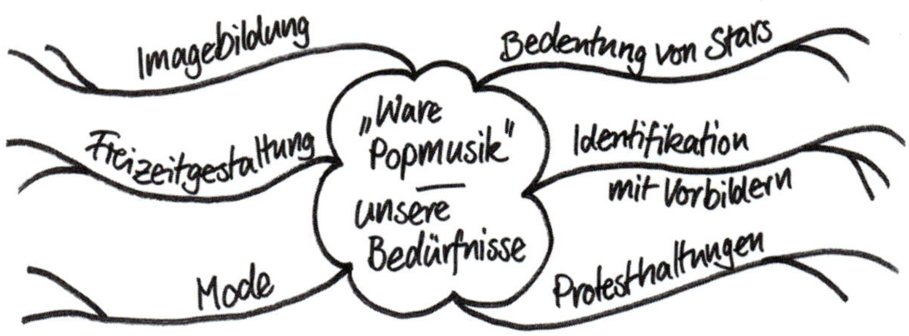

Musikkonserve: vom Phonographen zur Digitalisierung

Die Geschichte der Tonträgerindustrie ist letztlich eine Geschichte des technischen Fortschritts, die mit dem Phonographenapparat begann.

4 Recherchiert Funktionsweise und Klangqualität der nachfolgenden Tonträger und erstellt anschließend in eurem Arbeitsheft eine Tabelle zur historischen Entwicklung von Tonträgern:
CD – Grammofon – Kassette – Magnetofon – Schallplatte – USB-Stick

Mit dem Internet und dem digitalen Audioformat MP3 entstand 1992 die Möglichkeit, Musik und Tonträger voneinander zu trennen. Dies ermöglichte die einfache Verbreitung digitalisierter Musik über das Internet.

Rip. Mix. Burn.

... ist ein Werbeslogan von 2001. Er wurde zum Inbegriff einer neuen Popkultur, in der Musik beliebig heruntergeladen, zusammengestellt oder als Remix gestaltet werden kann.

5 Seht euch den Werbespot im Internet an und beurteilt ihn. Bezieht dabei die kontroverse Diskussion mit ein, die er ausgelöst hat: Aufruf zur Piraterie auf der einen, Aufforderung zur Teilnahme an neuen Kulturtechniken auf der anderen Seite. Warum waren wohl so viele Künstler bereit, darin mitzuwirken?

6 Interpretiert die nachfolgende Grafik und benennt Chancen und Risiken, die mit dem Wandel vom physischen zum digitalen Musikvertrieb verbunden sind. Überlegt, welche Bedeutung die einzelnen Medien für euch haben.

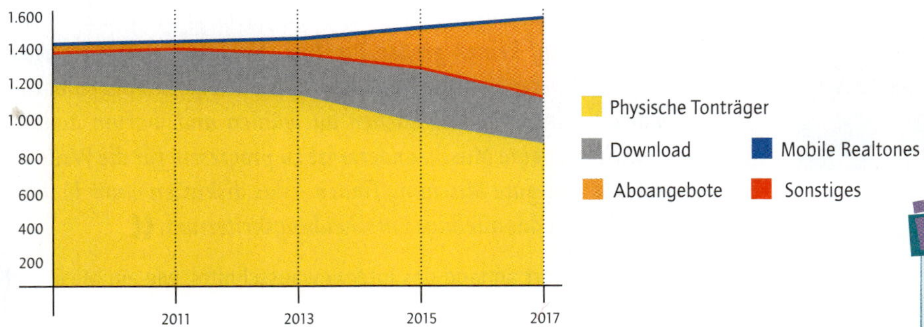

Web 2.0: „Demokratisierung des Internets"

Die Vermarktungs- und Produktionsmöglichkeiten von Musik haben sich durch das Internet stark verändert. Während die Beatles zunächst in Clubs spielten und erst später durch Radio- und Fernsehauftritte in die Charts kamen, eröffnen sich Musikern in Zeiten des Internets viele Wege, um bekannt zu werden.

7 **a** Mit dem Web 2.0 wurde das Internet zu einem Platz für Kommunikation und sozialen Austausch. Überlegt, welche neuen Vermarktungswege sich für Künstler dadurch eröffnen.

b Sucht im Internet Informationen über die Musikerin *MiaRose* und ihr Erfolgskonzept. Inwiefern kann man in diesem Zusammenhang von einer „demokratischen Kultur der Musikproduktion" sprechen, die „klassische" Vertriebswege der Musikindustrie umgeht?

INFO

Die digitale (Musik-) Revolution
Der Wandel von der CD als Tonträger zur digitalisierten Musik in der überall verfügbaren „Cloud" ist in vollem Gang – auf Kosten klassischer Vertriebswege. Viele Musikeinzelhandelsketten stehen vor dem finanziellen Aus. Labels, Online-Musik-Shops, Internetprovider, Musikverbände und Verwertungsgesellschaften streiten um Ansprüche und rechtliche Standards, die derzeit in jedem Land unterschiedlich sind.

Hinter den Kulissen: Das ist Radio!

Radio hören ist toll. Radio machen auch … MusiX war zu Besuch im Studio des SWR3 in Baden-Baden. Als „klassische Popwelle" richtet sich der Sender vor allem an Menschen zwischen 14 und 45 Jahren. Dabei sind neben der Musik poppig aufbereitete Themen, Service (z. B. Verkehrsfunk, Wetter) und aktuelle Informationen wichtig.

1 Das Video zeigt den Ablauf der SWR3-Morningshow. Macht euch Notizen zu den Personen, die an der Entstehung der Sendung beteiligt sind und welche Aufgaben sie dabei erfüllen. Weitere Informationen findet ihr auf der Website zur Morningshow.

Was macht eigentlich ein Radioredakteur?

Für alle Popradios gilt: Die Musik ist der wichtigste Grund, warum sich ein Hörer entscheidet, einen bestimmten Sender zu hören. Die Musikredaktion muss deshalb ihre Hörer sehr gut kennen, denn eine zielgenaue Musikauswahl ist entscheidend für den Erfolg des Senders. Jörg Lange, einer der acht Musikredakteure des SWR 3 berichtet über seine Tätigkeit:

»*Die Musikredaktion hat eine sehr wichtige Funktion. Wir beobachten den Musikmarkt: Was gibt es an Neuerscheinungen? Was sind neue Trends? Wie entwickelt sich die Musik in den Charts? Was passt zu unserer Welle und zum Lebensgefühl unserer Hörer? […] Wir machen Angebote und überprüfen hinterher auch, wie kommt's beim Hörer an? Die Musikauswahl ist Teamwork. Wir suchen erst einmal jeder für sich, dann sortiert man und geht anschließend in die Musikkonferenz, wo wir gemeinsam entscheiden und diskutieren, was wir für geeignet fürs Programm halten. Die Musikauswahl geschieht auch autark. Musiklabels haben darauf keinen großen Einfluss. Natürlich findet ein Austausch statt: Die bieten uns die Musik an und wollen gerne ein Feedback haben, warum wir bestimmte Sachen auswählen und warum andere nicht. Manches ist gute Musik, anderes ist zu progressiv für die Welle […]. Wir müssen eine gute Mischung finden – das diskutieren wir in der Redaktion. Das ist das alleinige Entscheidungskriterium.*«

2 Erläutert anhand des Interviewausschnitts, wie ein Musikredakteur bei der Erstellung des Musikprogramms vorgeht.

Musik rund um die Uhr: Programmplanung

Radiosendungen besitzen in ihrem Aufbau eine Dramaturgie, die für die Attraktivität der Sendung bei den Zuhörern sorgen soll. Dabei spielen unter anderem das Tempo der Musik (bpm), die Folge von Wort (Moderation) und Musik, die Art der Moderation, der Moderator und dessen Stimmklang (oft psychoakustisch bearbeitet) eine wichtige Rolle. Zur verlässlicheren Programmplanung wird eine sogenannte „Musikuhr" eingesetzt. Dieses Computerprogramm ermöglicht eine zielgerichtete Programmplanung.

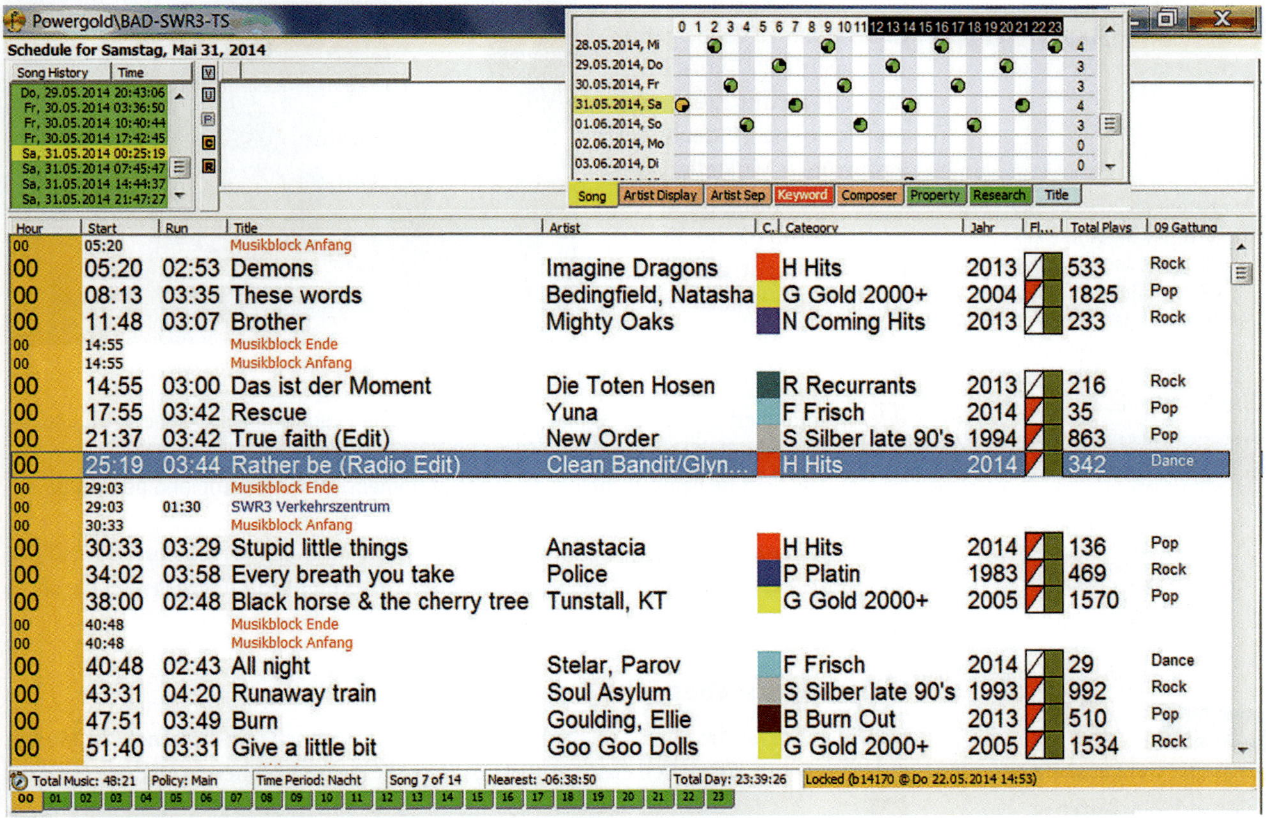

Hour	Start	Run	Title	Artist	Category	Jahr	Total Plays	09 Gattung
00	05:20		Musikblock Anfang					
00	05:20	02:53	Demons	Imagine Dragons	H Hits	2013	533	Rock
00	08:13	03:35	These words	Bedingfield, Natasha	G Gold 2000+	2004	1825	Pop
00	11:48	03:07	Brother	Mighty Oaks	N Coming Hits	2013	233	Rock
00	14:55		Musikblock Ende					
00	14:55		Musikblock Anfang					
00	14:55	03:00	Das ist der Moment	Die Toten Hosen	R Recurrants	2013	216	Rock
00	17:55	03:42	Rescue	Yuna	F Frisch	2014	35	Pop
00	21:37	03:42	True faith (Edit)	New Order	S Silber late 90's	1994	863	Pop
00	25:19	03:44	Rather be (Radio Edit)	Clean Bandit/Glyn...	H Hits	2014	342	Dance
00	29:03		Musikblock Ende					
00	29:03	01:30	SWR3 Verkehrszentrum					
00	30:33		Musikblock Anfang					
00	30:33	03:29	Stupid little things	Anastacia	H Hits	2014	136	Pop
00	34:02	03:58	Every breath you take	Police	P Platin	1983	469	Rock
00	38:00	02:48	Black horse & the cherry tree	Tunstall, KT	G Gold 2000+	2005	1570	Pop
00	40:48		Musikblock Ende					
00	40:48		Musikblock Anfang					
00	40:48	02:43	All night	Stelar, Parov	F Frisch	2014	29	Dance
00	43:31	04:20	Runaway train	Soul Asylum	S Silber late 90's	1993	992	Rock
00	47:51	03:49	Burn	Goulding, Ellie	B Burn Out	2013	510	Pop
00	51:40	03:31	Give a little bit	Goo Goo Dolls	G Gold 2000+	2005	1534	Rock

3 Macht euch mithilfe des Screenshots einer sogenannten „Musikuhr" mit dieser vertraut und beschreibt, welche Informationen der Redakteur ihr entnehmen kann. Geht unter anderem darauf ein, wie die einzelnen Musikstücke angeordnet sind und welche Arten von Musik dominieren. Das bereits angeschaute Video hilft euch dabei.

4 **a** Schaut euch das Video einer Abhörkonferenz an.
b **Gruppenarbeit:** Bildet in Vierergruppen eine Musikredaktion und bringt dazu jeweils fünf Pophits mit. Wie in einer Abhörkonferenz einigt ihr euch auf insgesamt fünf Titel für eure Playlist. Stellt eure Playlist den anderen Gruppen vor.

Projekt: Radio ... selbst gemacht

Radio selbst zu machen ist gar nicht so schwer.

5 **Gruppenarbeit:** Konzipiert 15 Minuten „Morningshow" für eure Klasse. Verteilt folgende Rollen: Moderator, Nachrichtensprecher, Verkehrsredakteur. Erstellt dazu unter Berücksichtigung des Musikgeschmacks eurer Zielgruppe einen Ablaufplan, der Musikauswahl und Musikfolge, Länge und Inhalt der Texte sowie der Art der Moderation enthält. Im Internet findet ihr Unterstützung (Schnitttechnik, Moderieren, Sprechtechnik etc.).

[Tipp] Verwendet zur Erstellung eurer Radiosendung das Programm MusiXMaster.

Video Killed The Radio Star

1981 startete in den USA der Musikfernsehsender MTV (Music Television). Bezeichnenderweise hieß der erste auf MTV gesendete Clip „Video Killed The Radio Star" und stammte vom britischen Pop-/New Wave-Duo *The Buggles*. Damit sollte die Musikvermarktung ohne Video zu Grabe getragen werden. Tatsächlich können wir uns heute Popmusik ohne Videobilder kaum noch vorstellen. Im Gegensatz zum Film untermalt die Musik im Videoclip aber nicht die Bilder, sondern die Bilder unterstützen die Musik.

Szene aus einem Videoclip von „The White Stripes"

INFO

Musikvideo (auch Videoclip)
Seit den 1970er-Jahren wurden Videoclips meist zu Werbezwecken hergestellt. Als Prototyp und Vorläufer der heutigen Musikvideos gilt „Bohemian Rhapsody" (1975) von Queen. Normalerweise wird der Videoclip nach der Musikproduktion realisiert. Durch die Krise in der Musikindustrie wurden die Budgets für Videoclips ab 2002 massiv gekürzt und der Anteil an Musikvideos sank kontinuierlich. Mit YouTube (2005) und kostengünstigen Internet-Flatrates wandern Musikvideos zunehmend aus dem Fernsehen ins Internet ab.

1 **a** Informiert euch noch einmal über die Funktionen von Filmmusik (siehe S. 18) und benennt die Beziehungen zwischen Musik und Bild im Film.
b Überlegt gemeinsam, ob das folgende Statement von Aaron Copland berechtigt ist:

» *Für Kinogänger ist die musikalische Ausstattung des Films so selbstverständlich, dass sie schon fünf Minuten nach Verlassen des Kinos nicht angeben können, ob sie eine Musik gehört haben oder nicht.* «

Bilder als visuelles Echo

Im Videoclip ist die Musik Ausgangspunkt für die filmische Gestaltung. Ein Musikvideo ist somit eigentlich ein Stummfilm, da er keine gesprochenen Dialoge enthält.

2 **a** Schaut euch den Videoclip von *The White Stripes* an. Woran könnt ihr erkennen, dass die Musik Ausgangspunkt für das Video war? Notiert die verwendeten filmischen Mittel, z. B. die Anordnung der Instrumente im Raum, Schnitte, Drehungen und Kamerafahrten.
b Befasst euch mit folgender Aussage des Regisseurs M. Gondry und erläutert die Umsetzung im Videoclip:

» *Wir wollten ein visuelles Echo der Musik erzeugen ...* «.

WISSEN

Formen von Musikvideos

In den 1980er-Jahren versuchte man, Musikvideos zu typisieren. Demnach unterscheidet man meist zwischen

1. **Performance:** Liveaufführung vor Publikum/neutraler Umgebung
2. **Concept-Performance:** Aufführung auf der Bühne oder in anderer Umgebung; zusätzlich Einblendungen realer Ereignisse
3. **Concept-Clip:** meist Umsetzung eines Plots oder illustrative Bildsequenzen zum Textinhalt

Ein moderner Clip vereint meist mehrere Typen und ergänzt diese durch weitere Techniken.

Formen von Musikvideos

Musikclips spiegeln die Populärkultur wider – von Konsumverherrlichung über Protestkultur bis hin zur Konsumkritik. So werden Musikvideos im Hip-Hop u. a. als politisches Sprachrohr genutzt, um soziale Missstände anzuprangern. Je nach Intention kann man verschiedene Formen von Musikvideos unterscheiden.

3 **a** Schaut euch Ausschnitte aus Videoclips an und ordnet sie mithilfe der Wissensbox den verschiedenen Formen von Musikvideos zu. Begründet eure Entscheidung.
b Erläutert, warum eine eindeutige Zuordnung nicht immer möglich ist.

Pokerface – ein Video analysieren

Durch die digitale Revolution ist es mittlerweile möglich, auch in Videoclips Techniken und Effekte zu verwenden, die zuvor Hollywoodproduktionen vorbehalten waren.

Szene aus „Pokerface" von Lady Gaga

4 Seht euch das Video „Pokerface" von *Lady Gaga* an und notiert euren ersten Eindruck, die Idee/Botschaft des Videos sowie Stimmung und Aufbau (Aneinanderreihung, Steigerung, Höhepunkt usw.).

5 Analysiert die erste Szene des Videoclips mithilfe der nachfolgenden Schritte: C 50 www

Musik:
Konzentriert euch zunächst auf die Musik und notiert eure Beobachtungen taktweise in einer Tabelle wie unten skizziert.

Bildebene:
Konzentriert euch nun auf die Bildebene und ergänzt die Tabelle entsprechend. Geht ein auf:
1. Kameraeinstellungen (Großaufnahme, Totale ...)
2. Bewegung (Zoom, Schwenk, auf Objekt zu ...)
3. Aktion
4. Farbgestaltung/Effekte

Musik und Bild:
Beschreibt, wie der Regisseur Musik- und Bildebene aufeinander bezieht. Achtet dabei auf Verknüpfungen hinsichtlich:
1. Instrumenteneinsatz und Schnittfolge
2. Musik und Einstellungen
3. Tempo des Songs und der Bewegungen
4. Soundeffekte und Bildillustration

Takt		1/2	3/4
Musik	Instrumente	Synthie 1	Sy
	Klang/Effekte	pulsierende Achtel	m
Video	Einstellungen	Halbnahe	H
	Aktion	Frau im Badeanzug steigt aus dem Wasser	F
	Effekte	Zeitlupe, Wassertropfen, beim Übergang: Stroboskopeffekt	

6 Schaut euch den gesamten Clip noch einmal an. Schreibt anschließend für ein Popmagazin eine kurze Kritik. Fasst dazu das Wesentliche über Musik, Text und filmische Mittel zusammen und beurteilt abschließend die Qualität des Clips.

[Das habt ihr gelernt]

- den Song „Candle In The Wind" und die Bedeutung der Charts
- einen Überblick über die Stilvielfalt von Rock und Pop
- wie man Rock und Pop voneinander unterscheiden kann
- Wissenswertes über Sting und dessen stilistische Bandbreite
- den Musikmarkt kritisch zu hinterfragen
- die technische (Weiter-) Entwicklung von Tonträgern
- Musikvideos zu analysieren und zu klassifizieren

[Workshop] Ein Leadsheet erstellen

In diesem Workshop lernt ihr, mithilfe eines Notenschreibprogramms Noten am Computer zu schreiben. Die aufbauenden Aufgabenstellungen helfen euch dabei, eigene Songideen in Form eines Leadsheets (s. S. 150 unten) zu notieren und auszudrucken.

Noten aus der Cloud: Notenschreiben online

Online Noten mit einem sehr einfach und intuitiv zu bedienenden Notensatzprogramm schreiben, das nicht einmal installiert werden muss: Für *Noteflight* braucht ihr nur einen Internetzugang, um Partituren zu erstellen, diese mit verschiedenen Instrumentalsounds abzuspielen, zu drucken oder anderen Nutzern im Web zur Verfügung zu stellen (Export oder „Sharing").

Schritt 1: Noteflight im Internet

- Sucht im Internet das Programm *Noteflight*. Um die Menübefehle auf Deutsch umschalten zu können, müsst ihr die entsprechende Sprache im Untermenü Info auswählen. Zum Erstellen von Partituren registriert ihr euch kostenlos.

Schritt 2: Die ersten vier Takte

- Klickt zunächst auf „Neue Partitur" im Menü oben links. In das nun erscheinende Notensystem könnt ihr in der oberen Notenzeile die folgenden vier Melodietakte einfügen:

- Klickt im ersten Takt neben dem blinkenden Cursor auf die richtige Tonhöhe. Mit gedrückter Maustaste oder mit den Pfeiltasten könnt ihr die Note in der Tonhöhe verändern.

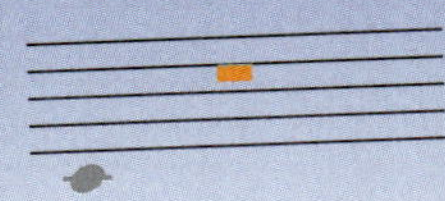

- Nach der Noteneingabe könnt ihr mithilfe der aufscheinenden Auswahlpalette den richtigen Notenwert auswählen.

Schritt 3: Weitere Takte ergänzen

- Im nächsten Arbeitsschritt erfindet ihr weitere vier Takte, um die Melodie zu einem Abschluss zu führen. Bewegt die Maus über den letzten Taktstrich (Schlussstrich) und klickt auf das nun erscheinende plus-Icon. Ihr könnt Takte mit dem minus-Icon auch wieder löschen.

[Tipp]

Die Eingabe von Noten in *Noteflight* ist sehr einfach. Über das Hilfemenü oben rechts findet ihr Video-Tutorials und eine übersichtliche Kurzanleitung.

Wichtige Menüfunktionen

- Undo (Strg+z) and Redo (Strg+y): Funktion, um Eingaben in mehreren Schritten rückgängig zu machen bzw. sie wieder aufzurufen.
- Copy (Strg+c): Kopieren eines markierten Objekts
- Paste (Strg+v): Einfügen
- Save (Strg+s): Abspeichern der Partitur
- Lyrics (Strg+l): Einfügen eines Textes unter den Noten
- Chord Symbol (K): Einfügen von Akkordbezeichnungen

- Hört euch mit der Abspielfunktion unten links eure Melodie mehrmals an und erfindet eine sinnvolle Weiterführung.

[Tipp] Wenn ihr die Melodie mehrmals summt und dann weiterführt, bekommt ihr ein besseres Gefühl für die Wirkung der gesamten Melodie.

Schritt 4: Liedtext ergänzen

- Gebt nun folgenden Text für die ersten vier Melodietakte ein.

Wählt dazu im Menü „Score" ➜ „Lyrics" oder den Keyboard-Shortcut Strg+l.
Erfindet für die weiteren vier Takte einen Songtext und tragt ihn in der Partitur ein.

Schritt 5: Akkordsymbole hinzufügen

- Klickt dazu auf die erste Note im Takt und wählt aus dem Menü „Score" ➜ „Chord Symbol" oder den Kurzbefehl „K".

- Um für eure eigenen Takte die richtigen Akkordsymbole zu finden, solltet ihr die Melodie am besten auf einem Klavier spielen. In der Regel kommt ihr mit den Hauptstufen C-Dur, F-Dur und G-Dur aus. Interessanter wird die Begleitung mit den Nebenstufen a-Moll, d-Moll oder e-Moll.

Schritt 6: Layout und Drucken

- Gestaltet zuletzt das Layout des Songs.
  - Klickt dazu im Menü auf „View" ➜ „Page Layout". Nun seht ihr euer Leadsheet in der Druckvorschau.
  - Klickt auf „Titel", tragt den Titel für den Song ein und ergänzt euren Namen unter „Composer".
  - Löscht die nicht benötigte Notenzeile durch einen Linksklick vor der Zeile und Drücken der Löschtaste
  - Speichert und druckt das Leadsheet.
  - Mit der Exportfunktion („Sharing") könnt ihr euren Song anderen zugänglich machen.

[Tipp]

Exportfunktion und „sharing"

Noteflight bietet zahlreiche Exportmöglichkeiten (als Audio-, MIDI- oder MusicXML-Datei), damit man die Daten von *Noteflight* auch in herkömmlichen Notensatz- und Musikbearbeitungsprogrammen weiterverarbeiten kann. Zudem bietet *Noteflight* den Austausch zwischen den Benutzern. Über eine „Sharing"-Funktion kann man anderen Nutzern seine eigenen Musikstücke zugänglich und sogar bearbeitbar machen. Dadurch könnt ihr auch als Gruppe über das Web zusammen eine Aufgabenstellung bearbeiten.

[Tipp]

Interaktive Notenzeile

Die Interaktive Notenzeile in der MusiX-Programmierung stellt euch ähnliche Funktionen wie *Noteflight* bereit und kann alternativ verwendet werden.

[Kapitel 8]

Musiktheater 2: Oper

So werben Opernhäuser für „Carmen“, eine der bekanntesten und am häufigsten gespielten Opern der Musikgeschichte:

»Auf in den Kampf! Mitreißende Rhythmen, hinreißende Melodien. Zwei Machos und eine starke Frau: **Carmen** – dazu die Hitze Spaniens. Der richtige Mix für Lust und Tod. – ‚Ein in höchstem Maße unmoralisches Werk‘, verriss man die Uraufführung. Stimmt! Und das ist gut so. Bizets Meisterwerk zieht einen in seinen Bann.«

(Bayerische Staatsoper München)

»Sinnlich, offensiv und jenseits jeder bürgerlichen Moral: Georges Bizets fatale Dreiecksgeschichte **Carmen** konnte bei ihrer Uraufführung 1875 in der Pariser Opéra comique nur Empörung hervorrufen. Etliche Jahre fristete sie daher ein Schattendasein – heute unvorstellbar, schließlich gilt sie inzwischen als berühmteste Oper überhaupt.«

(Deutsche Oper Berlin)

»Keiner kann **Carmen** widerstehen. Die schöne Zigeunerin, die in der Zigarettenfabrik arbeitet, macht sie alle verrückt, und viele versuchen, bei ihr zu landen [...] **Carmen** ist eine Tragödie ohne moralische Botschaft, eine musikalische und szenische Feier der Leidenschaft, die deren Zerstörungsmacht in den Mittelpunkt stellt.«

(Theater Dortmund)

»Auf in den Kampf – ob Auge in Auge mit dem Stier oder dem menschlichen Gegenüber. In der brütenden Hitze Spaniens ringen die Figuren in Anziehung und Abstoßung mit Leidenschaft und Egoismus um Liebe und Verrat. [...] Zu Georges Bizets mitreißenden Rhythmen und hinreißenden Melodien entspinnt sich ein Tanz auf dem Vulkan. [...] Mehr noch: Das Eifersuchtsdrama wird zum Kriminalstück mit tödlichem Ausgang.«

(Semperoper Dresden)

Körper und Bewegung

Eine Szene auf dem Marktplatz in Sevilla

Stellt euch im Kreis auf. Einer von euch steht in der Mitte, zeigt auf einen beliebigen Mitschüler und nennt eine der Personen auf den nachfolgenden Kärtchen. Der Mitschüler und die jeweiligen Nachbarn führen die auf der jeweiligen Karte bezeichneten Aktionen zügig aus.

[Tipp] Das Spielmodell wird spannender, wenn ihr es in schnellem Tempo ausführt.

Flamencotänzer(in)

Nimm eine Tänzerpose ein. Deine Nachbarn klatschen dabei in die Hände und rufen „Olé!"

Torero

Wedle mit einem imaginären roten Tuch, während deine Nachbarn mit ihren Fingern neben ihren Ohren Stierhörner formen und mit dem Fuß scharren.

Soldat

Schlage die Fersen zusammen, verschränke die Arme und rufe dabei laut: „Salutieren!". Deine Nachbarn folgen deinem Befehl und salutieren.

Schmuggler

Schultere einen imaginären Sack und halte nach links und rechts Ausschau. Deine Nachbarn gehen in die Hocke, um sich zu verstecken.

Stimme und Ohren

The Rhythm Of Life

CD 51, 52

Text: D. Fields
Musik: C. Coleman

Begleitstimme

Carmen – eine Geschichte von Liebe und Tod

Feurige spanische Rhythmen, Melodien mit Ohrwurmcharakter, eine attraktive Zigeunerin und ein Startorero, ein braves Bauernmädchen und ein pflichtbewusster Wachsoldat – da scheint ein Happy End à la Hollywood doch eigentlich vorprogrammiert … Ihre Liebe kennt bedingungslose Hingabe und rasende Eifersucht und daraus entsteht eine andere, tragische Geschichte …

1 Hört euch die Hörgeschichte zur Oper „Carmen" von Georges Bizet an und verfolgt dabei die dargestellten Szenen des Comics. D 1–13

2 Erstellt mithilfe der Hörgeschichte ein Soziogramm, also eine schematische Übersicht über die Beziehungen der Hauptpersonen zueinander. D 1–13

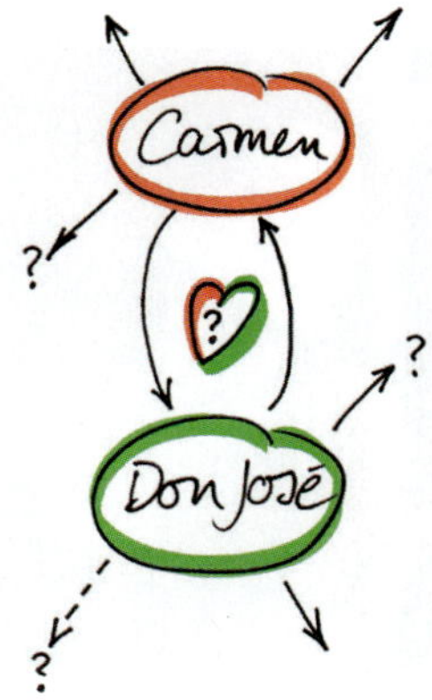

3 **Gruppenarbeit:** Jede Gruppe erstellt zu jeweils einer der Hauptpersonen (Carmen, José, Micaëla, Escamillo) eine Rollenkarte, auf der sie die wichtigsten Eigenschaften dieser Person notiert. Ordnet dabei auch die nachfolgenden Kärtchen der jeweiligen Person zu und ergänzt sie mit Informationen aus der Hörgeschichte.

... 21 Jahre alt; ist eine sehr attraktive junge Frau, die sich ihrer Wirkung auf Männer bewusst ist;

... von der Mutter streng religiös erzogen; sollte eigentlich Priester werden; hat sich als Soldat dem Militär angeschlossen; ist 23 Jahre alt;

... achtet auf elegante Erscheinung und gepflegte Umgangsformen; die Frauen liegen ihm zu Füßen;

... ist eifersüchtig und jähzornig; musste fliehen, weil er im Streit einen Freund getötet hat; würde gerne in seine Heimat im Norden zurückkehren; hat seiner Mutter einen Brief geschrieben, um sich zu entschuldigen;

... wurde von Josés Mutter aus dem Waisenhaus geholt; streng religiös erzogen; entlastet die Mutter zuhause; mittlerweile ist sie 17 Jahre alt;

... ist der gefragteste Torero weit und breit; ein Star; mutig und bereit, sein Leben zu riskieren;

... als Zigeunerin steht sie am Rande der Gesellschaft; arbeitet in der Zigarettenfabrik in Sevilla; hat sich heimlich einer Bande von Schmugglern angeschlossen;

4 **Gruppenarbeit:** Vor euch liegen verdeckt vier Kärtchen mit den Namen der Hauptpersonen der Oper „Carmen". Jeder zieht verdeckt eine Karte. Beginnt nun ein Gespräch miteinander, in welchem ihr aus der Sicht des jeweiligen Protagonisten agiert. Versucht dabei, die Rollen der anderen herauszubekommen.

5 Führt den Plot von „Carmen" in Form des nachfolgenden Facebook-Chats fort.

6 Hört euch die Musikausschnitte aus der Hörgeschichte noch einmal an und bestimmt jeweils die musikalische Form. D 1, 3, 5, 7, 9, 11, 13

INFO

Georges Bizet
(1838–1875)
lernte bereits mit vier Jahren das Notenlesen und besuchte mit neun Jahren ein Konservatorium. Seine erste Sinfonie komponierte er mit siebzehn. Nach dem Studium in Rom arbeitete er in Paris als Musiklehrer, Korrepetitor und freischaffender Komponist. Heute ist Bizet vor allem als Opernkomponist bekannt, obwohl er zu Lebzeiten in diesem Genre wenig Erfolg hatte. Sein bekanntestes Bühnenwerk „Carmen" ist zugleich auch sein letztes: Drei Monate nach der Uraufführung starb er an einem chronischen Herzleiden.

Rendezvous auf dem Marktplatz von Sevilla

Vor der Zigarettenfabrik füllt sich um die Mittagszeit der Platz mit den jungen, hübschen und wegen der Hitze nur leicht bekleideten Arbeiterinnen. Die Mittagspause ist deshalb eine Attraktion in Sevilla, die zahlreiche neugierige Verehrer anzieht.

Lied der Zigeunerinnen

14

G. Bizet

INFO

Lieder der Zigeunerinnen und Soldaten

Carmen singt das Lied der Zigeunerinnen, als sie wegen eines Streits in der Zigarettenfabrik von Leutnant Zuniga verhört wird.

Das Lied der Soldaten singt José, als er nach seinem Arrest zur Taverne „Lillas Pastia" kommt.

Lied der Soldaten

15

G. Bizet

1 Geht zu den Hörbeispielen durch den Raum und beobachtet euch dabei. Achtet auf Größe und Tempo der Schritte, Körperhaltung, Gestik und Mimik. Tauscht euch anschließend über eure Bewegungen während des Hörens und Gehens aus. 14, 15

2 Bildet Gruppe **A** (Zigeunerinnen) und Gruppe **B** (Soldaten), die sich vor der Zigarettenfabrik treffen. Gestaltet eure „Begegnungen" gemäß der Mottos:

»Seht her! Hier bin ich!« *»Platz da! Jetzt kommen wir!«*

Die Szene auf dem Marktplatz von Sevilla ist für die Oper zentral, weil Carmen dort zum ersten Mal in Erscheinung tritt und dem Soldaten Don José begegnet.

- spöttisch beim Verhör durch Soldaten
- herausfordernd beim Flirt mit Soldaten
- gedankenversunken/sehnsuchtsvoll

3 Gestaltet eine Spielszene, bei der die Gruppe der Zigeunerinnen ihr Lied singt und die nebenstehenden Szenen nachstellt, worauf die Gruppe der Soldaten jeweils entsprechend reagiert.

4 Hört euch die beiden Lieder mithilfe des Notentextes noch einmal an und beschreibt, welche Stimmungen in der musikalischen Struktur angelegt sind. 14, 15

Auf in den Tanz!

Carmen erscheint als Letzte auf dem Marktplatz. Sie hat viele Verehrer und singt für diese ein Lied über ihre Einstellung zur Liebe. Sie begleitet ihren Gesang mit einem langsamen Tanz, einer sogenannten „Habanera".

5 **a** Beschreibt mithilfe des Hörbeispiels euren Eindruck von Carmens Persönlichkeit. D 16
b Lest beim zweiten Anhören den Text der „Habanera" mit und gebt in eigenen Worten wieder, wie Carmen die Liebe beschreibt.

Habanera (Arie der Carmen)

L'amour est un oiseau rebelle
Que nul ne peut apprivoiser
Et c'est bien en vain qu'on l'appelle
S'il lui convient de refuser
Rien n'y fait, menaces ou prières
L'un parle bien, l'autre se tait:
Et c'est l'autre que je préfère
Il n'a rien dit mais il me plaît
L'amour! …

L'amour est enfant de Bohême
Il n'a jamais, jamais connu de loi
Si tu ne m'aimes pas, je t'aime
Si je t'aime, prends garde à toi!

Liebe ist wie ein wilder Vogel,
Wer den will zähmen, hat es schwer.
Ganz umsonst wirst du ihn rufen,
Wenn er nicht will, kommt er nicht her.
Nichts zu wollen mit Drohn und Bitten,
Kein Schmeicheln hilft und keine Wut.
Grad der and're ist gern gelitten,
Obwohl er schweigt, bin ich ihm gut.
Ja die Liebe …

Die Liebe gleicht Zigeunerart,
Für sie ist keinerlei Gesetz gemacht.
Auch wenn du mich nicht liebst, lieb ich dich
Und lieb' ich dich, nimm dich in Acht!

INFO

Habanera
Die Habanera ist nach der kubanischen Hauptstadt Havanna benannt und ein langsamer Tanz. Typisch ist der punktierte Begleitrhythmus, der oft mit einem Tango kombiniert wird. Wie Tabak und Zigarren ist auch die Habanera ein „Import" aus der Neuen Welt.

Rhythmus der Habanera

Arie der Carmen

D 16

G. Bizet

6 **a** Erklärt die musikalischen Fachbegriffe rechts und ordnet sie der entsprechenden Stelle im obenstehenden Notenausschnitt zu.
b Stellt eine Verbindung zwischen musikalischen Mitteln und Textinhalt her.
c Erläutert, inwiefern die Musik imstande ist, die Persönlichkeit über die Textebene hinaus zu charakterisieren.

Rhythmus der Habanera
Orgelpunkt
chromatische Tonschritte
abwärtsgerichtete Melodielinien
Triolen
pianissimo

7 Informiert euch im Internet darüber, wie verschiedene Opernhäuser die Szene umgesetzt haben. Beschreibt die Mittel, die der Regisseur bzw. der Choreograf verwendet, um Inhalte und Musik in Bilder umzusetzen.

Verhängnisvolle Begegnungen

Don José ist der einzige Mann, der Carmen auf dem Marktplatz nicht beachtet. Nachdem sie ihr Lied beendet hat, sieht sie ihn spöttisch an und wirft ihm herausfordernd eine Blume zu. Dabei erklingt das Schicksalsmotiv der Carmen, ein Leitmotiv, das an zentralen Stellen der Oper immer wieder erscheint.

1 Hört euch das Schicksalsmotiv der Carmen an und beschreibt die Wirkung der Musik im Unterschied zur vorausgehenden Habanera. D 17

2 **a** Spielt das Notenbeispiel (z. B. am Klavier) und untersucht den Melodieverlauf. Welches Intervall ruft die „fremdländisch-orientalische" Wirkung hervor? Die Wissensbox hilft euch dabei.
b Findet Erklärungen, warum Bizet für die heiß begehrte und lebenslustige Carmen wohl dieses Thema wählte.

WISSEN

große/übermäßige Sekunde

Die große Sekunde *c – d* umfasst zwei Halbtonschritte. Sie wird durch Erhöhung des *d* zum *dis* zur übermäßigen Sekunde (ü 2), die drei Halbtonschritte umfasst.

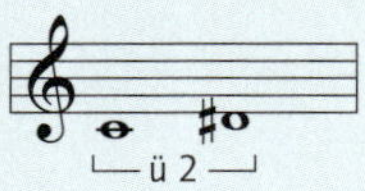

Schicksalsmotiv der Carmen

D 17

G. Bizet

Andante moderato

Grundwissen aufgefrischt

Leitmotiv

In Opern werden häufig Leitmotive verwendet, die Personen, Gegenständen oder Gefühlen zugeordnet sind. Ein Leitmotiv muss charakteristisch, prägnant und leicht wiederzuerkennen sein.

Überlegt, wie ein Leitmotiv für Don José gestaltet sein müsste.

Ein (Alb-)Traumpaar?

Wie im Film verwenden Opernkomponisten Musik, um dem Zuschauer eine zusätzliche Informationsebene zu den Bildern zu bieten.

3 **a** Informiert euch im Kapitel 2 (S. 18) nochmals über die dramaturgischen Funktionen von Filmmusik.
b Betrachtet das Ende des Filmausschnittes und überlegt, welche Gefühle Don José wohl hat, als er die Blume aufhebt, die Carmen ihm vor die Füße geworfen hat. Beschreibt, welche Funktion die Musik in der Begegnungsszene zwischen Carmen und Don José übernimmt.

INFO

Orientalisches Tonmaterial

Carmens Schicksalsmotiv klingt verglichen mit den anderen Motiven der Oper für europäische Ohren recht ungewohnt. Das liegt an der sogenannten „spanisch-phrygischen" Tonleiter (auch Zigeunertonleiter bzw. Zigeuner-Moll), die dem Motiv zugrunde liegt und so für orientalisches Flair sorgt. Bizet hat diese Klangqualität vermutlich in der Oper integriert, weil die spanische Halbinsel jahrhundertelang von den Arabern besetzt war und diese ihren Einfluss auch in der spanischen Musik hinterlassen haben. Deutlich wird das an Tonleitern, die andere Intervallstrukturen aufweisen als europäische Skalen. Meist handelt es sich dabei um übermäßige Sekundschritte.

Ein Trinkspruch auf den Stierkampf und die Liebe

Carmen und ihre Freundinnen treffen sich in der Taverne „Lillas Pastia", einem Schmugglertreff. Sie tanzen und singen ausgelassen. Als die Gäste die Taverne verlassen wollen, erscheint der berühmte Torero Escamillo und setzt sich in Szene.

4 Hört euch einen Ausschnitt aus der Arie des Escamillo an und verfolgt dabei die deutsche Übersetzung. D 18

5 **a** **Gruppenarbeit:** Gruppe 1 stellt ein Standbild eines Toreros mit Zuschauern dar. Bestimmt dazu zunächst die Rollen von Torero und Zuschauern. Gruppe 2 modelliert nun die Positionen und Körperhaltungen von Gruppe 1, bis alle mit ihrer Pose einverstanden sind.

b Überprüft das Standbild mithilfe des Hörbeispiels. Ihr könnt die Musik auf ein Stoppsignal hin anhalten und das Standbild wenn nötig weiter verändern. Fotografiert das Standbild zum Schluss. D 18

6 **a** Tauscht euch mithilfe der untenstehenden Adjektive darüber aus, wie sich Escamillo in der Arie präsentiert.

b Überlegt, was Carmen an der Person des Escamillo reizen könnte.

dynamisch
cool
zerstreut
furchtsam
Softie
wie ein Macho
selbstbewusst
strahlend
schüchtern
würdig
entschlossen
elegant

Szene aus der Arie des Escamillo

Arie des Escamillo

Escamillo: Torero, auf in den Kampf,
und denk daran, ja denk beim Kampf daran,
dass ein schwarzes Aug' dir zusieht
und dass die Liebe dich erwartet.
Torero, die Liebe,
die Liebe erwartet dich!
Die Liebe – die Liebe erwartet dich!

Alle: Auf in den Kampf Torero …

Escamillo: Plötzlich sind alle still.
Ah, was geschieht?
Keine Schreie mehr; es ist der Augenblick,
da der Stier in Sprüngen aus dem Zwinger
herausstürzt …
Er stürzt heraus, er kommt herein,
er stößt zu, ein Pferd stürzt zu Boden
und reißt den Picador mit sich.
„Ah, bravo dem Stier!",
heult die Menge.
Der Stier läuft hierhin …
läuft dorthin …
läuft und stößt wieder zu!
Er schüttelt die Banderillas voller Wut, er läuft!

Erfolgreiche Stierkämpfer werden in Südspanien wie Helden verehrt und gefeiert. Trotz heftiger Proteste und kontroverser Diskussionen hat der Senat in Madrid 2013 die spanische Stierkampftradition zum „immateriellen Kulturgut" erklärt und sogar einen Antrag zur Aufnahme des Stierkampfes in die Liste der immateriellen Kulturgüter der Unesco gestellt. Dahinter stecken nicht zuletzt wirtschaftliche Interessen, da sich viele junge Spanier nicht mehr für den Stierkampf interessieren, Spanien aber das dahinterstehende Milliardengeschäft nicht verlieren will.

7 Informiert euch über den Ablauf eines Stierkampfes und hinterfragt die damit verbundenen Diskussionen. Benennt Gründe, warum der Stierkampf bis heute in Spanien praktiziert wird.

INFO

Stierkampf (Corrida)
Torero meint die am Stierkampf (span.: corrida = Lauf, Rennen) beteiligten Personen: die mit einem roten Tuch und einem Degen bewaffneten Matadores, die dem Stier am Ende den Todesstoß versetzen, die Banderilleros und die mit Lanzen ausgestatteten Picadores.

Verhinderte Liebesduette

Carmen hat bei einer Messerstecherei eine Frau verletzt. Nachdem Don José sie aus dem Gefängnis befreit hat, verspricht sie ihm eine Liebesnacht. Als er schließlich aus dem Arrest entlassen wird, den er für ihre Befreiung absitzen musste, eilt er in die Taverne „Lillas Pastia", wo Carmen auf ihn wartet. Sie tanzt und singt für ihn.

1 **Gruppenarbeit:** Gruppe 1 klatscht den Kastagnetten-Rhythmus, Gruppe 2 singt Carmens Melodie. Begleitet anschließend eure Aufführung mit den anderen Stimmen der Partitur. Nutzt dazu geeignete Instrumente.

2 Untersucht nun den Partiturausschnitt genauer im Bezug auf die musikalischen Mittel, mit denen Bizet die Welt von Carmen bzw. Don José charakterisiert.

Duett Carmen – Don José

19

G. Bizet

3 **a** Tauscht euch darüber aus, welchen Inhalt und welche musikalische Gestaltung ihr von einem Liebesduett an dieser Stelle der Oper erwarten würdet.

b Hört nun das ganze Duett an und verfolgt dabei die deutsche Übersetzung. Überprüft anschließend, in welchen Punkten sich eure Erwartungen erfüllt haben bzw. wo es Abweichungen gibt.

19

c Befasst euch mit Don Josés Verhältnis zu seiner Arbeit und den Pflichten in der Gesellschaft mithilfe des Textauszugs unten. Bewertet dabei auch die Tatsache, dass er in diesen Punkten unveränderlich bleibt und nicht auf die Welt Carmens eingeht. Zieht daraus Schlussfolgerungen für den weiteren Verlauf der Oper.

Duett von Carmen und Don José

Carmen
Ich tanze Euch zu Ehren, und Ihr werdet sehen, mein Herr,
wie ich selbst meinen Tanz begleiten kann.
Setzt Euch dorthin, Don José, ich beginne: La-lala …

Don José
Warte ein wenig, Carmen,
hör nur einen Augenblick lang auf.

Carmen
Und warum, bitte schön?

Don José
Mir scheint, da hinten …
Ja, es sind die Trompeten, die den Zapfenstreich blasen.
Hörst du sie nicht?

Carmen
Bravo! Bravo! Es half nichts …
Es ist trübsinnig, ohne Orchester zu tanzen.
Es lebe die Musik, die wie gerufen kommt! La-lala …

Don José
Du hast nicht verstanden …
Carmen, das ist der Zapfenstreich …
Ich muss zum Appell ins Quartier zurück.

Liebe im Endstadium: eine ausweglose Situation

Am Tag des Stierkampfes versammelt sich ganz Sevilla vor der Arena. Carmen erscheint an der Seite Escamillos, der sich von der Menge feiern lässt. Obwohl Carmen von ihren Freundinnen vor José gewarnt wurde, denkt sie gar nicht daran, vor ihm zu fliehen. Während man in der Arena die begeisterte Menge jubeln hört, kommt es zu einer folgenschweren Zusammenkunft zwischen den beiden …

Schlussszene aus „Carmen"

4 Dem Opernlibretto liegt die Novelle „Carmen" des Franzosen Prosper Mérimée zugrunde. Lest den nachfolgenden Abschnitt aus der Novelle, in dem José seine Lebensgeschichte erzählt. Findet Erklärungen, was José wohl dazu treibt, Carmen trotz Liebesbeteuerungen am Ende umzubringen.

» *Auf der Bank vor der Arena bemerkte ich Carmen … [Lukas] entriss dem Stier die [Schleife aus Bändern] und brachte sie Carmen, die sie sofort ins Haar steckte. Der Stier übernahm es, mich zu rächen, Lukas wurde umgerannt, das Pferd lag auf seiner Brust und der Stier über beiden … Gegen zwei Uhr morgens kam Carmen zurück und war überrascht, mich zu sehen. „Komm mit!", sagte ich. „Gut, gehen wir", antwortete sie. Wir hielten vor einer einsamen Venta [Herberge] … Dort sagte ich zu Carmen: „Höre, ich vergesse alles, aber schwör mir, dass du mir nach Amerika folgst …" „Nein, ich will nicht nach Amerika", sagte sie trotzig … „Du willst mir also nicht folgen?" – „Ich folge dir zum Tod, ja; aber leben will ich nicht mehr mit dir …". „Ich bitte dich … deinetwegen bin ich zum Räuber und Mörder geworden, lass mich dich retten …" „Alles ist aus zwischen uns … Carmen wird immer frei sein. Als calli [hier: Zigeunerin] ist sie geboren, als calli wird sie sterben." […]*
Wut packte mich. Ich zog mein Messer. Ich wollte, dass sie Angst bekam und mich um Gnade bat, aber diese Frau war ein Dämon. „Willst du bei mir bleiben?" „Nein, nein, nein!", rief sie, zog den Ring vom Finger, den ich ihr geschenkt hatte und warf ihn ins Gebüsch. Ich stach zweimal zu. Sie fiel beim zweiten Stich ohne Laut … «

INFO

Die Novelle „Carmen" – Vorlage für die Oper
1847 erschien die Novelle „Carmen" des französischen Schriftstellers Prosper Mérimée. Sie war Vorlage für das Opernlibretto. Ein Erzähler trifft auf seiner Wanderung durch Andalusien den gesuchten Räuber Don José, der ihm seine Lebensgeschichte erzählt. Der Stoff rund um Eifersucht, Zigeunerleben, Räuberei, Liebe und Leidenschaft für eine Zigeunerin war bei den Lesern schnell beliebt und schien wie geschaffen für die Verarbeitung zu einer Oper. Henri Meilhac und Ludovic Halévy entwickelten daraus das Libretto für die Oper.

5 Schaut euch die Schlussszene der Oper an und vergleicht sie mit der Schilderung der Novelle. Benennt Abweichungen zwischen den beiden Versionen und überlegt, warum die Vorlage geändert wurde und welche Wirkung damit erzielt wird.

6 Beschreibt die musikalische Gestaltung des Aufeinandertreffens von Carmen und José vor der Arena. Benennt musikalische Elemente, die das Tragische kommentieren. D 20

7
a Ruft euch noch einmal die Entwicklung der „Liebesbeziehung" zwischen Carmen und José in Erinnerung und erstellt eine Skizze mit den wichtigsten Stationen.
b Überlegt, warum sich die Stimmen von Carmen und José in keiner Szene der Oper im harmonischen Einklang befinden. Worin zeigt sich die Tragik der Liebesbeziehung, die ein positives Ende der Oper verhindert?

Der Fall Carmen: eine Gerichtsverhandlung

Carmen ist tot, erstochen von Don José – daran gibt es keinen Zweifel. Aber ist er der Alleinschuldige? Klar, Carmen gilt als „Flittchen", verdreht den Männern den Kopf. Aber José ist auch kein Unschuldsengel, hat im Affekt sogar einen Mann getötet. Zudem hätte er jederzeit die Möglichkeit gehabt, sich von Carmen zu lösen und ein bürgerliches Leben mit Micaëla zu beginnen, die ihn seit Jahren verehrt ...

1 **Gruppenarbeit:** Inszeniert ein Gerichtsverfahren. Jeweils eine Gruppe bereitet dazu mithilfe einer der nachfolgenden Kärtchen und eurem Wissen über den Plot der Oper die jeweilige Zeugenaussage vor. Geht dabei insbesondere der Frage nach, wie es dazu kommen konnte, dass bedingungslose Liebe sich zu abgrundtiefem Hass wandelte und dass ein pflichtbewusster Soldat zum Schmuggler und Mörder wurde.

Don José

So wie andere Männer wickelt Carmen auch dich mit ihrer erotischen Ausstrahlung um den Finger. Durch die Beziehung zu ihr gerätst du in falsche Kreise und wirst zum Schmuggler. Deine Eifersucht treibt dich beinahe in den Wahnsinn: Erst tötest du den Polizisten Zuniga, später sogar Carmen.

Frasquita

Du warst eine Freundin und Arbeitskollegin von Carmen und hast sie noch kurz vor ihrem gewaltsamen Tod vor Don José und seiner Wut gewarnt. Insgeheim warst du aber auf Carmens Erfolge bei den Männern immer ein wenig eifersüchtig.

Der Richter

Du führst in dieser Woche schon den dritten Prozess, allerdings lautet die Anklage dieses Mal Mord – da gilt es aufzupassen, damit das Urteil auch wirklich gerecht ausfällt. Du willst dafür sorgen, dass alle zu Wort kommen und alle Aussagen gegeneinander abgewogen werden – schließlich willst du die Wahrheit herausfinden. Außerdem musst du die Zuschauer des Prozesses in ihre Schranken weisen, wenn sie zu laut Partei ergreifen.

INFO

Emanzipation
(lat.: *emancipare* = in die Eigenständigkeit entlassen) bezeichnet die Befreiung aus einem Zustand der Abhängigkeit mit dem Ziel von Selbstständigkeit und Gleichstellung. Gesellschaftliche Emanzipation bezeichnet z. B. die rechtliche und gesellschaftliche Gleichstellung von Frau und Mann. Eine emanzipierte Frau ist selbstbewusst, unabhängig und setzt sich aktiv für die Ziele der Emanzipation ein.

Die **Femme fatale** (frz. für „verhängnisvolle Frau") ist ein besonders attraktiver und verführerischer Frauentypus, der Männer erotisch an sich bindet, sie manipuliert, ihre Moral untergräbt und sie damit oft auf „fatale" Weise ins Unglück stürzt.

Escamillo

Du bist der Star unter den Toreros und willst auch so wahrgenommen und hofiert werden. Warum du als Zeuge hier auftreten sollst, verstehst du eigentlich nicht – schließlich ist deine Zeit wertvoll und du hast beileibe Wichtigeres zu tun, als in einem Mordprozess auszusagen.

Micaëla

Du bist als Waise in Don Josés Familie aufgewachsen. Früher war er für dich ein großer Bruder, später der Mann deiner Träume, der von Carmen „verhext" wurde. Nur durch Carmens Skrupellosigkeit geriet Don José auf die schiefe Bahn. In deinen Augen hat Carmen sich ihren Tod selbst zuzuschreiben. Don José hat im Affekt gehandelt und sollte keine harte Strafe erhalten.

Der Staatsanwalt

Du hast die Aufgabe, die Anklage zu leiten und die Schuld von Don José zu beweisen. Dafür befragst du nicht nur den Angeklagten, sondern alle Zeugen sehr genau und versuchst, Unstimmigkeiten in ihren Aussagen aufzudecken.

Carmen – emanzipierte Frau oder „Femme fatale"?

Von klein auf werden Männer und Frauen häufig in verschiedene Rollen gedrängt: Männer sind stark, Frauen schwach – eine Ungleichheit, quasi von der Natur vorgezeichnet. Doch ist es wirklich so einfach? Carmens größter Drang ist es, ihre Freiheit zu erlangen, zu bewahren und sich unabhängig von den anderen zu machen.

2 Befasst euch mit der Frage, ob man Carmen eher als emanzipierte Frau oder als „Femme fatale" bezeichnen sollte. Beleuchtet dabei Carmens Ideale und Ziele.

Die Ouvertüre – nur eine Einleitung?

Obwohl die Ouvertüre das erste Musikstück der Opernaufführung ist, wird sie vom Komponisten oft zuletzt geschrieben. Bizet schrieb die Ouvertüre, die er schlicht „Prélude“ (frz. Vorspiel) nannte, wenige Tage vor der Premiere der Oper.

3 Überlegt, warum Komponisten die Ouvertüre oft erst am Schluss komponieren.

4 Hört euch die Aufnahme der Ouvertüre an und erstellt eine Übersicht über die Reihenfolge der erklingenden Themen. Beantwortet danach folgende Fragen: D 21

A Welche Themen der Oper sind vorhanden?

B Was wird demzufolge bereits in der Ouvertüre „verraten“?

Themen der Carmen-Ouvertüre D 21

G. Bizet

» Carmens Motiv nimmt in der Ouvertüre eine Sonderstellung ein. Alle Themen und Motive stehen miteinander in Verbindung, nur Carmens Motiv erklingt ohne Verbindung zum vorangegangenen musikalischen Material – im Gegenteil: Der Wechsel könnte kaum extremer sein. «

5 Überprüft die Aussage in der Randspalte und findet Begründungen, warum Bizet sich dazu entschlossen hat, das Motiv der Carmen in der Ouvertüre zu isolieren.

[Das habt ihr gelernt]

- die Protagonisten der Oper Carmen und die Entwicklung des Beziehungsgeflechts zwischen ihnen zu verstehen
- eine Spielszene zu entwickeln
- einige Ausschnitte aus der Oper zu singen
- eine Arie der Carmen (Habanera) zu analysieren
- das Carmenmotiv zu analysieren und seine Funktion innerhalb der Oper zu benennen
- wie Escamillo von Bizet musikalisch dargestellt wird
- den Konflikt zwischen Don José und Carmen nachzuvollziehen
- die Funktion der Ouvertüre einer Oper zu verstehen

[Kapitel 9]

Musik und Politik

1999 fand in Weimar, der Wirkungsstätte Goethes, ein Workshop für israelische, palästinensische und andere arabische Musiker statt, für den der Dirigent Daniel Barenboim das projektbezogene „West-Eastern Divan Orchestra" gründete. Die Wahl fiel nicht zuletzt auf Weimar, weil dort nicht nur die humanistischen Ideale der Aufklärung, sondern durch das nahe gelegene KZ Buchenwald auch die Schatten des Holocaust und somit eines der düstersten Kapitel der Menschheitsgeschichte spürbar sind. Idee und Hoffnung des Workshops war, der gegenseitigen Ignoranz der Teilnehmer Bildung, Wissen und Verständnis entgegenzusetzen: Personen, die sich bisher nur im Zusammenhang mit Kriegen und Konflikten begegnet waren, lebten und arbeiteten in dieser Zeit gemeinsam und auf Augenhöhe miteinander. Während sie einander in Proben und Diskussionen zuhörten, überschritten sie tiefe politische und ideologische Gräben.
Obwohl dieses Experiment der Koexistenz nur als einmaliges Event gedacht war, entwickelte sich das Ensemble schnell zu einem legendären Orchester, das noch immer aktiv ist.

Das „West-Eastern Divan Orchestra" ist ein gelungenes Beispiel dafür, wie Musik politisch wirksam werden kann. Darum geht es in diesem Kapitel.

متساوون بالموسيقى

EQUAL IN MUSIC

שווים במוסיקה

Körper und Bewegung

Train Your Brain N° 3: Just Feel The Beat!

Level 1: Sprecht den Text „Just Feel The Beat" in gleichmäßigen Vierteln und geht dazu folgende Schrittfolge: rechts vor – links beistellen – rechts zurück – links beistellen.

Level 2: Malt zusätzlich einen großen Kreis vor euch in die Luft. Achtet darauf, dass eure Hand beim Wort „feel" immer oben ist.

Level 3: Malt statt des Kreises ein großes Dreieck mit Spitze nach oben in die Luft.

Level 4: Sprecht nur bei der Abwärtsbewegung das entsprechende Wort.

Rhythmus und Zusammenspiel

Some Offbeat

D 22, 23

Text u. Musik: M. Detterbeck
© Helbling

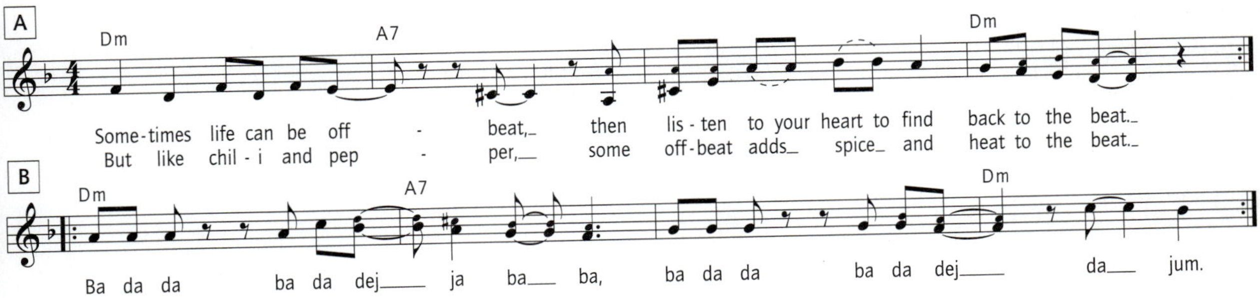

Claves

Gitarre

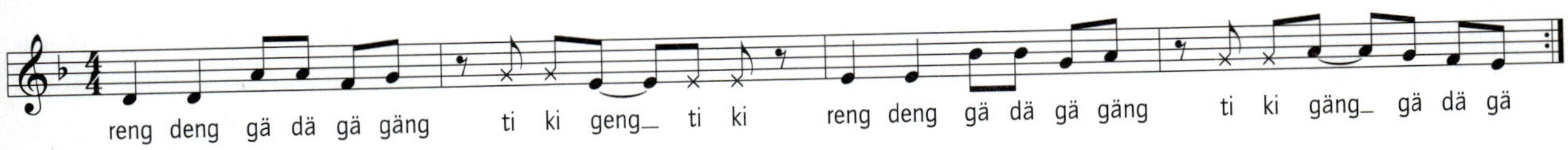

Bass

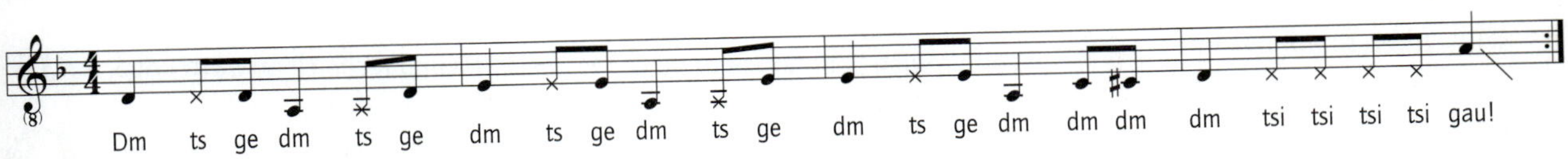

Pink

Briefe an Präsidenten

Wie beschwert man sich, wenn ein Handwerker seine Arbeit nicht gut gemacht hat oder wenn ein neues Gerät nach wenigen Wochen nicht mehr funktioniert? Um sicher zu gehen, dass die Beschwerde auch ankommt, kann man einen Brief schreiben. Wie aber beschwert man sich bei einem Politiker, wenn man mit dessen Arbeit nicht zufrieden ist? Ein Brief kommt selten über den Vorzimmerschreibtisch hinaus … Die Sängerin *Pink* sang ihre Beschwerde über den US-Präsidenten George W. Bush einfach öffentlich.

Dear Mr. President

D 24

Text u. Musik: W. H. Mann, A. B. Moore

1. Dear Mr. President,
come take a walk with me.
Let's pretend we're just two people and
You're not better than me.
I'd like to ask you some questions if we can speak honestly.
What do you feel when you see all the homeless on the street?
Who do you pray for at night before you go to sleep?
What do you feel when you look in the mirror?
Are you proud?

Refrain

How do you sleep while the rest of us cry?
How do you dream when a mother has no chance to say goodbye?
How do you walk with your head held high?
Can you even look me in the eye?
And tell me why?

2. Dear Mr. President,
Were you a lonely boy? Are you a lonely boy?
How can you say: „No child is left behind"?
We're not dumb and we're not blind.
They're all sitting in your cells while you pave the road to hell.
What kind of father would take his own daughter's rights away?
And what kind of father might hate his own daughter if she were gay?
I can only imagine what the first lady has to say …
You've come a long way from whiskey and cocaine!

Refrain

3. Let me tell you 'bout hard work –
Minimum wage with a baby on the way.
Let me tell you 'bout hard work –
Rebuilding your house after the bombs took them away.
Let me tell you 'bout hard work –
Building a bed out of a cardboard box.
Let me tell you 'bout hard work,
Hard work, hard work. You don't know nothing 'bout hard work,
Hard work, hard work.
Oh.

Refrain/Ending

How do you sleep at night?
How do you walk with your head held high?
Dear Mr. President,
You'd never take a walk with me, hm … Would you?

Übersetzungshilfen:
to pretend: so tun, als ob
honestly: offen, ehrlich
homeless: obdachlos
to pave: pflastern
wage: Lohn, Gehalt
cardboard: Pappkarton

Gedanken eines Popstars

»I hope the president is proud of the fact that we live in a country where we can do things like that, where we can have dissent, talk, communicate and share our opinions.« (Pink)

„Dear Mr. President" entstand 2006 als Reaktion auf die Politik des US-amerikanischen Präsidenten George W. Bush, der nach den Anschlägen vom 11. September 2001 Truppen in Afghanistan und im Irak einmarschieren ließ. Zusätzlich geriet er durch das schlechte Krisenmanagement nach dem Hurrikan „Katrina", der weite Teile der Millionenstadt New Orleans unter Wasser setzte, in die Kritik.

1 **a** Verfolgt den Songtext mithilfe des Hörbeispiels und recherchiert euch unbekannte Wörter mit einem Wörterbuch. D 24

b Befasst euch mit der Frage, was *Pink* in ihrem Song an der amerikanischen Regierungspolitik kritisiert und worauf sie mit der Aussage „Let me tell you 'bout hard work – building a bed out of a cardboard box" anspielt.

2 Nehmt Stellung zum Song und überlegt, ob Mut dazu gehört, so einen Song zu veröffentlichen. Bezieht in eure Diskussion die nebenstehende Aussage von *Pink* mit ein.

... und ein antifranzösischer „Deserteur"

Der französische Schriftsteller Boris Vian schrieb neun Jahre nach dem Ende des zweiten Weltkriegs das Chanson „Le Déserteur". Als er 1955 diesen in Paris vortrug, hatte der französische Staat gerade seine Kolonialarmee aus Indochina zurückgeholt, um sie anschließend gegen die Befreiungsbewegung in Algerien einzusetzen. Ein Augenzeuge berichtete von einem Konzertabend:

Boris Vian

» *Abend für Abend tritt Vian nun an den Bühnenrand, mit Magenkrämpfen vor lauter Angst ... An einem Abend ereignet sich Folgendes: Bleicher als je zuvor steht Vian auf der Bühne, den Blick fest in die Mitte des Saales gerichtet, und versucht halsstarrig zu singen, doch ihre Schreie [von politisch rechtsgerichteten Zuhörern] übertönen seine Stimme. Da steht der Bürgermeister auf, tritt vor, hievt seine ganze Würde auf die Bühne und fordert unter allgemeinem Applaus, Vian, diesen Russen, diesen Anarchisten, der reif dafür ist, an die Mauer gestellt zu werden, diesen antifranzösischen Deserteur auf, endlich abzutreten.* «

3 **a** Erläutert mithilfe der Aufnahme des Chansons und der nebenstehenden Übersetzung, was am Inhalt so brisant war. Die Infobox gibt euch weitere Hinweise. (D 25)

b Diskutiert, ob man bei dem Chanson von einem pazifistischen Lied sprechen kann. Bezieht in eure Argumentation die Aussage der letzten Strophe mit ein.

Der Deserteur (Auszug)

Geehrter Präsident,
ich fürchte dieses Schreiben
wird ohne Antwort bleiben,
obwohl die Sache brennt.
Ich soll zum Militär,
soll unter die Soldaten,
vollbringen Heldentaten,
soll tragen ein Gewehr.
[...]
Ich weiß, Herr Präsident,
Sie geben die Befehle,
doch ich hab eine Seele.
Das ist es, was uns trennt.
[...]
Darum bin ich imstand –
sollt' Ihnen das nicht passen –
für immer zu verlassen
mein Heim und Vaterland.
Und sollte man vorher
mich zur Kaserne zerren,
dann Vorsicht, meine Herren,
dann greif ich zum Gewehr!

(Dt. Text: M. Colpet
© Ed. Marbot)

Pussy Riot

INFO

Desertieren
Das Desertieren bzw. die Fahnenflucht, also das Fernbleiben von einer militärischen Verpflichtung, wird in allen Ländern mit hohen Gefängnisstrafen belegt. Selbst der Versuch oder der Aufruf zur Fahnenflucht kann als Verbrechen geahndet werden. In manchen Ländern wird dafür sogar die Todesstrafe verhängt.

4 **a** Recherchiert im Internet über die Punkband *Pussy Riot* und sucht Parallelen zu den Liedern von *Pink* und Boris Vian. Nehmt Stellung zu der Frage, wie viel Freiheit ein Staat Musikern lassen sollte, kritische Texte zu singen. (www)

b **Gruppenarbeit:** Stellt einen Podcast eines fiktiven Treffens zwischen *Pink*, Boris Vian und den Mitgliedern von *Pussy Riot* nach. Darin tauschen sie sich aus über ihre Motivation(en), Aufführungssituationen und die Gefahr, in die sie sich jeweils begeben.

Musik im Dritten Reich

In einem Artikel des „Spiegel" erinnert sich Günter Seidel an seine Zeit als zehnjähriges Kind in Berlin:

» *Im Sommer 1941 wurde ich Pimpf des Deutschen Jungvolks. [...] Wir lernten auch die erforderlichen Lieder singen [...] dann mit echter Begeisterung „Unsere Fahne flattert uns voran, unsere Fahne ist mehr als der Tod" oder „Vorwärts, vorwärts, schmettern die hellen Fanfaren" [...] So funktionierte ich bald wie ein richtiger kleiner Soldat.* «

1 Versucht, euch mithilfe des Hörbeispiels in die Situation der Jungen zu versetzen, die gemeinsam „Vorwärts!" sangen. Tragt in einem Wortfeld an der Tafel eure Assoziationen und Beobachtungen zusammen. D 26

„Auch du gehörst dem Führer ..."

Adolf Hitler sagte im Dezember 1938 in einer Rede an die Hitlerjugend:

» *Diese Jugend, die lernt ja nichts anderes als deutsch denken, deutsch handeln, und [...] dann geben wir sie nicht zurück in die Hände unserer alten Klassen- und Standeserzeuger ... [bis sie] ganze Nationalsozialisten geworden [sind] und sie werden nicht mehr frei ihr ganzes Leben.* «

2 a Recherchiert, wie und mit welcher Zielsetzung die Hitlerjugend organisiert war. Hinweise findet ihr im obigen Zitat, in der Infobox und im Internet.

b Beschreibt mithilfe des Videos, welche Funktion die Musik bei der Inszenierung der Rede Hitlers hat.

c Deutet das aus dem Dritten Reich stammende Werbeplakat oben hinsichtlich der Botschaft, die damit suggeriert werden sollte.

INFO

Hitlerjugend (HJ)
Die HJ wurde 1926 gegründet und war wesentlicher Bestandteil von Adolf Hitlers Plan, in alle Lebensbereiche ideologisch und kontrollierend einzugreifen. Ziel war die Erziehung im Sinne der NSDAP. Anfangs war die Mitgliedschaft noch freiwillig, ab 1939 verpflichtend. Über die HJ erfolgte die Vermittlung der NS-Ideologie mit einem Wertesystem von Gefolgschaftstreue, Kameradschaft, Pflichterfüllung und Willensstärke.

Vorwärts! D 26

Text: B. v. Schirach
Musik: H. O. Borgmann
© Ufaton

Refrain zu „Vorwärts!"
Unsre Fahne flattert uns voran, in die Zukunft ziehn wir Mann für Mann.
Wir marschieren für Hitler durch Nacht und durch Not mit der Fahne der Jugend für Freiheit und Brot.
Unsre Fahne flattert uns voran, unsre Fahne ist die neue Zeit und die Fahne führt uns in die Ewigkeit.
Ja, die Fahne ist mehr als der Tod!

3 Hört euch das Lied noch einmal an und verfolgt die Noten und den abgebildeten Text links. Notiert die Schlüsselbegriffe und weist nach, inwiefern die verwendeten musikalischen Mittel die Textaussage unterstützen. D 26

4 Erläutert, weshalb man dieses Lied als Agitationslied bezeichnen kann, das manipuliert und ideologisiert. Bezieht in eure Argumentation u. a. ein, welche Bedeutung die verwendeten Symbole (z. B. die Fahne) haben.

Musik und Widerstand

In den Konzentrationslagern (KZs) der Nationalsozialisten wurden Millionen Frauen, Männer und Kinder gequält und ermordet. Die Begriffe „Musik" und „KZ" scheinen sich deswegen unvereinbar gegenüberzustehen. Als Sprachrohr und Ausdruck des Widerstands entwickelte sich jedoch hinter dem Stacheldraht eine künstlerisch-musikalische „Szene". Der ehemalige Dirigent des Lagerorchesters Auschwitz, Adam Kopycinski, berichtet:

» Die Musik vermittelte uns das schlichte Wissen von der Wahrheit des Lebens ... [Sie] förderte die Selbstachtung des Menschen, die in der Zeit des Lagerlebens so grausam mit Füßen getreten wurde. «

Der Eingang zum KZ Auschwitz

5 Betrachtet das Bild und reflektiert im Austausch mit euren Mitschülern eure Gedanken und Assoziationen.

6 Findet Erklärungen, warum Musik für die Lagerinsassen eine wichtige Rolle spielte und aus welchen Gründen diese von der Lagerleitung geduldet oder gar gefördert wurde. Recherchiert dazu auch im Internet.

Moorsoldaten

„Die Moorsoldaten" wurde 1933 von Rudi Goguel, Häftling des KZs Börgermoor, komponiert. Über die Uraufführung des Liedes berichtete er nebenstehend.

Die Moorsoldaten

D 27, 28

Text: J. Esser, W. Langhoff
Musik: R. Goguel
© C. F. Peters

2. Hier in dieser öden Heide
ist das Lager aufgebaut,
wo wir fern von jeder Freude
hinter Stacheldraht verstaut.

5. Auf und nieder gehn die Posten,
keiner, keiner kann hindurch.
Flucht wird nur das Leben kosten.
Vierfach ist umzäunt die Burg.

6. Doch für uns gibt es kein Klagen.
Ewig kann's nicht Winter sein.
Einmal werden froh wir sagen:
Heimat, du bist wieder mein!

» Die sechzehn Sänger ... marschierten mit geschulterten Spaten in die Arena, ich selbst an der Spitze ... bereits bei der zweiten Strophe begannen die fast tausend Gefangenen den Refrain mitzusummen. Von Strophe zu Strophe steigerte sich der Refrain, und bei der letzten Strophe sangen auch die SS-Leute ... offenbar, weil sie sich selbst als „Moorsoldaten" angesprochen fühlten.
Bei den Worten „Dann ziehn wir Moorsoldaten nicht mehr mit dem Spaten ins Moor" stießen wir die Spaten in den Sand und marschierten aus der Arena, die Spaten zurücklassend, die nun in der Moorerde steckend wie Grabkreuze wirkten. «
(R. Goguel über die Uraufführung von „Die Moorsoldaten")

7 **a** Achtet beim Singen des Liedes auf die verwendeten musikalischen Mittel. Was soll mit den Stilmitteln ausgedrückt werden? (D 28)

b Überlegt, was der Komponist wohl mit dem Satz „Ewig kann's nicht Winter sein" sagen wollte. Sucht nach ähnlichen Phänomenen im Text.

c Findet Gründe, warum das Lied kurze Zeit später von der SS verboten wurde.

Missbrauchte Lieder

Das „Lied der Deutschen"

Ursprünglich hatte Joseph Haydn 1797 die Melodie der deutschen Nationalhymne als Kaiserhymne für den österreichischen Kaiser Franz II. komponiert. Im 19. Jahrhundert verfasste der Dichter August Heinrich Hoffmann von Fallersleben dann einen neuen Text zur Melodie, das „Lied der Deutschen". Er wollte einen Beitrag leisten, um die deutsche Kleinstaaterei zu überwinden. „Deutschland über alles" war für ihn lediglich Ausdruck für ein gesamtdeutsches Denken.

Deutsche Nationalhymne

D 29

Text: A. H. von Fallersleben
Musik: J. Haydn

1. Deutschland, Deutschland über alles,
über alles in der Welt,
wenn es stets zu Schutz und Trutze
brüderlich zusammenhält.
Von der Maas bis an die Memel,
von der Etsch bis an den Belt,
Deutschland, Deutschland über alles,
über alles in der Welt!

2. Deutsche Frauen, deutsche Treue,
deutscher Wein und deutscher Sang
sollen in der Welt behalten
ihren alten schönen Klang,
uns zu edler That begeistern
unser ganzes Leben lang
deutsche Frauen, deutsche Treue,
deutscher Wein und deutscher Sang!

1 **a** Sucht im Atlas die in der ersten Strophe genannten geografischen Punkte und vergleicht den deutschen Sprachraum zu Fallerslebens Zeit mit dem heutigen Deutschland und dem Deutschland von 1933.

b Begründet, warum Hitler und sein Machtapparat das „Lied der Deutschen" zur Begründung eines Expansionskrieges missbrauchen konnten.

„Auferstanden aus Ruinen ..." – die Nationalhymne der DDR

Als Hanns Eisler die Melodie zur DDR-Hymne schrieb, sagte er:

» Es kann nichts Zackiges, nichts Militärisches in dieser bedeutungsvollen Melodie sein, sondern es muss ein sehr würdiger und sehr menschlicher Ton gefunden werden. «

2 Beschreibt mithilfe des Hörbeispiels, wie Eisler den nebenstehenden Text der DDR-Hymne in Musik umgesetzt hat, und setzt eure Beobachtung in Beziehung zum obigen Zitat.

D 30

3 Lest die Infobox oben durch und beantwortet anschließend folgende Fragen:
- Warum wurde das Singen der dritten Strophe des „Liedes der Deutschen" 1950 als Skandal empfunden?
- Welche Textpassage aus der DDR-Nationalhymne führte wohl dazu, dass das Singen derselben in der DDR später nicht mehr praktiziert wurde?

INFO

Die deutschen Nationalhymnen nach 1945
Nach dem Ende des Dritten Reiches wurde in Deutschland die Verwendung nationalsozialistischer Symbole und Lieder verboten. In der Gründungsphase der Bundesrepublik gab es deswegen verschiedene Versuche, eine neue Nationalhymne zu etablieren – erfolglos. Als der erste Bundeskanzler Konrad Adenauer 1950 erstmals das besetzte West-Berlin besuchte, ließ er Textblätter mit der dritten Strophe auslegen und das Lied singen. Damit löste er einen Skandal aus, viele Anwesende verließen den Saal. Zwei Jahre später wurde die dritte Strophe dennoch die offizielle Nationalhymne Westdeutschlands.

In der DDR wurde das Lied „Auferstanden aus Ruinen" von Johannes R. Becher und Hanns Eisler bereits 1949 zur Nationalhymne. Seit 1970 durfte diese Hymne allerdings nur noch instrumental dargeboten werden, weil der Text nicht mehr zur offiziellen DDR-Politik passte.

Strophe 1 der DDR-Hymne
Auferstanden aus Ruinen
und der Zukunft zugewandt,
lass uns dir zum Guten dienen,
Deutschland, einig Vaterland.
Alte Not gilt es zu zwingen
und wir zwingen sie vereint,
denn es muss uns doch gelingen,
dass die Sonne schön wie nie
|: über Deutschland scheint. :|

Das „Lied der Partei"

Das in der DDR als Massenlied gesungene „Lied der Partei" war vor allem durch die einprägsame Zeile „Die Partei, die Partei hat immer recht" bekannt. Genau diese wurde oft missverstanden und seitens der Partei missbraucht.

Das Lied der Partei
Sie hat uns alles gegeben,
Sonne und Wind und sie geizte nie.
Wo sie war, war das Leben,
was wir sind, sind wir durch sie.
Sie hat uns niemals verlassen,
fror auch die Welt, uns war warm.
Uns schützt die Mutter der Massen.
Uns trägt ihr mächtiger Arm.
Die Partei, die Partei, die hat immer Recht!

Und Genossen es bleibet dabei,
denn wer kämpft für das Recht,
der hat immer recht
gegen Lüge und Ausbeuterei.
Wer das Leben beleidigt,
ist dumm oder schlecht.
Wer die Menschheit verteidigt,
hat immer recht.
So aus Lenin'schem Geist wächst
von Stalin geschweißt
die Partei, die Partei, die Partei!

4 a **Gruppenarbeit:** Hört euch das Lied an und verfolgt den Text. Eine gleiche Anzahl an Gruppen beschäftigt sich dann jeweils mit einer der folgenden Aufgabenstellungen. (CD 31)
1. Findet musikalische Merkmale, die zeigen, dass das Lied als „Massenlied" geeignet war.
2. Beschreibt, wo in der ersten Strophe die in der Wissensbox rechts beschriebenen Aspekte zu erkennen sind.

b Tauscht eure Ergebnisse mit einer Gruppe aus, die die andere Aufgabenstellung gewählt hat.

5 Befasst euch mit der Frage, warum dieses Lied jahrzehntelang von der SED (Sozialistische Einheitspartei Deutschlands) als offizielle Hymne gesungen wurde. Bezieht in eure Überlegungen mit ein, welche einen totalitären Staat stützenden Botschaften sich aus dem Lied herauslesen lassen und wie die Musik Inhalt und Aussage trägt. Hört euch dazu nochmals die Aufnahme an. (CD 31)

6 Vergleicht, wie die NSDAP das „Lied der Deutschen" und wie die SED das „Lied der Partei" für ihre eigenen Zwecke nutzten. Nennt Gemeinsamkeiten und Unterschiede im Missbrauch der beiden Lieder. Bezieht auch die Infobox unten in eure Reflexion ein.

INFO

Entstehungsgeschichte von „Die Partei"
Die Witwe des Komponisten Fürnberg berichtete 2001: „Fürnberg wurde 1949 nicht zum Parteitag der KPC eingeladen, zum ersten Mal. Das hat ihn furchtbar gekränkt, und in einem Gedicht schrieb er seine Enttäuschung nieder." Dann aber habe „er sich selbst wieder zur Ordnung gerufen" und das Lied folgen lassen von der Partei, die immer Recht hat. „Er schrieb es, um die Kränkung vor sich selbst zu rechtfertigen." [...] Wenn man das Gedicht nur genau anschaue [...], lese man daraus nicht nur demonstrativen Parteigehorsam im damaligen Denunziationsklima. Es sei auch verzweifelter Trotz dabei gewesen. Später habe er ihr gesagt: „Dieses Lied wird mir noch einmal sehr schaden."

! WISSEN

Massenlieder
wiesen laut der offiziellen Musikgeschichte der DDR folgende Merkmale auf:
- „spiegeln als realistische Kunstwerke allseitig die gesellschaftliche Wirklichkeit wieder"
- „wirken erzieherisch und massenverbindend im Geiste des Sozialismus"
- „sind überschaubar und eingängig"
- „Inhalt, Form, Melodik, Harmonik und Rhythmik haben ihre Wurzeln in der Tradition des Arbeiterliedes"
- „sind vorrangig durch Marschlieder repräsentiert, greifen aber auch Elemente aus anderen Liedgattungen auf (Song, Chanson, Tanzmusik)"
- „sind hauptsächlich für die Jugend bestimmt"

Amandla – die Macht des Chorgesangs

Der Freiheitskämpfer und Politiker Nelson Mandela schrieb über die soziale und politische Kraft des afrikanischen Gesangs Folgendes:

» *Die eigentümliche Schönheit der afrikanischen Musik besteht darin, dass sie aufrichtet, selbst wenn sie eine traurige Geschichte erzählt … in dem Lied ist etwas, das dir Hoffnung gibt … Politik kann durch Musik verstärkt werden, doch die Musik hat auch Kräfte, die der Politik widerstehen.* «

Auf Protestmärschen, Versammlungen und Beerdigungen von Opfern der Apartheidpolitik wurde „Senzenina" zur Hymne der Freiheit.

INFO

Apartheid

Bis Anfang der 1990er-Jahre lebten die Bevölkerungsgruppen Südafrikas (Schwarze, Weiße, Asiaten etc.) aufgrund der Gesetzgebung der weißen Minderheitsregierung und des damit verbundenen Systems der Apartheid (Afrikaans: apart = getrennt) sozial und räumlich getrennt. So waren Nichtweiße z. B. vom Wahlrecht ausgeschlossen. Alle öffentlichen Orte und Wohngebiete waren in Bereiche für Weiße und Nichtweiße getrennt. Mit zunehmendem Widerstand der Afrikaner und internationalem Druck kam in der Amtszeit des Staatspräsidenten Frederik de Klerk ein Reformprozess in Gang, der zur Beseitigung der Apartheidgesetze führte. Somit wurden 1994 die ersten freien Wahlen für alle Bürger durchgeführt.

Senzenina
(CD 32, 33)

Musik: überliefert aus Südafrika

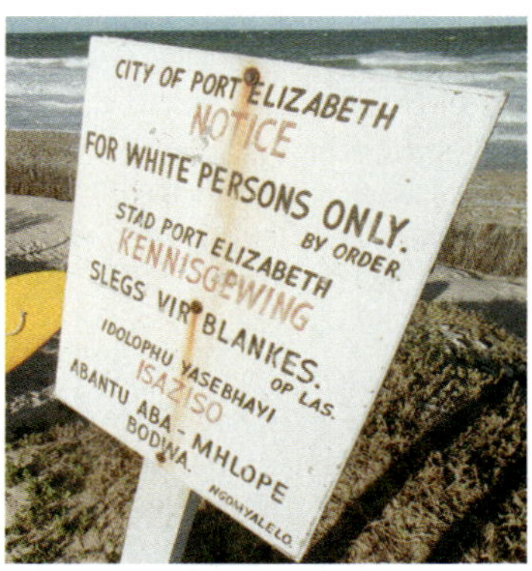

Übersetzung des Liedtextes:
„Was haben wir getan?
Unsere Schuld ist es, schwarz zu sein, die Wahrheit zu sagen. Lass Afrika zurückkehren."

1 a Singt „Senzenina", beschreibt die musikalische Struktur des Songs und überlegt, warum diese in besonderem Maße zur Entstehung eines Gemeinschaftsgefühls beiträgt. (CD 33)

b Hört eine Aufnahme aus Südafrika und beschreibt, was den Gesang auszeichnet. (CD 34)

2 Was meint Mandela damit, wenn er sagt „Politik [könne] durch Musik verstärkt werden" oder wenn er davon spricht, dass Musik auch Kräfte hat, „die der Politik widerstehen"?

Eine weiße Zeit der Dürre

Der Südafrikaner Mongane Wally Serote beschreibt seine Gefühle im Zusammenhang mit der Apartheid in folgendem Gedicht:

> Es ist eine weiße Zeit der Dürre,
> dunkle Blätter halten sich nicht, ihr kurzes Leben verdorrt,
> und gebrochenen Herzens schweben sie sanft auf die Erde hernieder,
> sie bluten nicht einmal.
>
> Es ist eine weiße Zeit der Dürre, Bruder,
> nur die Bäume kennen den Schmerz, dennoch stehen sie aufrecht,
> trocken wie Stahl, ihre Zweige trocken wie Draht,
> ja, es ist eine weiße Zeit der Dürre,
> doch Jahreszeiten kommen und gehen.
>
> (M. W. Serote)

3 Notiert die sprachlichen Bilder des Gedichts und überlegt, welche Bedeutung sie im Bezug auf die Apartheid haben. Die Infobox gibt euch weitere Hinweise.

4 Beschreibt mithilfe des Videos, welche Rolle der Musiker Abdullah Ibrahim der Musik für die Befreiung aus der Apartheid zuschreibt und welche Tatsache die Sängerin Mirjam Makeba als besonders erniedrigend empfindet.

Gesang gegen die Unterdrückung

Traditionell ist es Sängern in afrikanischen Gemeinschaften erlaubt, Texte zu singen, die gesprochen einen Tabubruch bedeuten. Ein König konnte z. B. nur in Liedern kritisiert werden. In Südafrika entwickelte sich der Chorgesang zum zentralen Medium, um Protest gegen das Apartheidregime zu formulieren. Der Musiker Hugh Masekela beschreibt es einmal scherzhaft:

» Wir werden in die Geschichte als eine Armee eingehen, die mehr Zeit aufs Singen als aufs Kämpfen verwendet hat. «

5 **a** Hört euch das Lied „Nkosi sikelel' iAfrika" an und beschreibt die Wirkung der Musik. (D 35)
b Informiert euch anhand der Infobox, des Videoausschnitts und der Quellen im Internet über den Song „Nkosi sikelel' iAfrika". Was unterscheidet den Song von anderen Protestsongs, die während der Apartheid gesungen wurden?

INFO

Ein Lied im Wandel: Hymne – Protestlied – Nationalhymne

Enoch Sontonga komponierte beeinflusst durch die Hymnen der Missionsschulen 1897 „Nkosi sikelel' iAfrica". Das Lied wurde zum Symbol des Widerstands gegen die Apartheid und trotz Verbot als inoffizielle Hymne auf Versammlungen und Protestmärschen gesungen.
Nach dem Ende der Apartheid und den ersten freien Wahlen entstand 1996 eine Hymne, die die Melodien der ehemals offiziellen „Die Stem van Suid Afrika" (Die Stimme Südafrikas) und der inoffiziellen „Nkosi sikelel' iAfrika" verband. In der neuen Hymne wurden zudem die fünf Hauptsprachen des Landes integriert, um somit ein Sinnbild für die multikulturelle südafrikanische Gesellschaft zu schaffen.

[Das habt ihr gelernt]

- zwei politisch engagierte Lieder verschiedener Länder zu vergleichen
- wie Kinder und Jugendliche im Dritten Reich mit Musik manipuliert wurden
- etwas über Widerstandslieder und deren Funktion für Unterdrückte
- Beispiele dafür, wie Lieder missverstanden und missbraucht werden können
- welche Bedeutung Chorgesang für eine gemeinsame Identität in Südafrika hat und welche Rolle er beim Umbruch vom Apartheidregime zum demokratischen Südafrika spielte

[Kapitel 10]

Romantik

„Wo die Sprache aufhört, fängt die Musik an", sagte E.T.A. Hoffmann, einer der ersten deutschen Romantiker. In kaum einer Epoche war die Verknüpfung von Literatur und Musik stärker als in der Romantik. Dabei kam der Gattung Gedicht durch seine Beschaffenheit mit Metrum, Rhythmus, Wortklängen und Reimen eine entscheidende Rolle zu. Die drei nachfolgenden Beispiele zeigen, wie Dichter der Romantik auch inhaltlich in Gedichten einen Bezug zur Musik herstellten:

Wünschelrute

„Schläft ein Lied in allen Dingen,
die da träumen fort und fort,
und die Welt hebt an zu singen,
triffst du nur das Zauberwort."

(Joseph von Eichendorff)

„Aus meinen Tränen sprießen
Viel blühende Blumen hervor
Und meine Seufzer werden
Ein Nachtigallenchor.
Und wenn du mich lieb hast, Kindchen,
Schenk ich dir die Blumen all
Und vor deinem Fenster soll klingen
Das Lied der Nachtigall."

(Heinrich Heine)

Er ist's

„Frühling lässt sein blaues Band
Wieder flattern durch die Lüfte.
Süße, wohlbekannte Düfte
Streifen ahnungsvoll das Land.
Veilchen träumen schon,
Wollen balde kommen.
Horch, von fern ein leiser Harfenton!
Frühling, ja du bist's!
Dich hab ich vernommen!"

(Eduard Mörike)

Körper und Ohren

Musik ist ... D 36

Lauft zu den erklingenden Musikausschnitten kreuz und quer durch den Raum. Stoppt die Musik und tauscht euch mit einem Partner in der Nähe darüber aus, was diese Musik für jeden von euch bedeutet. Die Sätze beginnen dabei immer mit: „Diese Musik ist für mich ..."

Fasst euch kurz. Oft genügt ein einzelnes Adjektiv oder ein Begriff.

Stimme und Ohren

Music With Her Silver Sound

D 37, 38

Text: W. Shakespeare, deutscher Text: S. Kalmer
Musik: S. Kalmer
© Bosse

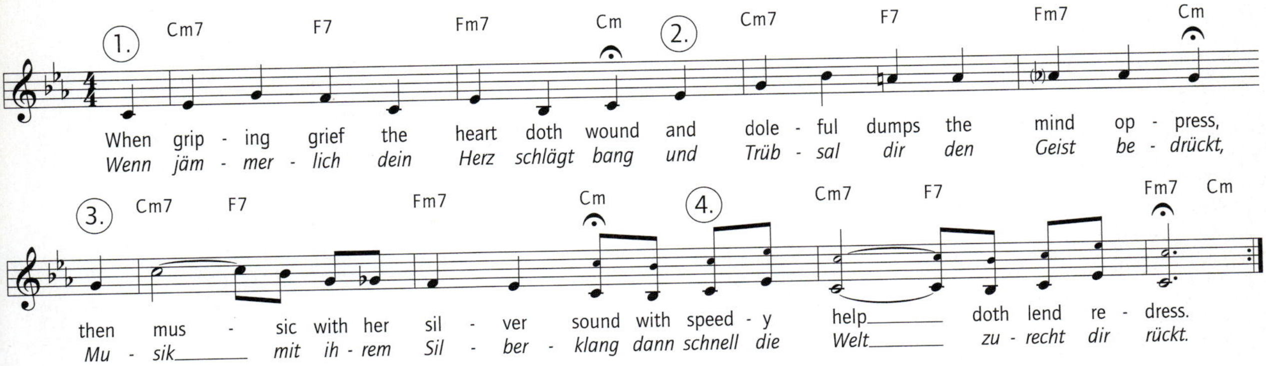

[Tipp] Ihr könnt den Kanon auch mit einem leise gesummten „Mh" auf *c* begleiten.

Rhythmus und Zusammenspiel

Guten Morgen!

D 39, 40

Text u. Musik: U. Moritz
© Helbling

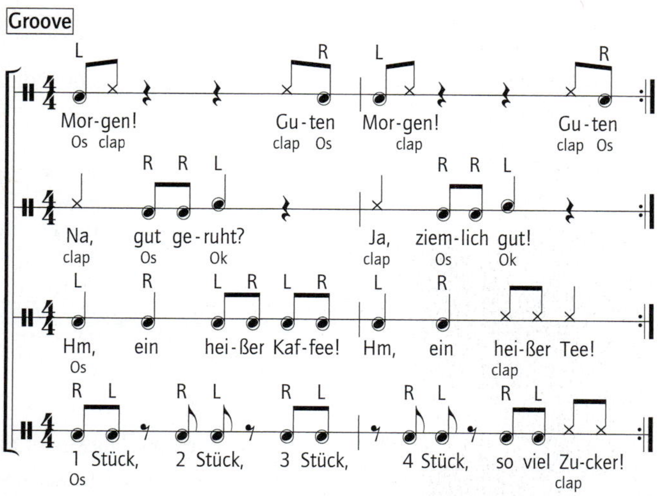

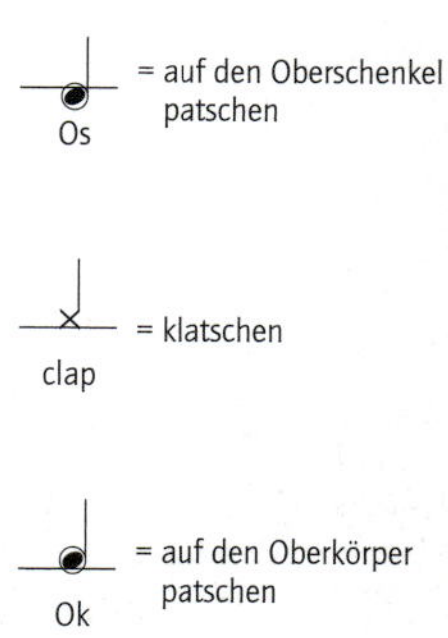

Statt der Bodypercussion könnt ihr das Stück auch wirkungsvoll mit vier Boomwhackers gestalten (Töne: *c*, *d*, *e*, *g*).

„Romantisch“ – Romantik

„Moonlight and lovesongs never out of date ...“ – so heißt es im Song „As Time Goes By“ aus dem Film „Casablanca“. In der Literatur, der Kunst und Musik der Romantik findet man häufig die Themen Liebe und Sehnsucht ebenso wie das Motiv des Mondes.

As Time Goes By

D 41, 42

Text u. Musik: H. Hupfeld
© Greenhorn

1 Tauscht euch darüber aus, in welchem Zusammenhang ihr das Wort „romantisch“ verwendet.

2 **a** Singt „As Time Goes By“. D 42

b Übersetzt den Songtext und bestimmt die verwendeten Schlüsselwörter. Erläutert, welche Auffassung von Romantik und Liebe darin vermittelt werden.

Das 19. Jahrhundert

Um 1800 löst die Romantik die Epoche der Klassik sukzessive ab. Mit ihrer Betonung des gefühlvollen Ausdrucks stellt sie eine Gegenströmung zu den rationalen und ordnungsbestimmenden Idealen der Aufklärung und der Klassik dar. Sie betont das Ausdrucksbedürfnis und Erleben des Einzelnen. Die Musik als „universale Kunst, sprachlos über aller Sprache stehend" hat dabei einen besonderen Stellenwert.

Caspar David Friedrich: Zwei Männer in Betrachtung des Mondes

3 Notiert unter Berücksichtigung des Bildes und der nachfolgenden Zitate zentrale Merkmale und Motive des 19. Jahrhunderts.

» *Der wesentliche Sinn des Lebens ist Gefühl. Zu fühlen, dass wir sind und sei es durch den Schmerz. Es ist die „sehnsuchtsvolle" Leere, die uns dazu treibt, zu spielen, zu kämpfen, zu reisen, zum leidenschaftlichen Tun …* «
(Lord Byron)

» *Sie [die Musik] ist die romantischste aller Künste. Sie schließt dem Menschen ein unbekanntes Reich auf, eine Welt, in der er alle durch Begriffe bestimmbaren Gefühle zurücklässt, um sich dem Unaussprechlichen hinzugeben.* «
(E. T. A. Hoffmann)

» *Der Kohlendampf verscheucht die Sangesvögel und der Gasbeleuchtungsgestank verdirbt die duftige Mondnacht […] und wo einst der müßige Dichter geklettert und die Nachtigall belauscht, wird bald eine platte Landstraße sein, eine Eisenbahn, wo der Dampfkessel wiehert.* «
(Heinrich Heine)

4 **a** Seht euch einen Ausschnitt aus dem Film „Frühlingssinfonie" an, der das bürgerliche Leben im 19. Jahrhundert widerspiegelt. Notiert stichpunktartig die wesentlichen Aspekte der Szene.
b Ergänzt eure Aufzeichnungen um die Aufzeichnung zur Entwicklung des Musik- und Konzertlebens. Recherchiert dazu u. a. im Internet.

Romantisches Lebensgefühl

Die Literatur der Romantik wollte Fluchtpunkt für Träume und Fantasie aus der als hoffnungs- und sinnlos empfundenen Wirklichkeit sein. So finden sich Themen wie die Entdeckung des Unbewussten, Schwärmerei, Träume, Nacht, Sehnsucht nach dem Unerreichbaren, dem Unendlichen und dem Tod.

5 **a** Benennt mithilfe der Vertonung des Gedichts „Frühlingstraum" durch Franz Schubert, wann von der Traumwelt bzw. von der realen Welt die Rede ist. (CD 43)
b Beschreibt, wie Schubert die beiden Welten musikalisch gestaltet. Achtet dabei auf Klavierbegleitung, Tempo, Lautstärke und Melodieführung.

6 Vergleicht „Frühlingstraum" mit „As Time Goes By". Inwiefern könnte man den Song als romantisch bezeichnen, obwohl er aus dem 20. Jahrhundert stammt? (CD 41, 43)

WISSEN

Das 19. Jahrhundert
Zu Beginn des 19. Jahrhunderts war der Verlust der Natur durch die Industrialisierung für viele beängstigend. Sie empfanden ihre Lebensrealität als bedrückend und suchten nach anderen, besseren Welten. Die vielen Gegensätze lassen das 19. Jahrhundert als Jahrhundert der Widersprüche erscheinen: Der Rückzug ins Private und das Aufblühen eines öffentlichen Konzertlebens stehen neben Laienmusik, glühender Verehrung von Virtuosen und dem Rückgriff auf vergangene Welten (Historismus). Damit verbunden ist auch die Suche nach neuen Klangwelten.

Mondnacht

Es war, als hätt' der Himmel
Die Erde still geküsst,
Daß sie im Blütenschimmer
Von ihm nun träumen müsst'.

Die Luft ging durch die Felder,
Die Ähren wogten sacht,
Es rauschten leis die Wälder,
So sternklar war die Nacht.

Und meine Seele spannte
Weit ihre Flügel aus,
Flog durch die stillen Lande
Als flöge sie nach Haus.

(Joseph von Eichendorff)

Interpretation in Stichworten

- Verschmelzung von Himmel und Erde
- christliche Motivik
- lyrisches Ich
- Stille
- Indikativ/Konjunktiv
- Naturbeschreibung
- Bewegung
- alle Sinne (haptisch, visuell, auditiv)
- Seelenflug zur Erlösung

Die Stimme des Inneren – das begleitete Sololied

Robert Schumanns Vertonung des Gedichtes „Mondnacht" ist ein idealtypisches Beispiel für romantische Ästhetik.

1 a Erschließt euch das Gedicht mithilfe der Stichworte in der Box links. E 1–3
b Tauscht euch über euren ersten Höreindruck aus.

2 a Verfolgt mithilfe des Hörbeispiels die Noten des Vorspiels zum Lied und stellt eine Verbindung zum Inhalt der ersten Strophe her. Wo kann man in der Klavierbegleitung der Strophe die „Verschmelzung von Himmel und Erde" wahrnehmen? E 1
b Erläutert die Wirkung der Tonrepetitionen in der Klavierbegleitung.

Mondnacht (Anfang) E 1

Musik: R. Schumann
Text: J. v. Eichendorff

3 Das lyrische Ich wendet sich in der 3. Strophe der eigenen Seele zu, die ihre Flügel ausspannt. Beschreibt, welche musikalischen Mittel Schumann verwendet, um die Wendung ins „Innere" umzusetzen.

Mondnacht (Mitte) E 2

Musik: R. Schumann
Text: J. v. Eichendorff

Gedichtinhalt und harmonischer Verlauf

Schumann setzt manche Klänge anders als erwartet ein und verdeutlicht durch den harmonischen Verlauf den Textinhalt.

Robert und Clara Schumann

4 **a** Versucht mithilfe des Hörbeispiels zu bestimmen, an welchen Stellen des Gedichts der Grundklang bzw. Ruheklang (Tonika) zu hören ist. (E 1–3)

b Bestimmt die für die jeweiligen Strophen zentralen Akkorde (Takt 5, 51 und 61). Vergleicht anschließend eure harmonische Analyse mit dem Ergebnis des Höreindrucks. Was fällt auf?

[Tipp] Die Grundwissen-aufgefrischt-Box unten hilft euch dabei.

c Erläutert, inwiefern der harmonische Verlauf den Gedichtinhalt widerspiegelt.

Der Weg nach Hause

Am Ende des Liedes verwendet Schumann eine besondere kompositorische Wendung, um das im Text beschriebene „Nach-Hause-Kommen" hörbar zu machen.

5 **a** Hört zwei Versionen des Schlusses und beschreibt die jeweilige Wirkung. Geht dabei u. a. darauf ein, an welcher Stelle das Nachhausekommen klanglich vollzogen wird. (E 4, 5)

b Diskutiert, welche Version den Text überzeugender umsetzt. Bezieht in eure Diskussion mit ein, was Schumann wohl mit der verwendeten Harmonik erreichen wollte.

6 Belegt Schumanns Aussage, dem Klavier komme die Aufgabe zu, „neben dem Ausdrucke des Ganzen [...] auch die feineren Züge des Gedichts hervortreten" zu lassen.

Mondnacht (Schluss) (E 3)

Musik: R. Schumann
Text: J. v. Eichendorff

Grundwissen aufgefrischt

Kadenz

Unter einer Kadenz (von lat.: *cadere* = fallen) versteht man die Abfolge von mindestens zwei Akkorden mit dem Ziel, den Grundklang einer Tonart (Tonika) zu erreichen. Dabei erzeugt die V. Stufe (Dominante) besonders viel Spannung, die mit dem Quintfall zur I. Stufe und der Fortschreitung des Leittons in den Grundton abgebaut wird.
Häufig tritt die Kadenz in der Abfolge I–IV–V–I auf. Schreibe eine Kadenz in G-Dur.

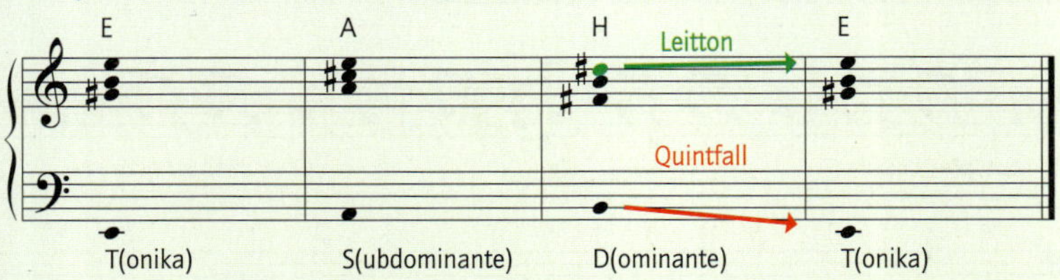

INFO

Robert Schumann
(1810–1856) war schon früh leidenschaftlicher Pianist und Komponist. Er verliebte sich in Clara, die Tochter seines Klavierlehrers Wieck, und heiratete sie gegen den Widerstand des Vaters. Er schrieb insgesamt über 250 Lieder, vier Sinfonien, Kammermusiken und viele Klavierwerke.

Füssener Totentanz

Programmmusik: Orchesterspuk und Totentanz

„Sagt ja, sagt nein, getanzt muess sein" ist das Motto eines der bedeutendsten Monumentaltotentänze Europas in der Füssener Annakapelle. Seit dem Mittelalter werden in der Literatur, der Kunst und Musik der Tod und der Tanz als Symbol für die Gratwanderung zwischen Lebenslust und Todesangst miteinander verbunden.

1 Beschreibt die Symbole auf dem abgebildeten Ausschnitt aus dem Füssener Totentanz. Recherchiert im Internet Geschichte und Bedeutung des Totentanzes.

Der Totentanz — Henri Cazalis (1840–1909)

Ring, ding, ding,
im Stechschritt naht der Sensenmann
und schlägt mit Hacken auf ein Grab.

Ring, ding, dong – um Mitternacht spielt
Vatter Tod
mit seiner Geige auf zum Tanz.

Der kalte Winterwind,
und düster ist die Nacht,
es wimmert aus den Linden.

Bleiche Gerippe tanzen Schatten,
laufen und hüpfen
unter weitem Leichentuch.

Ring, ding, ding,
ein jeder windet sich,
oh, hin und her,

es klappern die Knochen der Tänzer.
Aber pscht!, plötzlich verlässt jeder den Reigen,
jeder drängt, jeder flieht –

der Hahn hat gekräht …!

! WISSEN

Tritonus
Der Tri- (= drei) tonus (= Spannung) ist ein Intervall, das drei Ganztöne umfasst. In der Barockzeit stand der als unnatürlich empfundene Gang einer Stimme in einen Tritonus oft für das Übertreten einer Grenze sowie für Schmerzen. Da er schwer zu singen ist und dissonant klingt, wird er auch Teufelsintervall („diabolus in musica") genannt.

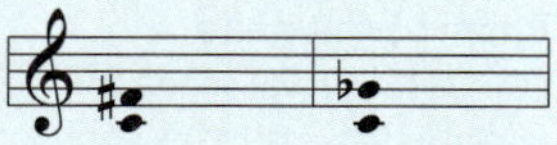

Eine Geige spielt zum Totentanz

Der Totentanz inspirierte viele Komponisten, so auch Camille Saint-Saëns, der die sinfonische Dichtung „Danse macabre" (1875) komponierte.

2 Hört euch den „Danse macabre" an und verfolgt dabei das Gedicht von Cazalis, welches Saint-Saëns zu seiner Komposition inspirierte. (E 6–8)

3 Um Mitternacht (zwölf „Glockenschläge" der Harfe) stimmt der Tod seine Geige für den dämonischen Tanz. Vergleicht die Stimmung der Saiten der Geige mit den im Notenbeispiel dargestellten Intervallen und überlegt, was Saint-Saëns damit wohl ausdrücken wollte. (E 6–8)

Danse macabre (Ausschnitt)

E 6–8 — C. Saint-Saëns

Im weiteren Verlauf kann man einen grotesk und schaurig wirkenden Walzer hören. Folgende Tonfolgen bestimmen dabei das Geschehen:

❶

❷

4 **a** Beschreibt die wesentlichen Gestaltungsmerkmale der beiden Melodien. Findet anschließend mithilfe der Hörbeispiele die Abfolge der Themen heraus und benennt, von welchen Instrumenten sie jeweils gespielt werden. (E 7, 8)
b Überlegt, was die groteske und schaurige Wirkung erzeugt.

Ein „Knochenklavier"

Saint-Saëns war der Erste, der ein Xylofon in der sinfonischen Musik einsetzte.

5 Haltet mithilfe des Hörbeispiels und einer Stoppuhr den Einsatz des Xylofons fest. Welche Textstelle wollte Saint-Saëns damit wohl darstellen? (E 6–8)

„Tonmalerei"

Komponisten von Programmmusik notieren oft nicht nur den Titel des Stückes, sondern geben durch die verwendete Quelle (z. B. Gedicht, Bild) weitere Hinweise zur Deutung der Musik. Eindeutige Zuweisung bestimmter Details zum Programm, das der jeweiligen Musik zugrunde liegt, sind aber selten.

Ausschnitt aus „Danse Macabre" (E 9)

C. Saint-Saëns

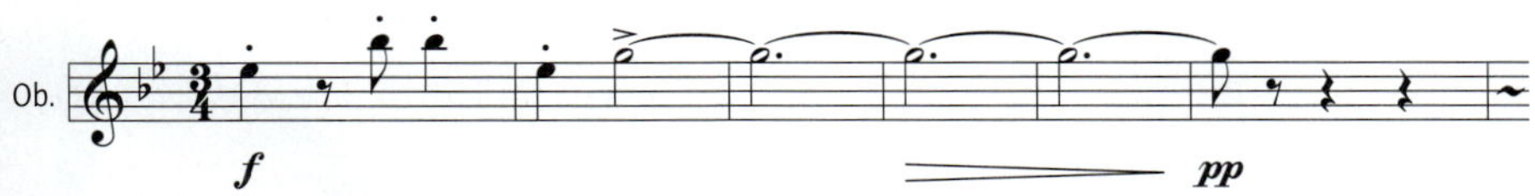

6 **a** Hört den obigen Ausschnitt und versucht mithilfe des Notenbeispiels eine Zuordnung zum Programm. (E 9)
b Informiert euch anhand der Infobox über die Möglichkeiten, Außermusikalisches in Musik umzusetzen. Überlegt anschließend, welche Möglichkeiten Saint-Saëns im Notenausschnitt verwendet.

7 Ihr hört Ausschnitte aus vier verschiedenen Werken. Versucht jeweils herauszufinden, welches Programm zugrunde liegt. Ordnet die Beispiele anschließend einer der drei genannten Grundmöglichkeiten (s. Infobox unten) zu. Begründet, warum die Zuordnung in einigen Fällen leichter, in anderen Fällen schwerer ist. (E 10–13)

8 Die Deutung von Musik hängt stark vom jeweiligen Hörer, seinen kulturellen Prägungen und Vorerfahrungen ab. Diskutiert, inwieweit Programmmusik in der Lage ist, dem Hörer ein Programm ohne Worte zu vermitteln. Ist eine eindeutige Interpretation überhaupt möglich?

INFO

Kompositorische Möglichkeiten der Programmmusik

- **Hörbares** (Natur- oder Kulturerscheinungen) mit musikalischen Mitteln nachbilden (z. B. Jagd durch Hornsignale, ein Kuckucksruf, Glockenklänge)
- **Sichtbares** durch Analogiebildung in klangliche Dimensionen übertragen (z. B. Beschleunigung einer Dampfeisenbahn, Sonnenuntergang)
- **Gefühle** und **Stimmungen**, aber auch die **Charakterisierung** von Personen oder Situationen in der Musik spiegeln (z. B. Schilderung eines alten Schlosses); dies geschieht u. a. durch bestimmte Intervalle, Intervallfolgen, Akkorde, Akkordfolgen, Pausen oder Rhythmen, denen ein spezieller Symbolwert zugeordnet wird.

WISSEN

Programmmusik und sinfonische Dichtung

Als Programmmusik bezeichnet man Instrumentalmusik, der ein Programm aus dem außermusikalischen Bereich (z. B. Dichtkunst, Malerei, Natur, Technik oder Geschichte) zugrunde liegt. Sie steht damit im Gegensatz zur Absoluten Musik. Programmmusik gab es bereits im Barock (z. B. Vivaldis „Vier Jahreszeiten"). Im 19. Jahrhundert wurde sie von Komponisten der Nationalen Schulen wieder aufgegriffen, weil sie ihnen die Möglichkeit bot, die Landschaft oder Geschichte des eigenen Volkes bzw. Landes zu vertonen (z. B. „Die Moldau" von F. Smetana). Da die Sinfonie strenge formale Regeln und somit ein zu enges Korsett für die Darstellung außermusikalischer Inhalte hatte, fanden die Komponisten mehr formale Freiheit in der meist einsätzig angelegten neuen Gattung der „Sinfonischen Dichtung".

Franz Liszt – ein musikalisches Universum

Ein reisender musikalischer Virtuose

Ein musikalischer Virtuose zeichnet sich durch die perfekte Beherrschung seines Instrumentes aus. Im 19. Jahrhundert galten neben Liszt vor allem Paganini und Chopin als Virtuosen. Sie beeindruckten das Publikum durch ihre scheinbar mühelose Bewältigung technisch anspruchsvollster Werke.

1 a Hört euch einen Ausschnitt aus einer Etüde von F. Liszt an. (E 14)
b Versucht, im langsamen Tempo die Figur des Notenbeispiels auf dem Tisch zu spielen. Beschreibt nun, warum dieses Stück besonders schwer zu spielen ist.

Etude Nr. 12 (aus: Etudes transcendental) F. Liszt

Werke (E 15–18)

123 Klavierwerke
77 Lieder
93 geistliche und weltliche Chorwerke
11 Orgelwerke
1 Oper
25 Orchesterwerke
7 Werke für Klavier und Orchester
335 Arrangements und Transkriptionen
31 weitere, z. T. unvollendete Werke
5 Melodramen

2 a Beurteilt anhand der Werkübersicht Liszts Schaffen.
b Ordnet die vier Hörbeispiele den Gattungsbegriffen in der Werkübersicht zu.

Der Pädagoge

Liszt unterrichtete etwa 40 Schüler aus ganz Europa, darunter auch bekannte Komponisten wie z. B. C. Saint-Saëns (Frankreich) oder I. Albeniz (Spanien). Ein Schüler berichtete über den Unterricht Folgendes:

»*Liszt forderte größte Plastik, Reinheit und Klarheit des Vortrages und verlangte, dass der Schüler auf den Tasten singe, d. h. so gesanglich wie möglich spiele. Neben dem Gesange verlangte der Meister Leidenschaft, Majestät und Erhabenheit im Vortrage. Je dämonischer gespielt wurde, umso zufriedener war er.*«

3 Überlegt, warum bedeutende Komponisten Liszt als Lehrer aufsuchten und was sie sich wohl von seinem Unterricht erhofften.

Eine einflussreiche Persönlichkeit

Liszt war nicht nur ein erfolgreicher Pianist, Komponist und Lehrer. Als Chefdirigent der Weimarer Hofkapelle führte er viele neue Werke auf. So dirigierte er z. B. die Uraufführung von R. Wagners Oper „Lohengrin". Darüber hinaus war er auch Kulturpolitiker, auf dessen Anregung 1861 der Allgemeine Deutsche Musikverein gegründet wurde. Dieser hatte das Ziel, Werke zeitgenössischer Künstler aufzuführen. Nicht zuletzt war er auch Mäzen und unterstützte die Gründung der Weimarer Orchesterschule, die heutige „Hochschule für Musik Franz Liszt".

4 Überlegt, welche Voraussetzungen Liszt mitgebracht haben muss, um in so vielen Bereichen tätig werden zu können.

Widersprüche: Lebenslust versus Askese und Mönchtum

Aus den Akten der Petersburger Polizei (1842):

» *Der Klavierklimperer Liszt, Eltern unbekannt, ungarischer Abstammung, gefährlicher Freidenker und Freund gottloser Persönlichkeiten, liederlicher Geselle, Säufer und Wüstling [...]* «

Liszt wurde 1865 zum Mönch geweiht und durfte sich fortan Abbé nennen. Er kleidete sich entsprechend und wohnte zeitweise in verschiedenen Klöstern. In einem Brief schrieb er:

» *Mein Hang zum Katholizismus rührt von meiner Kindheit her und ist ein bleibendes und mich beherrschendes Gefühl geworden.* «

5 Interpretiert die gegensätzlichen Einschätzungen von Liszts Persönlichkeit. Tauscht euch über mögliche Gründe aus.

Lebensstationen eines europäischen Künstlers

1811 Geburt in Raiding (Ungarn)

1823 Umzug nach Paris

1848 Umzug nach Weimar

1862 Umzug nach Rom (bis 1868)

1869–1886 Leben zwischen Rom, Budapest und Weimar

1886 Tod in Bayreuth

6 Findet mithilfe von Informationen im Internet heraus,

- welche Künstler Liszt in Paris kennenlernte
- wohin ihn seine erste Konzertreise führte
- welche Oper von R. Wagner er uraufführte
- wann er Ehrenbürger von Weimar wurde
- wo sein Grab zu finden ist

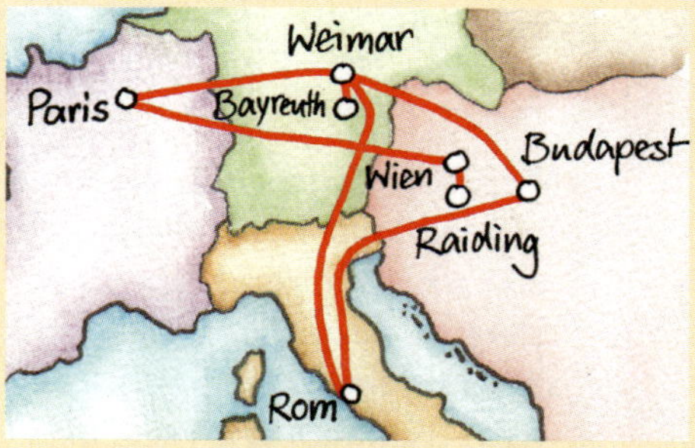

Liszt in Berichten von Zeitzeugen

» *Wie ein elektrischer Schlag fuhr es durch den Saal, als Liszt hereintrat; [...] Wie Liszt da vor dem Pianoforte saß, wirkte seine Persönlichkeit, dieser Ausdruck starker Leidenschaften in dem bleichen Gesicht, auf mich dämonisch. Er schien an das Instrument genagelt, aus dem die Töne strömten, sie kamen aus seinem Blut, aus seinen Gedanken; er war ein Dämon, der seine Seele freispielen musste.* « (Hans-Christian Andersen)

» *... hatte der neunjährige Virtuose Franz Liszt die Ehre, sich vor einer zahlreichen Versammlung des hiesigen hohen Adels [...] auf dem Clavier zu produciren. Die außerordentliche Fertigkeit dieses Künstlers, so wie auch dessen schneller Überblick im Lösen der schwersten Stücke [...] erregte allgemeine Bewunderung und berechtigt zu herrlichsten Erwartungen.* « (Städtische Preßburger Zeitung 1820)

» *Franz Liszts Kompositionen verraten mehr poetische Absichten als echte schöpferische Kraft, mehr Farbe als Form, mehr äußeren Glanz als inneren Gehalt, ganz im Gegensatz zu Robert Schumann.* « (P. I. Tschaikowski)

» *Diese Kraft, ein Publikum sich zu unterjochen, es zu heben, tragen und fallen zu lassen, mag wohl bei keinem Künstler, Paganini ausgenommen, in so hohem Grad anzutreffen sein. [...] Es ist nicht mehr Klavierspiel, sondern Aussprache eines kühnen Charakters ...* « (Robert Schumann)

Virtuos!
Das Klavierkonzert im 19. Jahrhundert

Musikgeschichtlich war das 19. Jahrhundert auch das Zeitalter der Virtuosen. Das Publikum war fasziniert von der atemberaubenden Magie, die z. B. in Paganinis Geigenspiel und Chopins Fingerfertigkeit am Klavier lag.

1 **Gruppenarbeit:** Bildet drei Expertengruppen und beschäftigt euch mit jeweils einer der folgenden Aufgabenstellungen. Bildet dann Dreiergruppen mit je einem Experten **A**, **B** und **C** zu einer der drei Aufgabenstellungen und tauscht euch aus.

A Informiert euch in Kap. 6, S. 74/75 noch einmal über die Entwicklung des Instrumentalkonzertes, insbesondere über das Virtuosenkonzert. Recherchiert zusätzlich im Internet.

B *»Die Karriere des Virtuosen Liszt wurde durch die technischen Entwicklungen im Klavierbau erst möglich.«*

Belegt diese Aussage mithilfe der beiden Videoausschnitte zur Geschichte des Klavierbaus.

C Stellt einen Bezug zwischen den Zitaten (Post-its®) und der Karikatur auf der einen und dem Phänomen des Virtuosentums auf der anderen Seite her. Wie wurde und wird Franz Liszt als Virtuose wahrgenommen?

»Für den Pianisten ist Liszt ein Prüfstein. Seine Musik erweckt nicht nur alle Möglichkeiten, die in seinem Instrument schlummern, sondern demonstriert drastisch, wozu es eigentlich da ist, nämlich in allem Technischen der Musik untergeordnet zu sein.«
A. Brendel, Konzertpianist

»Mein Klavier ist für mich, was dem Seemann seine Fregatte, dem Araber sein Pferd … [es] ist ja bis jetzt mein Ich, meine Sprache, meine Wünsche, Träume, Freuden und Leiden.«
F. Liszt

»Die „Triumphzüge der Claviervirtuosen […] sind charakteristisch für unsere Zeit“, da sie „von dem Sieg des Maschinenwesens über den Geist“ zeugen. „Die technische Fertigkeit, die Präcision eines Automaten […] die tönende Instrumentwerdung des Menschen.«
H. Heine

Franz Liszt: Klavierkonzert Nr. 1 (Es-Dur)

Das 1855 uraufgeführte Klavierkonzert Nr. 1 hat vier Sätze, die ineinander übergehen. Nur vor dem 4. Satz gibt es eine kurze Zäsur. Zeitgenossen haben dem Hauptthema den Text unterlegt: „Das versteht ihr alle nicht! Haha!“. Liszt hatte diesen angeblich verbreitet, um Kritikern gleich den Wind aus den Segeln zu nehmen.

2 **a** Singt das Motiv des Hauptthemas (1. Satz) und untersucht die verwendeten Intervalle.
b Beschreibt die Wirkung des kurzen Motivs mithilfe des Hörbeispiels. (E 19)

3 Belegt an den abgebildeten Themenköpfen des 2., 3. und 4. Satzes die These, dass das ganze Konzert aus dieser Keimzelle geschaffen worden sei. (E 19–22)

1. Satz

2. Satz

3. Satz

4. Satz

Neue Wege

Im Virtuosenkonzert war das Orchester weitgehend „nur“ Begleiter und thematischer „Stichwortgeber“, damit der Solist anschließend wieder brillieren konnte.

4 Beschreibt anhand des Hörbeispiels, wann Klavier und Orchester Melodieführer, Stichwortgeber oder Begleiter sind und an welchen Stellen Dialoge stattfinden. E 23

5 Erläutert mithilfe der Gedichtstrophe rechts und mithilfe eurer gesammelten Informationen zum Instrumentalkonzert, inwiefern man beim Klavierkonzert Nr. 1 von F. Liszt von einer „Erneuerung der Form“ sprechen kann. Denkt dabei an Formgestaltung, thematische Arbeit und das Verhältnis zwischen Klavier und Orchester.

6 Beobachtet den Pianisten Lang Lang im Video und benennt, welche Mittel er über das virtuose Klavierspiel hinaus einsetzt, um dem Publikum den Gehalt des Stückes zu vermitteln. Vergleicht euren Eindruck mit den Karikaturen links.

Alles ringt, von ihm belebet, nach lebendiger Gestaltung, dass das Neue sich erhebet, Liszt ist Sporn zur Thatentfaltung. […]

(Auszug aus einem Gedicht von P. Cornelius, Schüler von Liszt)

Die romantische Orchesterpartitur

Franz Liszt verwendet im Vergleich zu anderen Romantikern kein außergewöhnlich großes Orchester, setzt aber dennoch alle Instrumentengruppen ein, um ein großes Spektrum an Klangfarben zur Verfügung zu haben.

7 **a** Informiert euch noch einmal über den Aufbau einer Partitur (S. 8/9).
b Orientiert euch in der Partitur auf der nächsten Seite. Die Multimediaprogrammierung hilft euch dabei.

! WISSEN

Besonderheiten einer Partitur

Eine **Akkolade** ist eine eckige Klammer, die in der Partitur die Instrumente einer Gruppe (z. B. die Holzbläser) zusammenfasst.

Manche Instrumente werden im **Alt-** bzw. **Tenorschlüssel** notiert, um viele Hilfslinien zu vermeiden. Die Mitte des Schlüssels zeigt die Position des *c'* an. Liegt die Mitte des Schlüssels auf der 3. Linie, handelt es sich um einen Altschlüssel, liegt er auf der 4. Linie, ist es der Tenorschlüssel. Im Altschlüssel stehen meist die Bratschen, im Tenorschlüssel manchmal die Posaunen.

Altschlüssel
(*c'* auf der 3. Linie)

Tenorschlüssel
(*c'* auf der 4. Linie)

Die **geschweifte Klammer** fasst mehrere gleiche Instrumente zusammen, z. B. die 1. und 2. Geigen. Man findet sie aber auch bei Klavier oder Harfe.

Transponierende Instrumente spielen in einer anderen Lage, als sie notiert sind. Manche Instrumente transponieren um eine Oktave nach unten (Kontrabass), manche Instrumente um ein bestimmtes Intervall.
So klingt bei Klarinetten in B z. B. ein *b'*, wenn diese ein *c''* lesen und spielen.

klingt bei Klarinette in B:

8 **a** Findet in der Partitur auf S. 132 Beispiele für die oben skizzierten Besonderheiten.
b Untersucht die Partiturseite und beantwortet die Fragen auf den Post-its®.

Welche Instrumente spielen das Hauptthema bzw. die Begleitung?

In welchen Stimmen erklingt der höchste, in welchen der tiefste Ton und wie heißen diese Töne?

9 Hört euch den letzten Satz aus Liszts Klavierkonzert noch einmal an und benennt die Instrumente, die neben dem Klavier den Klang des Satzes prägen. E 23

Klavierkonzert Nr. 1, 4. Satz

E 23

F. Liszt

Musik – eine Frage der Nationalität

Ab dem 19. Jahrhundert schritt die Industrialisierung in Europa rasant voran. Sie wurde von vielen als existenzielle Bedrohung wahrgenommen. Zeitgleich wuchs in vielen europäischen Ländern ein Nationalbewusstsein, das auch in der Musik seinen Ausdruck durch die sogenannten „Nationalen Schulen" fand. In einem Brief nannte Modest Mussorgski „die Sprache des Volkes" als Quelle der Inspiration für Musiker. Aus Angst, diesen „Reichtum" durch die Industrialisierung zu verlieren und um die eigene nationale Identität zu bewahren, entstanden umfangreiche Sammlungen von Märchen, Liedern, Sagen und Brauchtum.

1 **a** Tauscht euch darüber aus, wie viele Märchen und Sagen eurer Heimat ihr kennt und wie viele Volkslieder ihr singen könnt.
b Überlegt, ob Nationale Schulen heute noch möglich bzw. sinnvoll sind.

2 Erläutert, welche Elemente H. Dahl verwendet, um seine Heimat Norwegen im Gemälde darzustellen. Inwiefern zeigen sich hier auch Elemente einer Nationalen Schule?

Hans Dahl: Sommertag an einem norwegischen Fjord

Musik der Fjorde

Der berühmte Geiger Ole Bull unternahm mit dem Komponisten Edward Grieg im Sommer 1864 weite Wanderungen durch Westnorwegen und öffnete ihm die Augen für die Ursprünglichkeit der norwegischen Musik:

» *Bilde dir deine eigene Sprache. Du hast sie in dir. Schreibe Musik, die deine Heimat ehrt, schaffe eine echt norwegische Atmosphäre. Du wirst berühmt, wenn du das tust …* «

3 **a** Klatscht den Rhythmus des „Halling", eines virtuosen norwegischen Springtanzes. Betont den Akzent auf dem letzten Achtel besonders stark.
b Musiziert den „Halling" mit verschiedenen Instrumenten.

INFO

Kick den Hut: Der Halling ist ein virtuoser, oft von Männern solistisch aufgeführter Springtanz. Diese wollen dabei Stärke und Geschmeidigkeit beweisen. Der „Kast" ist eine virtuose Soloeinlage, bei der der Tänzer mit dem Fuß einen Hut treffen soll, der von einem Mädchen auf einer Stange hoch gehalten wird.

Halling E 24

Musik: überliefert aus Norwegen

Bordunbegleitung (Cello, Klavier, Stabspiele)

Rhythmusinstrumente

> **INFO**
>
> **Griegformel**
>
> Unter der Griegformel versteht man fallende Intervallfolgen aus Sekunden und Terzen.
>
> 

Ein Halling für Klavier

In den Tanzsätzen Edward Griegs spürt man den Einfluss norwegischer Volksmusik. Charakteristisch sind u. a. Vorschlagsnoten, Dissonanzen (v. a. gleichzeitig angeschlagene Sekunden), extreme Lautstärken, Bordunklänge (tiefe Begleit- oder Haltetöne im Quintabstand), Akzente auf unbetonten Zählzeiten und häufig wiederholte melodische Floskeln („Griegformel").

1 Hört euch den „Halling", einen norwegischen Volkstanz, aus Griegs „Lyrische Stücke" an. Zeigt mithilfe des Notenausschnitts, wo die oben genannten charakteristischen Merkmale auftauchen. E 25

Halling (aus: Lyrische Stücke)

E 25

E. Grieg

Für die Begleitung des Halling wurde oft eine Hardangerfiedel verwendet. Diese „Bauernfiedel", wie Grieg sie selbst nannte, ist oft kunstvoll verziert und unterscheidet sich von der Violine durch mitschwingende Resonanzsaiten, die unter dem Griffbrett angebracht sind. Grieg sagte über den Kompositionsprozess Folgendes:

Hardangerfiedel

» *Meine Aufgabe bei der Übertragung für das Pianoforte war ein Versuch, durch eine stilisierte Harmonik diese Volkstöne auf ein künstlerisches Niveau zu erheben. [...] Das Klavier [musste] auf viele der kleinen Verzierungen verzichten. Dafür hat das Klavier aber den großen Vorteil, durch dynamische und rhythmische Mannigfaltigkeiten sowie durch neue Harmonisierung, eine zu große Einförmigkeit zu vermeiden.* «

2 Hört einen volkstümlichen Halling und vergleicht ihn mit Griegs stilisierter Klavierkomposition. Wie bewertet ihr die Wirkung vom Original bzw. der Bearbeitung Griegs? Bezieht in eure Überlegungen auch das Zitat Griegs mit ein. E 26

> **! WISSEN**
>
> **Nationale Schulen**
>
> In der Folge der Französischen Revolution (1789) wurden zu Beginn des 19. Jahrhunderts in Europa zunächst wieder die alten Ordnungen etabliert (Restauration). Dennoch war das Nationalbewusstsein, das die Französische Revolution ausgestrahlt hatte, nicht mehr aufzuhalten und so kam es in Ländern mit starker kultureller Beeinflussung durch das Ausland zur Entwicklung „Nationaler Schulen". Diese wollten eine jeweils eigenständige musikalische (National-) Sprache entwickeln. Dabei orientierten sich die Komponisten an Volksliedern, Volkstänzen und Skalen, die vom Dur-Moll-Schema abweichen wie z. B. modale, pentatonische oder ganztönige Tonleitern. Daneben gibt es auch unregelmäßige Taktarten (z. B. Fünfertakte) in Kompositionen.

Nationale Schulen

Nationale Schulen entstanden in Ländern, in denen Menschen unter fremder Herrschaft lebten oder aber das Kulturleben von ausländischen Vorbildern geprägt war. Das konnte sich dadurch äußern, dass man in vornehmen Kreisen oft französisch sprach oder die Architektur der Paläste italienische Einflüsse erkennen ließ. Nationale Schulen entstanden in Norwegen, Russland, Böhmen und Spanien.

3 Notiert wesentliche musikalische Merkmale russischer und spanischer Volksmusik mithilfe der Hörbeispiele und der Begriffe in der Box rechts. E 27, 28

ruhig fließende Melodie
Verwendung von Palmas (Flamencorhythmen)
Akkordeon
Taktwechsel (Zwiefacher)
Gitarre
tänzerisch

Die Komponisten der Nationalen Schulen fühlten sich ihrer Heimat in besonderer Weise verbunden und griffen sehr unterschiedlich auf die jeweiligen musikalischen Traditionen (v. a. Lieder und Tänze) zurück.

4 **a** Notiert musikalische Besonderheiten der drei Ausschnitte, die aus der russischen, böhmischen und spanischen Schule stammen. E 29–31

b Versucht beim zweiten Anhören herauszufinden, welche volksmusikalische Quelle als Inspiration diente.

c Ordnet die Hörbeispiele mithilfe der nachfolgenden Erläuterungen den Ländern Russland, Böhmen und Spanien zu:

INFO

Böhmen
war ursprünglich ein eigenständiges königliches Staatsgebiet. Heute gehört es zum Staatsgebiet der Tschechischen Republik.

Spanische Schule
Viele spanische Komponisten verbanden im 19. Jahrhundert Volksmusik mit Kunstmusik. Deswegen kam es zu einer bis ins 20. Jahrhundert anhaltenden Blütezeit für die Gitarre, insbesondere bei J. Rodrigo (1901–1999). Flamenco-Rhythmen (Palmas) und die andalusische Kadenz (z. B. Am, G, F, E) kommen ebenfalls häufig vor. Hauptvertreter dieser Richtung sind I. Albeniz (1860–1909) und M. de Falla (1876–1946).

Russische Schule
Im russischen Zarenreich lebten Adel und bürgerliche Oberschicht nach westlichem, meist französischem Vorbild. Dem gegenüber standen Komponisten, die ihre Inspirationsquellen oft im Leben der einfachen Leute, in der russischen Folklore oder in orthodoxen Kirchengesängen suchten. Hauptvertreter sind M. Mussorgski (1839–1881), N. Rimski-Korsakow (1844–1908) und A. Borodin (1834–1887).

Böhmische Schule
Neben A. Dvořák (1841–1904) spielt in der Böhmischen Schule vor allem auch F. Smetana (1824–1884) eine wesentliche Rolle. Seine Oper „Die verkaufte Braut" wurde nach anfänglichem Misserfolg zum tschechischen „Nationalheiligtum" erklärt. Die Komponisten ließen sich u. a. von der typisch böhmischen Volksmusik mit ihren raschen Tempi, Taktartwechseln und scharfen Akzenten inspirieren.

[Das habt ihr gelernt]

+ den Begriff Romantik in seiner Vielgestaltigkeit zu verstehen
+ Grundlegendes über das Konzertleben im 19. Jahrhundert
+ welche Rolle Traum und Fantasie in der Romantik spielen
+ das Zusammenwirken von Text, Klavier und Stimme im Sololied
+ Grundzüge der sinfonischen Dichtung und Nationaler Schulen
+ Franz Liszt als eine wichtige Künstlerpersönlichkeit der Romantik
+ etwas zum Virtuosenkonzert
+ eine romantische Orchesterpartitur zu lesen und in Grundzügen zu verstehen

Epochenvisitenkarte Romantik (ca. 1820 – ca. 1910)

Musik

Die musikalische Romantik hatte ihre Zentren zunächst in Berlin, Leipzig und Dresden. Innerhalb dieser Epoche wurden die musikalischen Formen der vorangegangenen Jahrhunderte weiterentwickelt. In der **Oper** hielten thematisch Märchen und Sagen Einzug. In den **Solokonzerten** spielte das Virtuosentum eine entscheidende Rolle. Im **Kunstlied** wurden Text und Musik ineinander verwoben. Ebenso entstanden neue Gattungen, wie z. B. das **Charakterstück** (lyrische Klaviermusik, um bestimmte Stimmungen auszudrücken) und die **sinfonische Dichtung**. Die musikalische Romantik ging zunächst von Deutschland aus, führte aber später zur Bildung **Nationaler Schulen.** In diesen griffen Komponisten auf regionalspezifische Volksmusik Europas zurück.

Literatur und Gedankenwelt

Die literarische Romantik wandte sich von der Antike und von klassischen Vorbildern ab und stellte die eigene Kultur, insbesondere die Sagen und Mythen des Mittelalters in den Vordergrund. Die Brüder Grimm sammelten auf ihren Reisen viele bis dahin nur mündlich überlieferte Märchen und schrieben sie auf.
All dies waren Reaktionen auf die zunehmende Industrialisierung, die damit einhergehende Verstädterung und den gefühlten Verlust von Geborgenheit. Folgende Grundthemen (Topoi) kehren in der Romantik daher immer wieder:

- Leidenschaft
- individuelles Erleben
- Gefühl
- die leidende Seele
- Sehnsucht
- Geheimnis

Die Brüder Grimm hören auf der Durchreise ein Märchen

Komponisten im Fokus:

F. Liszt
1811–1886

Wohnorte
geb. in Raiding/Ungarn; Paris, Weimar, Budapest, Rom

Beruf
Freischaffender Pianist und Komponist, Pädagoge, Theaterleiter

Wichtige Werke
zwei Klavierkonzerte, zwölf sinfonische Dichtungen, viele Werke für Klavier, Chor, Orgel

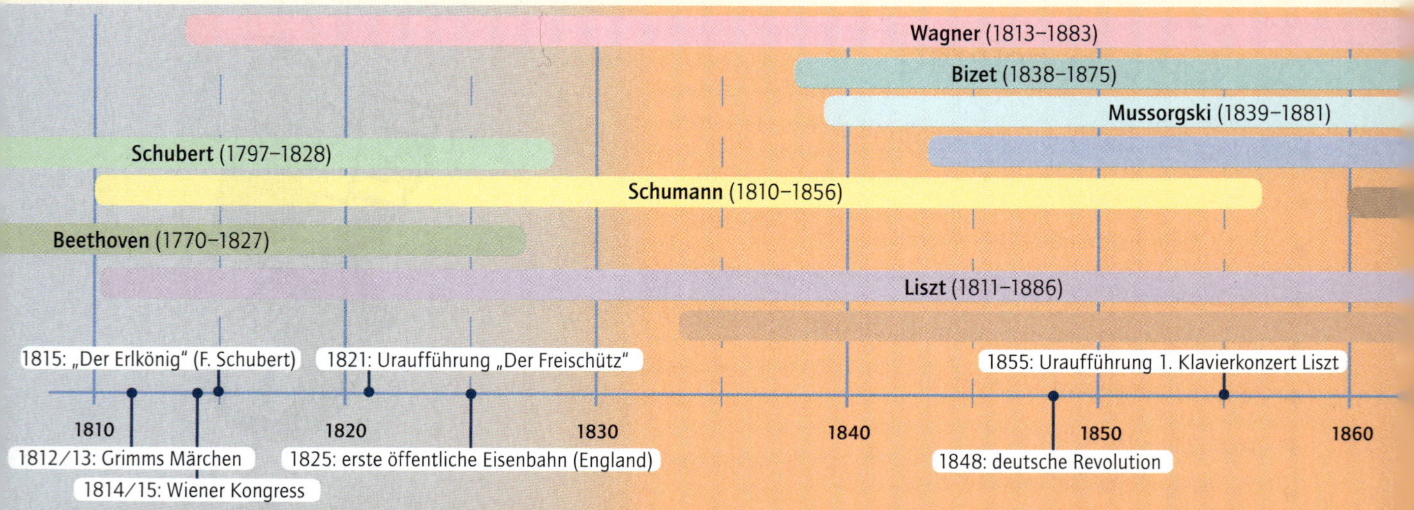

Bildende Kunst und Architektur

In der Malerei der Romantik erkennt man die Vorlieben für Naturdarstellungen und Porträts, starke Licht- und Schattenkontraste, den Vorrang der Farbe vor der Linie, den Ausdruck von Gefühlen, Empfindungen und Stimmungen. Wichtige Künstler: Caspar David Friedrich, John Constable, Eugène Delacroix.
In der Baukunst wurden während der Romantik historische Formen wieder aufgenommen. So entstanden Neuromanik, Neugotik, Neurenaissance und Neobarock. Im Mittelalter begonnene Kirchen und Dome wurden nun fertiggebaut, so z. B. das Ulmer Münster und der Kölner Dom.

R. Schumann
1810–1856

Wohnorte
geb. in Zwickau; Leipzig, Heidelberg, Dresden, Düsseldorf

Beruf
Freischaffender Pianist und Komponist, Musikschriftsteller, städtischer Musikdirektor

Wichtige Werke
Viele Lieder und -zyklen, vier Sinfonien, Werke für Klavier und Klavierkammermusik

R. Wagner
1813–1883

Wohnorte
geb. in Dresden; Zürich, Paris, Bayreuth, Venedig

Beruf
Freischaffender Komponist und Dirigent, Festivalintendant

Wichtige Werke
13 Opern, darunter „Der Fliegende Holländer" und „Tristan und Isolde"

Im Überblick

- Rückwendung zum Mittelalter
- Sagen und Märchen als künstlerische Vorlage
- Industrialisierung ↔ Hinwendung zur Natur
- Individualisierung und Rückzug ins Private
- Musik: Weiterentwicklung von Oper und Konzert, Poetisierung der Musik im Lied, Charakterstück und in der sinfonischen Dichtung
- Musiker: Schubert, Schumann, Wagner, Liszt, Brahms, Dvořak, Smetana, Grieg, Bizet, Verdi, Saint-Saëns

Schloss Neuschwanstein

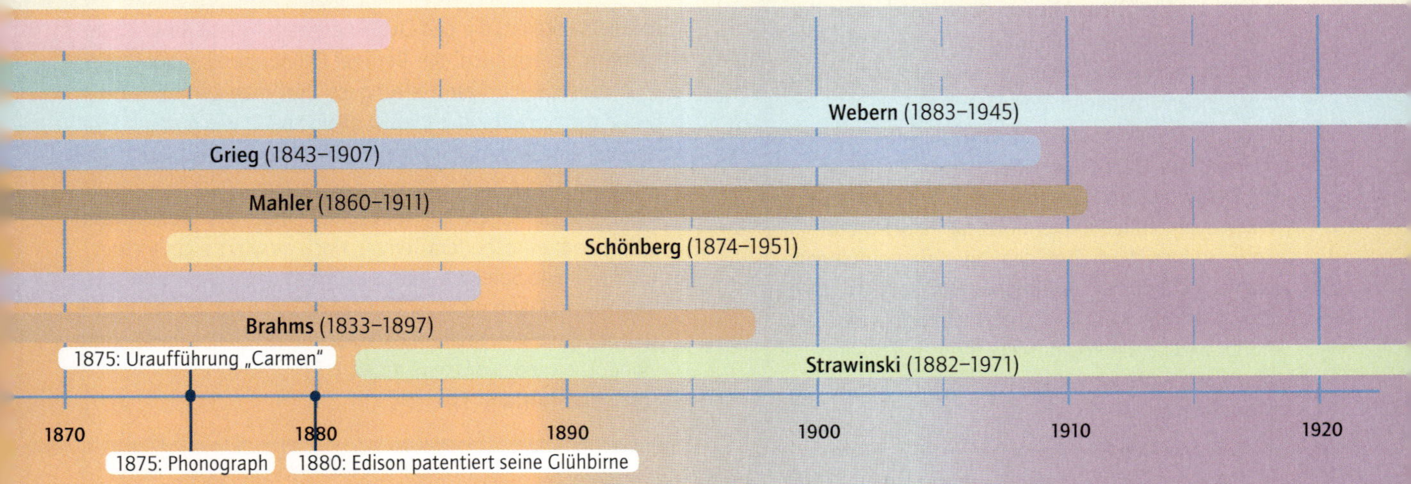

[Workshop] Über Musik schreiben

In diesem Workshop lernt ihr, mithilfe welcher Textgattungen man auf welche Art und Weise über Musik schreiben und dabei unterschiedliche Leserkreise ansprechen kann.

Musik unter der Lupe 2: Musik (be-)schreiben

Texte über Musik können sehr unterschiedlich gestaltet sein und Musik aus sehr unterschiedlichen Blickwinkeln beleuchten und beschreiben.

Schritt 1: Textgattungen kennen lernen

Gruppenarbeit: Macht euch mit den Merkmalen verschiedener Textgattungen mithilfe der Infobox vertraut. Teilt dann die unten abgedruckten Texte untereinander auf und lest euren jeweiligen Text mehrmals durch. Notiert Wörter und sprachliche Mittel, mit denen dort über Musik geschrieben wird und entscheidet dann, zu welcher Textgattung der jeweilige Text gehört.

Schritt 2: Textgattungen vergleichen

Stellt euch gegenseitig euren Text vor. Geht dabei u. a. auf die jeweiligen sprachlichen Besonderheiten, auf die Art und Weise, wie Musik in Worte gefasst wird und auf die Funktion des jeweiligen Textes ein. Begründet eure Zuordnung.

INFO

Textgattungen

1. In einer **Kritik** wird die Leistung eines Musikers in einem Konzert oder einer Aufnahme beschrieben und bewertet.
2. Bei einem **Artikel** wird ein musikbezogenes Thema (z. B. Biographien, Trends) behandelt.
3. Bei einer **Analyse** wird ein Musikstück beschreibend in seine Einzelteile zerlegt. Oft wird dabei sehr detailliert auf musikalische Parameter eingegangen.

A Bei dem Bild, das wir uns von den großen Popkünstlern machen, spielt das Verhältnis zwischen Können und Charakter keine Rolle. Als in den 1960er-Jahren an den Londoner Häuserwänden geschrieben stand, dass Eric Clapton Gott ist, da wies der englische Gitarrist solche Bewunderung, für die sich mancher die Hand abgehackt hätte, zurück: „Dass Musiker heute einflussreicher als Politiker sein können, ist grotesk. Man braucht zum Musikmachen weder besondere Intelligenz noch eine vorbildliche Moral."
Ray Charles war es auch nicht recht, dass man so über ihn sprach, und was er dagegen sagte, ist frei von Koketterie: „Ich bin ein Gebrauchsmusiker. Deswegen bin ich immer noch da." Über Moral verlor er kein Wort. Trotzdem oder eher deswegen war er nicht nur die einflussreichste, sondern auch die geachtetste und bis zuletzt würdigste Erscheinung, welche die Popmusik in ihrer fünfzigjährigen Geschichte hervorgebracht hat.
(Edo Reents)

B Bei der vorliegenden Invention handelt es sich um ein polyfones Klavierstück in C-Dur aus der Barockzeit, welches die Verarbeitung eines musikalischen Gedankens, des Motivs in Takt 1, zeigt. Dieses Motiv ist das einzige musikalische Material, welches lediglich vom Kontrapunkt ergänzt wird. Das Motiv ist auftaktig angelegt, da es eine Sechzehntel nach der Eins beginnt und auf einer vollen Zählzeit, der Drei, endet. Es beginnt mit dem Grundton und läuft tonleiterartig bis zur Quarte aufwärts und bewegt sich anschließend in zwei Terzwechseln zum Grundton zurück, um mit einem Sprung aufwärts auf der Quinte zu enden. (...)

C Im Musizieren gedanklich über die Möglichkeiten und Grenzen des eigenen Instruments hinauszudenken: Dies ist die Fähigkeit, die Leif Ove Andsnes für diese Saison zum „pianist in residence" der Berliner Philharmoniker qualifizierte. Wie konsequent diese Haltung ist, hört man gerade dann, wenn der norwegische Pianist allein spielt, wie nun am Montag bei einem Soloklavierabend im Kammermusiksaal. Dabei ergibt sich im ersten Satz von Beethovens Waldstein-Sonate vieles aus der Eigenlogik funkelnder Fingerfertigkeit. Andsnes spielt zwar in rasendem Tempo, doch es wirkt nicht virtuos, eher wie eine Spieluhr. Andsnes öffnet den Ton hier nie, lässt den Klavierklang nicht zu sich selbst kommen, für ihn ist der ganze Satz ein permanentes Vorschnellen in das entspannte Rondothema des dritten Satzes. (...)
(Matthias Nöther)

Schritt 3: Formelemente der Textgattungen herausarbeiten

- Notiert gemeinsam die wesentlichen Prinzipien der drei Texte in Stichpunkten. Berücksichtigt dabei unter anderem Aufbau, Inhalt, Stilistik und Länge der Texte. Fasst die Stichpunkte so zusammen, dass ein „Fahrplan" mit den wichtigsten Aspekten zur Erstellung der jeweiligen Texte entsteht.

Schritt 4: Eigene Texte schreiben

- **Partnerarbeit:** Hört euch gemeinsam ein Musikstück an und schreibt anschließend einen eigenen Text. Geht dabei folgendermaßen vor:

Hört das Beispiel mehrmals an.

Tauscht euch über eure Höreindrücke aus. Anregungen dazu findet ihr im Workshop „Musik hören" (s. S. 78).

Entscheidet euch für eine Textgattung und vergegenwärtigt euch noch einmal die zentralen Kriterien anhand eurer Aufzeichnungen aus Schritt 3. Denkt dabei auch an den Adressatenkreis, den ihr mit eurem Text erreichen wollt.

Macht euch Stichpunkte zu den einzelnen Kriterien, die für die Textgattung wichtig sind. Hört das Hörbeispiel noch einmal an und ergänzt weitere Punkte, die ihr für dieses Musikstück und für den Adressatenkreis für wichtig haltet.

Verfasst nun den Text mithilfe eurer Stichpunkte. Lest euren Text dann noch einmal und hört dazu das Hörbeispiel. Ihr solltet den Eindruck haben, dass das, was ihr hört, dem entspricht, was ihr notiert habt. Fügt gegebenenfalls Ergänzungen oder Korrekturen hinzu.

Versetzt euch nun in die Lage der Leserschaft und versucht, die Musik nur „durch den Text" zu hören. Nehmt dann letzte Korrekturen vor.

Stellt eurer Klasse anschließend euren Text vor.

Schritt 5: Wahrnehmung schärfen

- Tauscht euch darüber aus, wie sich eure jeweilige Wahrnehmung der Musik durch das Schreiben der Texte verändert hat. Hat sich eure Wahrnehmung nochmals verändert, als ihr die anderen Texte gehört habt?

[Kapitel 11]

Jazz

»Pfh, die Frau, die kenne ich. Die hat immer mit einer Schar Vögel in der Lenox Avenue gewohnt. Ihren Mann kenne ich auch. Der ist einer Achtzehnjährigen verfallen, mit so einer tiefen und schaurigen Liebe, die ihn dermaßen traurig und glücklich gemacht hat, dass er sie erschoss, nur damit das Gefühl anhielt.«

(aus: „Jazz" von T. Morrison)

Der Literaturkritiker Dieter Wunderlich beschreibt den Beginn des Romans „Jazz" der Nobelpreisträgerin Toni Morrison:

> »Es ist wie eine Exposition in der Musik: Wir kennen jetzt das Thema. Und wie beim Jazz ist alles Folgende eine Bearbeitung des mehrmals wiederholten Themas. Zunächst nur angedeutete Einzelheiten werden nach und nach ausführlicher beschrieben, Nuancen und Details hinzugefügt; andere Stimmen nehmen das Thema immer wieder auf, umspielen und variieren es, indem sie aus ihrer Perspektive schildern, was geschehen ist.«

Die Gleichzeitigkeit von Trauer und Glück – beide werden in der Einleitung aufgegriffen – spielen im Blues und Jazz eine zentrale Rolle.

Auf die Frage, warum sie dem Roman den Titel „Jazz" gegeben hat, antwortet die Autorin Toni Morrison:

> »Ich möchte als Autorin wie ein guter Jazzmusiker sein. Musik machen, die Leute beeindruckt, die wirklich etwas von Musik verstehen; und alle, die Musik als reine Unterhaltung sehen, können dazu tanzen.«

Stimme und Ohren

Rat-Scat

E 33, 34

Text u. Musik: M. Detterbeck, G. Schmidt-Oberländer

Führt den „Rat-Scat" in drei Gruppen aus. Imitiert dabei die instrumententypischen Sounds (Artikulation und Phrasierung, Falls, Smears, Shakes, Ghost-Notes ...).

[Tipp] Der Scat kann auch als Kanon ausgeführt werden.

Rhythmus und Zusammenspiel

Der Guschtav

E 35

Text u. Musik: J. Fischer-Hasse

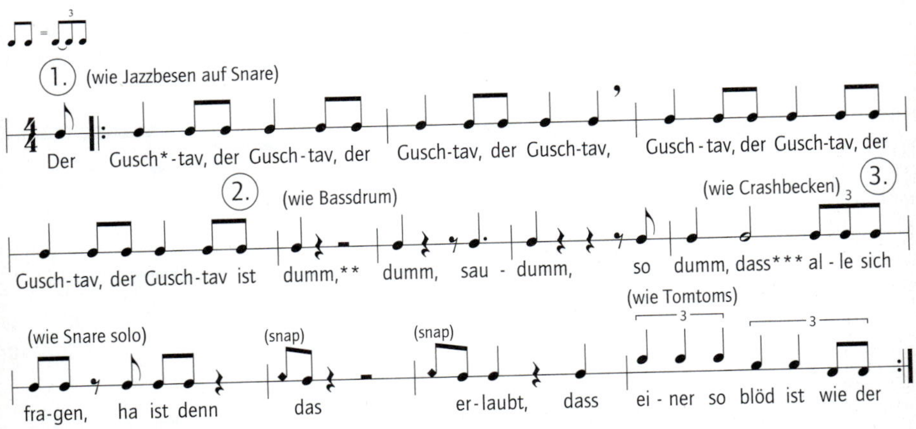

*Gusch-tav: sofort auf den Zischlaut gehen
** dumm: das u fast nicht sprechen, klangvolles mm
*** dass: sofort auf den Zischlaut gehen

Im Kanon werden die Instrumente des Schlagzeugs imitiert. Nutzt eure Vocussion-Kenntnisse, um die verschiedenen Sounds gut hörbar zu machen.

[Tipp] Die Snaredrum auf einer mittleren Tonhöhe sprechen, die Tomtoms auf unterschiedlichen Tonhöhen (von oben nach unten) sprechen.

Arbeiter auf einem Baumwollfeld in den Südstaaten

» *Die sind einfach da raus und sangen bei der Arbeit. Songs zum Pflügen, Songs um Maultiere anzutreiben. Diese Lieder erfanden die einfach so nebenbei. Die machten Geräusche und Musik, wie es ihnen gerade passte.* «
H. Wolf, Musiker

! WISSEN

Black Music
Im Zuge der Eroberung der „Neuen Welt" (amerikanischer Kontinent) entstand der so genannte Dreieckshandel, durch den Waren (Rum, Baumwolle, Waffen, Schnaps) und Sklaven zwischen Europa, Afrika und Amerika verschifft wurden. Etwa 24 Millionen Afrikaner wurden in diesem Zusammenhang versklavt, davon ca. 10% in die USA verschleppt. Die Sklaven brachten ihre Religion und Kultur und somit auch ihre Musik mit, die sich im Laufe der Zeit mit europäischen Einflüssen vermischte. Dies bildete die Grundlage für den Jazz.

Wurzeln des Jazz 1: Spurensuche in Afrika

Auch wenn der Jazz in den USA entstanden ist, hat er seine Wurzeln in Afrika und Europa. Die nach Amerika verschleppten Sklaven brachten ihr kulturelles Erbe mit in ihre neue Heimat und kamen dort mit der europäischen Musik in Berührung. Durch dieses Zusammentreffen entstand der Jazz.

Laute Rufe und Arbeit im Kollektiv: Field-Hollers und Worksongs

Die Sklaven versuchten, sich die schwere Arbeit durch Gesang erträglicher zu machen. Während sie sich mit gesangsähnlichen Ausrufen, sogenannten „Field-Hollers", untereinander verständigten, dienten „Worksongs" dazu, den anstrengenden Arbeitsalltag aufzulockern oder auch den Arbeitsablauf innerhalb der Gruppe zu koordinieren. Auf den Plantagen wurde z. B. Baumwolle mit den bloßen Händen gezupft und in lange Säcke gestopft. Auf diese mühselige Arbeit der Sklaven bezieht sich der Song „Pick a Bale o' Cotton".

1 Imitiert beim Singen das Pflücken der Baumwolle und das Hinterherziehen der Baumwollsäcke.

2 **a** Hört euch eine Aufnahme des Songs an und stellt fest, welche Liedteile vom Vorsänger (Call), welche von allen (Response) gesungen werden. (E 36)
b Findet mindestens drei Vorteile, die das Singen im Wechsel für Vorsänger und Arbeiter (Call & Response) bietet.

Pick a Bale o' Cotton

E 36, 37

Text u. Musik: überliefert

**Ein „Bale" ist eine Gewichtseinheit, die ca. 220 kg entspricht.*

1. Jump down, turn around, pick a bale o' cotton,
   jump down, turn around, pick a bale a day.
   Oh, Lawdy ...
2. Me and my partner can pick a bale o' cotton,
   me and my partner can pick a bale a day.
   Oh, Lawdy ...
3. B'lieve to my soul I'll pick a bale o' cotton,
   b'lieve to my soul I'll pick a bale a day.
   Oh, Lawdy ...
4. Pick-a, pick-a, pick-a, pick-a, pick a bale o' cotton,
   Pick-a, pick-a, pick-a, pick-a, pick a bale a day.
   Oh, Lawdy ...

Lieder aus den Südstaaten: der Blues

In den Südstaaten der USA arbeiteten die meisten Afroamerikaner auch nach Aufhebung der Sklaverei (1864) weiterhin auf Plantagen. Aus den Einflüssen von Worksong, Field-Holler, Spiritual und Gospel entwickelte sich der Blues. Ursprünglich unbegleitet, später mit Banjo-, Gitarren- oder Mundharmonikabegleitung gesungen, entwickelte er sich zu einer der einflussreichsten musikalischen Stilrichtungen überhaupt und prägte entscheidend die gesamte Jazz-, Rock- und Popmusik.

Billie Holiday

Fine and Mellow

E 38, 39

Text u. Musik: B. Holiday
© Greenhorn

Klavier/Stabspiele

E-Bass

Schlagzeug-Pattern

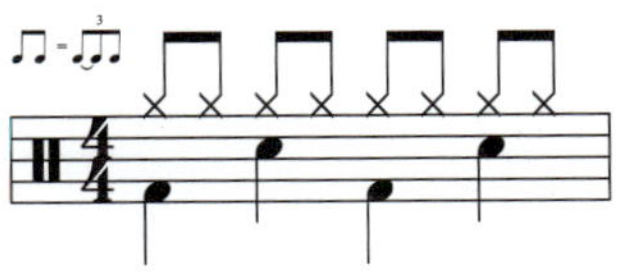

3 Begleitet euch beim Singen mithilfe der obenstehenden Patterns. Die Akkorde für B- und C-Dur müsst ihr euch dazu noch von F-Dur aus transponieren.

4 Improvisiert nach dem Call-&-Response-Prinzip mit Instrumenten und Stimme in den beiden letzten Takten jeder Zeile mit dem Tonvorrat der Bluestonleiter in F. Die Grundwissen-aufgefrischt-Box hilft euch dabei.

Grundwissen aufgefrischt

Bluesschema und Bluestonleiter

Gewöhnlich hat der Blues eine **12-taktige Form,** die in drei Vierergruppen aufgeteilt wird. Dabei ähneln sich Zeile 1 und 2 in Melodie und Text sehr, in Zeile 3 werden Melodie und Text dann weitergeführt, oft mit einer erklärenden Wendung.

I	I	I	I
IV	IV	I	I
V	IV	I	I

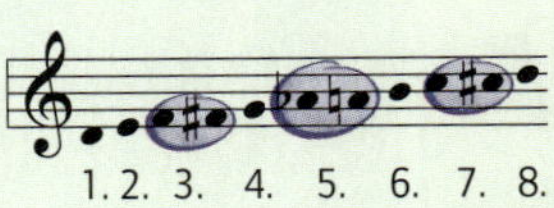

Die oben notierte **Bluestonleiter** in D hat Melodietöne, die für europäische Ohren ungewohnt klingen. Diese heißen „blue notes" und finden sich auf der 3., 5. und 7. Stufe der Tonleiter. Seht euch den Song „Fine and Mellow" an und überprüft, ob die genannten formalen und melodischen Eigenschaften des Blues hier zutreffen. Schreibt dazu die Form des Songs und seinen Tonvorrat in euer Arbeitsheft.

WISSEN

Internationale Akkordsymbole

Jazz ist international. Deswegen hat sich für Jazz-Leadsheets die amerikanische Schreibweise von Akkordsymbolen durchgesetzt, die sich in zwei Punkten von der deutschen Schreibweise unterscheidet:

1. Versetzungen werden durch ♯ oder ♭ angezeigt: Fis = F♯, As = A♭
2. Der Ton H heißt im amerikanischen B: H = B, B = B♭

WISSEN

Call & Response

Im Blues wird oft eine gesungene Phrase durch eine instrumental improvisierte Phrase beantwortet. Diese Ruf-Antwort-Struktur hat ihre Wurzeln in der afrikanischen Musik. Teilweise kann man auch textlich von einer Call-&-Response-Struktur sprechen: Die ersten beiden Zeilen des Blues geben ein offenes Statement ab, das dann in der dritten Zeile erklärt oder kommentiert wird.

INFO

„to be blue"

beschreibt widersprüchliche Gefühle, die aus Sorgen, Nöten und Problemen entstehen. Blues kann aber auch fröhlich, witzig oder ironisch sein, und oft ist er alles zugleich.

All God's Children Got Rhythm – Spiritual und Gospel

In den afroamerikanischen Gemeinden der Südstaaten entstanden Gesänge, die sich oft an den alten englischen Kirchenliedern orientierten, aber den eigenen musikalischen Traditionen angepasst wurden. Man erfand neue Texte, wandelte die Rhythmen ab und schmückte die Melodien improvisierend aus. In den Erzählungen über das Volk Israel fanden die Sklaven häufig Ähnlichkeiten mit ihrem eigenen Schicksal. Im Alten Testament wird davon berichtet, wie Moses das Volk Israel aus der ägyptischen Gefangenschaft führte. Aus dieser Geschichte schöpften die Sklaven Hoffnung auf ihre eigene Befreiung.

Wade In the Water

E 40, 41

Text u. Musik: überliefert

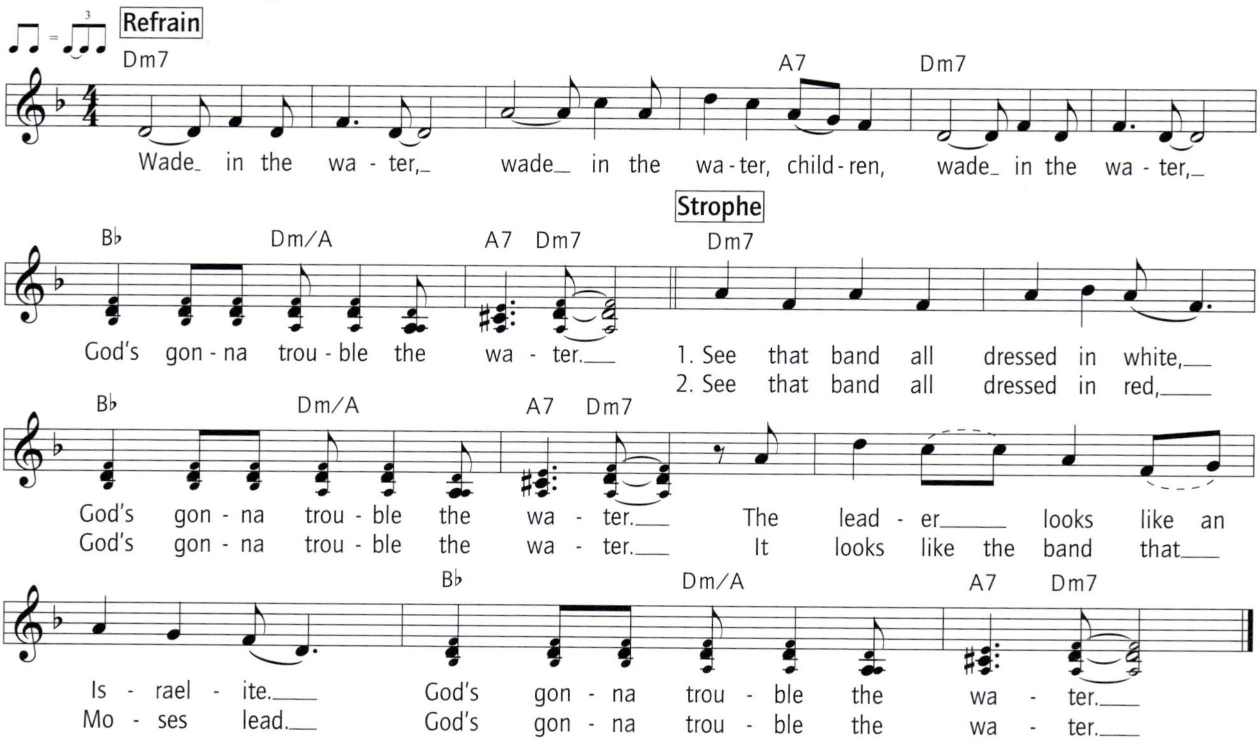

1 Singt das Spiritual. Welchen Teil könnte ein Vorsänger übernehmen? (E 41)

2 Hört euch eine Aufnahme des Spirituals an. Was fällt euch bei der Umsetzung auf? Beschreibt die typischen Merkmale eines Spirituals. (E 40)

3 **a** Gospels entstanden im Gegensatz zum Spiritual oft spontan während der Auslegung des Evangeliums durch den Prediger. Beschreibt diesen Prozess anhand einer Aufnahme aus einem Gospelgottesdienst. (E 42)

b Informiert euch im Internet über die Entwicklung des Gospel und erläutert die Besonderheiten des Gospelgesangs.

Gottesdienst von Afroamerikanern, Washington D.C., 1876

Gesungene Geheimbotschaften

Kurz nach der Gründung der Vereinigten Staaten wurde in vielen Nordstaaten die Sklaverei abgeschafft, da es dort keine großen Plantagen gab, die Wirtschaft also nicht auf Sklaven angewiesen war. Viele Sklaven aus den Südstaaten versuchten deswegen, in den Norden oder nach Kanada zu flüchten. Spirituals wurden dabei oft als „Codesongs" eingesetzt, um geheime Botschaften über Möglichkeiten, Richtung oder Art der Flucht weiterzugeben.

4 a Informiert euch im Internet über die Entstehung von Codesongs.
b Weist nach, in welcher Form Nachrichten im Spiritual „Wade in the Water" versteckt sein könnten. Welchen Vorteil hatte eine Flucht durch das Wasser? Lest dazu auch den nebenstehenden Text aus dem Roman „12 Years a Slave" (1856) von Solomon Northup, in dem er seine Flucht aus der Sklaverei schildert.

5 Lest euch die nachfolgenden Textzeilen aus verschiedenen Spirituals durch und erklärt, wofür die dort vorkommenden Ausdrücke stehen könnten.

Steal away to Jesus!
Steal away, steal away home!

My Lord calls me!
He calls me by the thunder!
The trumpet sounds it in my soul!

Swing low, sweet chariot,
coming for to carry me home …

When Israel was in Egypt's land,
let my people go!
Oppressed so hard they could not stand,
let my people go!

Deep river, my home is over Jordan …

»*The hounds at the moment could not have been five rods behind me. I could hear them crashing and plunging through the palmettoes, their loud, eager yells making the whole swamp clamorous with the sound. Hope revived a little as I reached the water. If it were only deeper, they might loose the scent …*«
(aus: S. Northup, 12 Years a Slave)

Übersetzungshilfen:
hound: Jagd-/Spürhund
rod: Längenmaß (ca. 5 Meter)
palmettoes: kleine Palmenart
clamorous: lärmerfüllt
scent: Fährte, Witterung

Die schwarze Sklavin Harriet Tubman (geb. 1820) erhielt nach ihrer Flucht aus der Sklaverei den Beinamen „Moses of the people", weil sie vielen Sklaven zur Flucht verhalf. In einem Abschnitt ihrer Biografie wird ihr geheimes Netzwerk „Underground railroad" beschrieben, in welchem mit Codesongs kommuniziert wurde.

»*Sie beriet sich hastig mit ihren Brüdern […] in derselben Nacht [wollte sie] in den fernen Norden […] fliehen, wo sie die Freiheit erwartete. Aber sie musste ihren Freunden, die sie zurückließ, zunächst ihre Absicht mitteilen. Sklaven durften nicht beim gemeinsamen Reden gesehen werden, und daher kam es, dass ihre Kommunikation oft durch das Singen geschah und die Worte der vertrauten Hymnen, die von der Reise in den Himmel und dem Land Kanaan erzählten, während sie nicht die Aufmerksamkeit der Master erregten, den Brüdern und Schwestern mehr verrieten, als das Ohr erreichte. Daher sang sie, mit einem bedeutungsvollen Blick zum einen oder anderen: ‚When dat ar ole chariot comes, I'm gwine to lebe you, I'm boun' for de promised land …'*«

Übersetzung:
Wenn der Himmelswagen kommt, werde ich euch verlassen und ins gelobte Land aufbrechen.

6 Erläutert ausgehend vom Text, welchen Gefahren die flüchtenden Sklaven wohl ausgesetzt waren und überlegt, welche Mittel sie außer den Codesongs hatten, um diesen zu entgehen. Informiert euch dazu auch im Internet über die „Underground Railroad".

Eine Streetband in New Orleans

Wurzeln des Jazz 2: Spurensuche in Europa

Den Jazz gäbe es nicht ohne den Einfluss der europäischen Musikkultur auf die afroamerikanische Bevölkerung. Die europäische, vor allem aber die französische Kirchenmusik ging mit ihrer besonderen Harmonik in die Spirituals ebenso ein wie die Marschmusik, die ihre Spuren im Jazz hinterlassen hat: Der rhythmische Aufbau der Märsche, insbesondere aber auch das Instrumentarium der Militärkapellen wurden z. B. im Ragtime und bei den sogenannten Streetbands aufgegriffen.

1 Benennt die unterschiedlichen Instrumente auf dem Bild einer Streetband aus New Orleans. Die Infobox gibt euch weitere Hinweise.

Der Ragtime – synkopierte Marschmusik

Für europäische Ohren klang die Klaviermusik, welche afroamerikanische Pianisten in so genannten „Honky Tonks" (Musikkneipen) spielten, wie zerrissene Marschmusik. Das erklärt auch den Namen dieses Stils (engl. *ragged time* = zerrissene Zeit). Ragtime war komponierte Musik. Dementsprechend konnte man z. B. die Noten von Scott Joplin, dem berühmtesten Ragtimekomponisten, kaufen.

2 Hört euch jeweils den Beginn eines europäischen Marsches und eines Ragtimes an. Benennt Gemeinsamkeiten und Unterschiede. E 43, 44

Radetzkymarsch E 43 — J. Strauss

The Entertainer E 44 — S. Joplin

Streetbands und Jazz Funerals

Nach dem Ende des Bürgerkriegs konnten Afroamerikaner günstig Instrumente aus aufgelösten Militärkapellen erwerben. So entstanden eine Vielzahl von „Streetbands", die bei Hochzeiten, Beerdigungen und beim „Mardi Gras", dem Karneval der Südstaaten, auftraten. Die Anfang des 20. Jahrhunderts entstandene Beerdigungstradition („Jazz Funeral") wird bis heute v. a. in New Orleans gepflegt.

3 **a** Beschreibt die Musik, die während eines Begräbnisses gespielt wird, mithilfe des Hörbeispiels. Informiert euch im Internet über das „Jazz Funeral". E 45

b Verfolgt mithilfe von Internetvideos den Auftritt einer Streetband während eines Begräbnisses. Benennt die beteiligten Instrumente. Stellt diese Form des „Funerals" einem Begräbnisritual in Deutschland gegenüber.

INFO

Das Sousafon

ist eine amerikanische Variante der Tuba, die auf Initiative des Marschkomponisten J. P. Sousa entworfen wurde, da er ein besser tragbares Tubamodell für das Spielen in einer Miltärkapelle haben wollte. Im Bild oben ist in der Mitte ein Sousafon abgebildet.

Die Geburtsstätte des Old Time Jazz

Wer heute nach New Orleans reist, wird auch mit der Frage konfrontiert, ob der Jazz tatsächlich in dieser Stadt erfunden wurde. Darauf gibt es wohl keine absolut gültige Antwort. Gesichert ist, dass New Orleans seit der Gründung (1718) ein Zentrum für Musik war. Als eine der bedeutendsten Hafenstädte des Landes, bei der der Mississippi ins Meer mündet, kamen Menschen aus der ganzen Welt zusammen und machten die Stadt zu einem Schmelztiegel der Kulturen. Anders als in anderen US-amerikanischen Städten gab es hier keine Ghettos. Menschen verschiedener Ethnien, Reiche wie Arme lebten auf engem Raum zusammen. James R. Creecy berichtet 1860:

Die King-Oliver-Band

» *Warst du je in New Orleans? Falls nicht, dann fahr bloß hin. Tag und Nacht gibt's eine Show und furchtbar viel zu sehn! Franzosen, Spanier und Westinder, Kreolen und Musties … Nachkommenschaft aller Hautfarben …* «

4 Sucht Informationen über die geschichtliche Entwicklung von New Orleans und bewertet anhand dieser die Meinung, dass der Jazz in dieser Stadt entstanden sei. WWW

INFO

New Orleans
Bekannt wurde die Stadt vor allem durch die Marching Bands und später für den dort entstandenen Rhythm & Blues, der den Rock 'n' Roll maßgeblich mitprägte. Vorformen dieser Musikrichtungen fanden sich in mehreren Teilen der Vereinigten Staaten, aber New Orleans bildet in den Augen einiger Jazzhistoriker den „Kristallisationspunkt", in dem der Jazz geboren (nicht „erfunden") wurde. Aufgewachsen sei der Jazz dann in Chicago und New York.

Eine Stadt voller Musik

Um 1900 kamen in New Orleans auf gerade einmal 200 000 Einwohner mehr als 30 Orchester. In den unzähligen Vergnügungsstätten der Stadt wurde täglich Musik gespielt. Der Posaunist Kid Ory berichtet von den Karnevalsfeiern in der Stadt Folgendes:

» *Tag und Nacht marschierten die Bands die Straßen auf und ab und spielten sich die Lunge aus dem Leib …* «

5 Verknüpft euren Höreindruck des „Canal Street Blues" von King Oliver mit den Informationen, die ihr über New Orleans gewonnen habt. E 46

Ein Fluss als Lebensader: Der Mississippi

Laut dem Bluesmusiker W. C. Handy konnte man um 1900 in Memphis (siehe Karte rechts) Musik hören, die sich von der Musik aus New Orleans kaum unterschied. Das ganze Gebiet entlang des Mississippi war von den neuen Klängen des Jazz „infiziert" und wurde zu seiner Lebensader.

6 Informiert euch über den Mississippi und die Städte New Orleans, Memphis, St. Louis und Chicago. Überlegt, welche Rolle der Fluss für die Entstehung des Jazz spielt. WWW

Raddampfer auf dem Mississippi um 1900

Die Story des 

„Jazz ist der Grund, warum dieses Jahrhundert anders klingt als alle anderen." Der Jazztrompeter Dizzy Gillespie wollte damit sagen, dass der Jazz durch seine rasante Entwicklung und seine musikalischen Besonderheiten, wie z.B. Improvisation und Rhythmik, der Musikgeschichte eine weitere Farbe verliehen hat. Im Jazz werden die Epochen nicht in Jahrhunderten, sondern in Jahrzehnten gemessen und es gibt viele Parallelen zur abendländischen Musikgeschichte.

New-Orleans-Jazz und Dixieland

Der Jazz ist in New Orleans entstanden, daher trägt der früheste Jazzstil auch den Namen der Stadt im Mississippi-Delta. Viele Einflüsse prägten den New-Orleans-Jazz: der improvisierte Blues, das Call-&-Response-Prinzip in Worksongs und Spirituals, aber auch der tanzbare Beat des Ragtime. Dixieland hieß der von weißen Musikern gespielte New-Orleans-Jazz. Er klang weniger „dirty", orientierte sich also mehr an den Hörgewohnheiten des weißen Publikums.

Besetzung: variabel, meist aber Trompete, Klarinette, Posaune, Banjo/Klavier, Tuba/ Bass, Schlagzeug

Spielweise: Kollektivimprovisation (mehrere Spieler improvisieren gleichzeitig)

Bekannte Musiker: Louis Armstrong, King Oliver

Swing

In Chicago, Kansas City, vor allem aber in New York entstanden für die Bedürfnisse der großen Tanzsäle immer größere Ensembles, die man bald als Big Bands bezeichnete. Maßgeblichen Einfluss auf die Verbreitung des Swing hatte der Rundfunk, der die Musik im ganzen Land bekannt machte. Die Big Bands gaben während der Weltwirtschaftskrise (1929) arbeitslos gewordenen Musikern einen Arbeitsplatz.

Besetzung: bis zu 20 Musiker bestehend aus
- 3–5 Trompeten
- 3–5 Posaunen
- 4–5 Saxofonen (evtl. Klarinetten)
- Rhythmusgruppe (Klavier, Gitarre, Bass, Schlagzeug)

Spielweise: ausgearbeitete Arrangements, Spiel in „Sections" (jede Bläsergruppe hat eine eigene Aufgabe), Tanzmusik

Bekannte Musiker: Count Basie, Duke Ellington, Benny Goodman, Glenn Miller

Der Ragtime

(von engl. *to rag* = zerreißen, *time* = Zeit) ist tanzbare Klavier- oder Ensemblemusik und hatte seine Blütezeit zu Beginn des 20. Jahrhunderts.

Besetzung: meist Klavier, aber auch Street Bands

Spielweise: marschartige Begleitung zu einer synkopenreichen Melodie

Bekannte Musiker: Scott Joplin, dessen „Entertainer" ein Standardstück wurde.

Ragtime-Rhythmus

Chicago-Jazz

ist gekennzeichnet durch feste Arrangements. Weil das Vergnügungsviertel Storyville in New Orleans geschlossen wurde, siedelten viele Musiker nach Chicago um. Chicago-Jazz ist der Übergangsstil zum Swing.

Besetzung: wie im New-Orleans-Jazz; neu: Saxofon

Spielweise: stärkere Bedeutung der Soloimprovisation, festere Arrangements, Bläsersätze

Bekannte Musiker: Louis Armstrong, Bix Beiderbecke, Benny Goodman

Bebop

ist der erste Stil des Modern Jazz. Durch seine rhythmischen Freiheiten, sein meist hohes Tempo und seine komplexen Harmoniefolgen wandelt sich der Jazz von der Tanz- zur Kunstmusik. Gelangweilt von der Routine in den Tanzbands waren viele Musiker auf der Suche nach etwas Neuem, Individuellem.

Besetzung: meist Saxofon, Trompete, Rhythmusgruppe

Spielweise: Unisono-Spiel im Thema, zerrissene Phrasierung in den komplizierten und schnellen Solos

Bekannte Musiker: Charlie Parker, Dizzy Gillespie, Thelonious Monk, Miles Davis

vor 1900	nach 1900	nach 1920	ab 1930	nach 1940	ab 1950
Wurzeln des Jazz: Worksong, Blues, Spiritual, Ragtime	New-Orleans-Jazz Dixieland	Chicago-Jazz	Swing	Bebop	Cool Jazz Hardbop

1 Informiert euch über die Jazzstile aus der ersten Hälfte des 20. Jahrhunderts. Ordnet anschließend die Hörbeispiele und Zitate rechts den jeweiligen Stilen zu. (E 47–50)

2 Hört euch eine Swing-Big-Band und eine New-Orleans-Band an und verfolgt den Verlauf in der entsprechenden Grafik unten. Erläutert anschließend die Unterschiede in der Spielweise und der Improvisation. Die Wissensbox gibt euch weitere Hinweise. (E 51, 52)

3 **Gruppenarbeit:** Recherchiert online die wichtigsten Merkmale der Jazzstile aus der zweiten Hälfte des 20. Jahrhunderts und erstellt daraus anschließend eine grafische Übersicht für die neueren Jazzentwicklungen. (www)

4 Informiert euch über die Jazzszene in eurer Stadt bzw. Region. Findet u. a. heraus, welche Jazzstile bei euch „lebendig" sind. Führt dazu Interviews, sammelt Programmhefte und recherchiert im Internet.

» I say: Play your own way. Don't play what the public wants – you play what you want and let the public pick up on what you're doing. «
(T. Monk)

» Keine Noten, verstehst du! Ganz einfach ein halbes Dutzend Männer, die zusammen Musik machten, jeder für sich und auf seine Art und doch passte nachher alles prächtig zusammen. «
(N. Towels)

» Finally Beiderbecke came out with a silver cornet. He put it to his lips and blew a phrase. The sound came out like a girl saying ‚yes'. «
(E. Conden)

» There is nothing to keep a band together. You simply have to have a gimmick, and the gimmick (Trick) I use is to pay them money! «
(D. Ellington)

Beispiel für Swing-Big-Band (E 51)

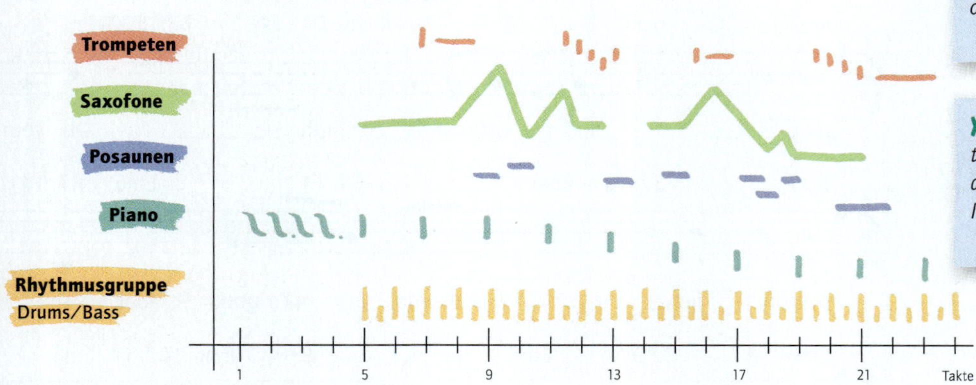

Beispiel für New-Orleans-Jazz (E 52)

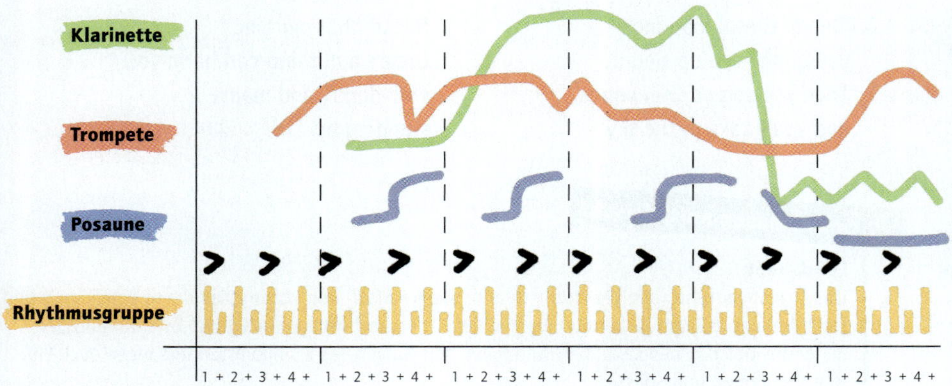

! WISSEN

Kollektivimprovisation und Arrangement
Bei der Kollektivimprovisation improvisiert die gesamte Band über das harmonische Gerüst des Songs. Das Arrangement legt für jeden Musiker relativ genau fest, was er wann zu spielen hat.

ab 1960	ab 1970	ab 1980	ab 1990	ab 2000
Modaler Jazz Soul Jazz Free Jazz	Rock Jazz Fusion Funk	Neobop Creative Jazz	Hip-Hop-Jazz Nu Jazz	Elektro-Swing

Let's Jazz! Elemente des Jazz

Im Jahre 1934 komponierte George Gershwin die Oper „Porgy and Bess" mit dem Song „Summertime", der zum meistgecoverten Song aller Zeiten wurde und „Yesterday" weit abgeschlagen auf den 2. Platz verweist. „Summertime" wurde so erfolgreich, weil es durch seine relativ einfache Harmonik und Orientierung am Blues Jazzmusikern viel Freiraum zur Improvisation gab.

Summertime

E 53–55

Text: I. Gershwin, E. D. Heyward
Musik: G. Gershwin
© Chappel

2. (One of these) mornings
you gonna rise up singin'.
Then you spread your wings
and you'll take to the sky.

But till that morning
there's a nothing-can-harm-you
with daddy and mama
standing by.

INFO

Akkordsymbole

Im Jazz werden die Harmonien oft durch zunächst kompliziert wirkende Akkordsymbole angegeben. Das Prinzip ist jedoch recht einfach, da jeder Akkord aus dem 1., 3. und 5. Ton besteht. Zusätzlich können noch weitere Töne angegeben werden, die mit einem ♯ oder ♭ versehen werden können. Der Akkord in Takt sechs sieht dann so aus:

Ein Slash-Akkord zeigt einen anderen Basston als den Grundton an. Der Akkord C/G sieht ausgeschrieben folgendermaßen aus:

Grundwissen aufgefrischt

Leadsheet

Das Leadsheet führt (engl. *to lead* = führen, *sheet* = Blatt) den Jazzmusiker durch einen Song und stellt ihm alle nötigen Informationen in einer Art Kurzschrift zur Verfügung. Es enthält in der Regel die Melodie, den Text, die Harmonien, den Namen des Komponisten und meist auch Hinweise zu Tempo und Stilistik.

Ordnet die Satzteile richtig zu und findet im Leadsheet von Summertime je ein Beispiel dafür:

- Ein Akkordsymbol
- Die Tempoangabe
- Ein Slash-Akkord
- Die Melodie
- „Swing"

- steht links oben über dem Leadsheet.
- zeigt zusätzlich den gewünschten Basston an.
- ist eine Richtlinie für die freie Gestaltung.
- wird ternär, also mit Triolenfeeling, gespielt.
- steht über einem Melodieton oder einer Pause.

Unverwechselbar! – Der individuelle Ausdruck im Jazz

Nach einem Konzert von Louis Armstrong stand in der „Times“:

» Natürlich ist diese Stimme hässlich, gemessen an dem, was wir in Europa Schönheit des Gesangs nennen. Aber der Ausdruck, den Louis Armstrong in diese Stimme legt, alles das, was an Seele und Herz und Tiefe in jedem Ton mitschwingt, macht diese Stimme schöner als das meiste, was es an technisch brillantem und schön klingendem, aber kaltem und seelenlosem Gesang in der Welt heute gibt. «

1 Deutet das Video in Bezug auf die oben abgedruckte Konzertkritik.

Louis Armstrong

Auf die Frage, was einen guten Jazzer ausmacht, bekommt man meist folgende Antwort: „Gutes Timing!“ oder „Du musst deine eigene Sprache finden!“.

2 Vergleicht die drei Interpretationen von „Summertime“ (Ella Fitzgerald, Louis Armstrong, Joni Mitchell) miteinander. Tragt dazu in einer Tabelle die jeweiligen Besonderheiten der Aufnahme ein (Improvisation, individueller Ausdruck, Timing und Besetzung). E 53, 54, 56

Eine Sache des Feelings: Schleiftöne, Glissandi und Swingphrasierung

In der klassischen Musik gilt es als technisches Unvermögen, den Ton nicht unverfälscht und präzise spielen bzw. singen zu können. Ganz anders im Jazz:

» Das Charakteristikum seines Spiels [ist], […] wie [Louis Armstrong den] Ton eigentlich erst ‚auf Umwegen‘ erreicht […] er [drückt] mit jeder Note etwas aus […] «

3 Hört euch noch einmal das Hörbeispiel von Louis Armstrong an und erklärt, wie Armstrong den Ausdruck steigert. Die Wissensbox gibt euch weitere Hinweise. E 54

Ein wichtiges Element für den Jazz ist auch die sogenannte Swingphrasierung. Dabei werden zwei aufeinanderfolgende Achtelnoten nicht gleichmäßig gespielt, sondern die erste Achtel länger und leise, die zweite kürzer und lauter.

4 Singt den Song „Summertime“ zu den beiden Playbacks und beschreibt die unterschiedliche Wirkung. In welcher Version erklingen die Achtel in „Swingphrasierung“? E 55, 57

Die Seele des Jazz: Improvisation

Während in der klassischen Musik die Kunst der Improvisation in den vergangenen Jahrhunderten verloren gegangen ist, stellt sie im Jazz ein zentrales Element dar. Ella Fitzgerald war eine der führenden Sängerinnen, die mit ihren virtuosen Improvisationen das Publikum begeisterte.

5 **a** Hört euch eine Aufnahme von „Air Mail Special“ an. Was ist wohl an ihrer Art zu singen so faszinierend? E 58

b Informiert euch über Ella Fitzgerald im Internet. Seht euch dann das Video an und benennt die besonderen Bühneneigenschaften der Sängerin.

! WISSEN

Tonbildung im Jazz

Im Jazz werden eine Reihe von Effekten und Artikulationsmöglichkeiten eingesetzt, um den Ausdrucksgehalt eines Tones zu steigern:

- **Smear:** Der Ton wird tiefer angesetzt und auf die gewünschte Tonhöhe gezogen.
- **Glissando:** „gleitende“ Verbindung zweier Töne auf- oder abwärts
- **Dirty Tones:** Töne werden durch bestimmte Techniken unsauber hervorgebracht
- **Vibrato:** Ein ausgehaltener Ton wird durch geringe Tonhöhenveränderungen lebendig
- **Growl** (engl.: „knurren“): rauer, heiserer Klang

Harmony In Jazz: die II-V-I-Kadenz

Wenn Jazzmusiker zusammen „jammen" – also bei einer Session spontan miteinander spielen – improvisieren sie sehr oft über sogenannte „Jazzstandards". Das sind Songs, die den meisten vertraut sind. Viele dieser Standards verwenden über weite Strecken eine bestimmte Harmonieformel, die II-V-I-Kadenz.

I'm Be Boppin', Too

E 59, 60

Text u. Musik: L. Gillespie
© Bosworth

! WISSEN

Dominantseptakkord
Ein Septakkord entsteht bei einer Schichtung von drei Terzen (1., 3., 5. und 7. Stufe) übereinander.
Der Dominantseptakkord steht auf der 5. Stufe einer Tonart. Er beinhaltet neben dem Leitton, der nach oben zum Grundton strebt, noch die kleine Septe, die zur Terz der Tonika abwärts strebt. Dadurch entsteht eine noch stärkere Schlusswirkung.

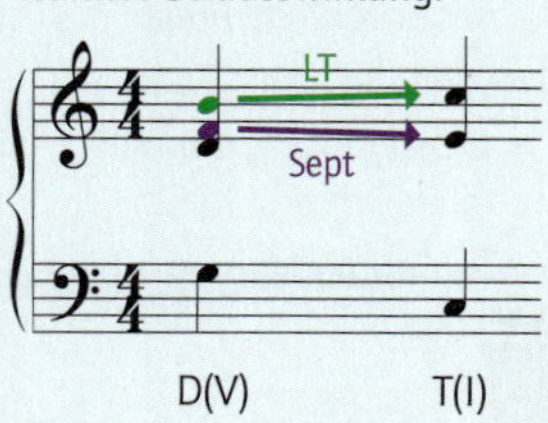

Septakkorde – die harmonische Würze

Im Jazz werden oft Septakkorde verwendet, die vor allem von der 5. (Dominante) zur 1. (Tonika) Stufe einer Tonart besondere Spannung erzeugen.

1 Hört euch eine Kadenz mit Dreiklängen und danach eine Kadenz mit Septakkorden an und beschreibt die unterschiedliche Wirkung. (E 61, 62)

2 **a** Spielt oder singt gemeinsam die beiden untenstehenden Melodien zur Klavierbegleitung und ergänzt den letzten Melodieton nach Gefühl. Wohin streben die Melodien jeweils?

b Schreibt die beiden Melodien in ein Notensystem und darunter den jeweiligen Grundton des Akkordes. Benennt jeweils das Intervall der notierten Töne im Verhältnis zum Grundton und erklärt mithilfe der Wissensbox die besondere Wirkung der Schlusswendung.

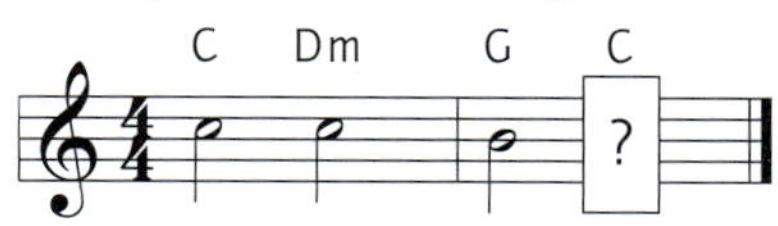

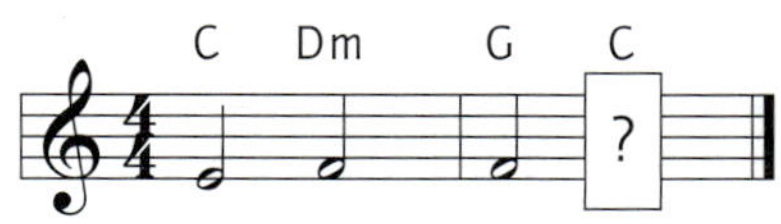

3 Analysiert den B-Teil von „I'm Be Boppin', Too" hinsichtlich des harmonischen Verlaufs. Welche Regelmäßigkeit könnt ihr feststellen?

Jazzarrangement mit Bausteinen

In Jazzstandards wechselt häufig die Grundtonart. Diese erkennt man am besten an der I. Stufe einer II-V-I Kadenz (siehe Infobox). Die Dur-Tonleiter der I. Stufe ist auch der Tonvorrat für die Improvisation in den entsprechenden Takten der Kadenz.

4 Arrangiert „I'm Be Boppin', Too" mithilfe der nachfolgenden Bausteine. Geht dabei folgendermaßen vor:

Schritt 1: Überlegt, wie oft der Baustein 1 im A-Teil wiederholt werden muss.

Schritt 2: Führt den Baustein 2 so fort, dass er zu den Akkorden im 2. Teil des B-Teils passt.

Schritt 3: Legt für jeden Takt fest, welches Rhythmusmodell ihr verwenden wollt.

Schritt 4: Notiert das Arrangement.

1

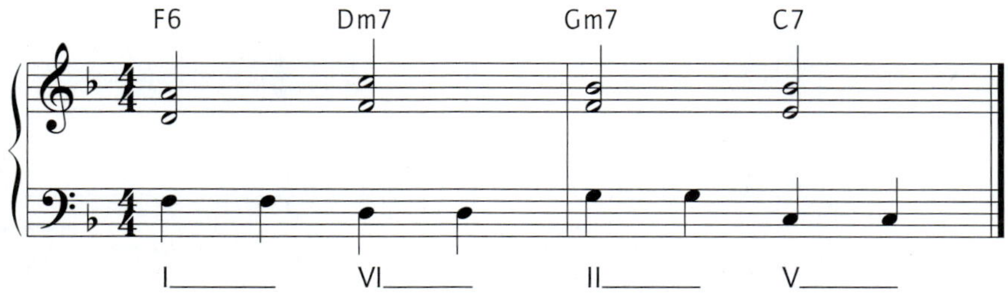

2

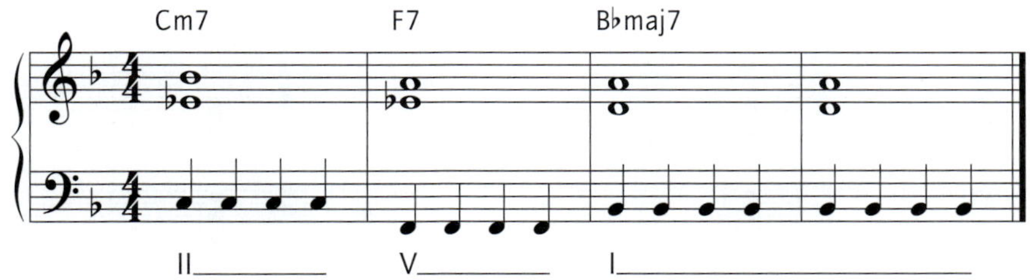

Rhythmusmodelle

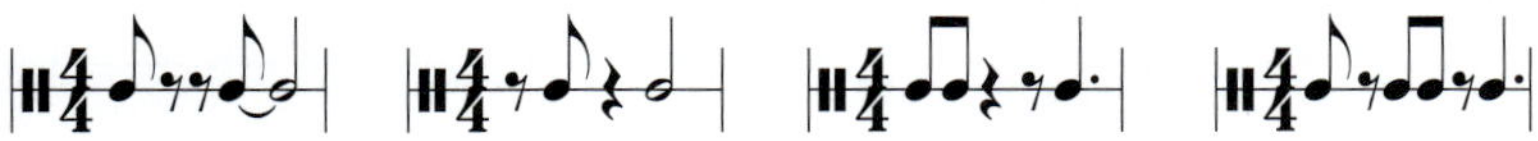

5 Gestaltet für euer Arrangement einen interessanten Ablauf. Ein „Bandleader" zählt das Tempo ein, gibt den Solisten und Sängern die Einsätze und zeigt an, wie lange der Schlusston gehalten werden soll.

[Tipp] Verwendet für die Improvisation als Tonvorrat jeweils die Dur-Tonleiter der I. Stufe (z. B. im Ⓐ-Teil F-Dur). Überlegt, wie viele verschiedene Skalen ihr dafür benötigt. Teilt diese auf unterschiedliche Instrumente auf.

INFO

II-V-I-Kadenz

Der Name der Kadenz bezieht sich auf die Abfolge der 2., 5. und 1. Stufe einer Tonart. Über diesen Tönen werden meist Septakkorde aus den Tonleitertönen gebildet, sodass sich drei Akkordtypen ergeben:

II. Stufe: Moll-Septakkord

V. Stufe: Dominantseptakkord

I. Stufe: Major-Septakkord

Da die Quinte immer gleich ist, kann man die Akkorde am besten an der Terz und Sept unterscheiden.

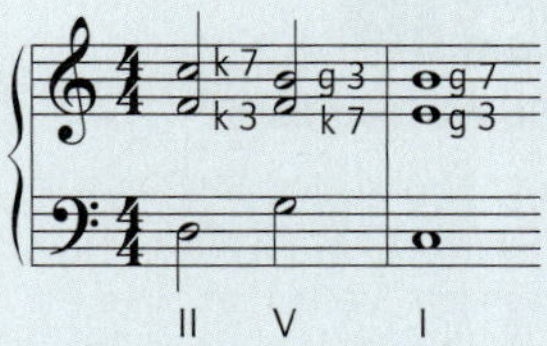

WISSEN

Tempo angeben im Jazz

Im Jazz ist es besonders wichtig, dass alle Musiker sich von Anfang an einig sind über das Tempo. Das „Einzählen" geschieht daher meist folgendermaßen: Der Bandleader (oder der Schlagzeuger) stellt sich das Tempo vor und schnipst dabei auf Zählzeit 2 und 4. Wenn er das Tempo sicher hat, sagt er dazu:

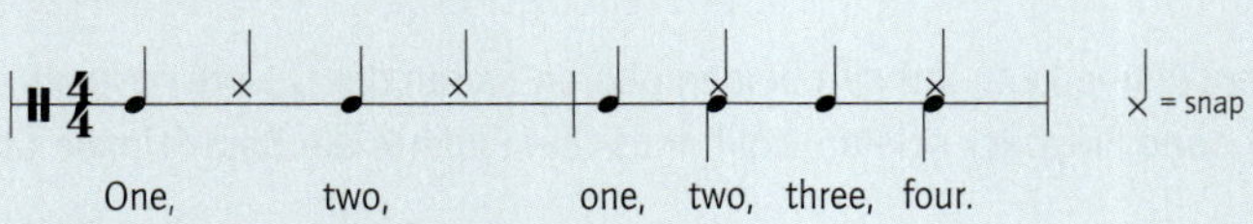

Miles Davis – ein Meilenstein der Jazzgeschichte

Der Trompeter Miles Davis kann ohne Zweifel als einer der bedeutendsten Jazzmusiker bezeichnet werden. Beinahe ein halbes Jahrhundert galt er als wegweisend für den Jazz und war bei jeder stilistischen Weiterentwicklung maßgeblich beteiligt. 1959 nahm er das bestverkaufte Jazzalbum aller Zeiten auf. Das bekannteste Stück der Schallplatte ist „So What". Es besteht aus einer einfachen Bassmelodie und zwei Akkorden.

INFO

So-What-Akkord

Der Akkord, den der Pianist Bill Evans für „So What" verwendete, besteht im Unterschied zu den gewohnten Drei- und Vierklängen, die in Terzen geschichtet sind, aus übereinandergeschichteten Quarten. Dadurch bekommt er eine sehr „offene" Wirkung. Für Dm^7 sieht der Akkord folgendermaßen aus.

So What

E 63, 64

Musik: M. Davis
© Kobalt

1 Erarbeitet euch den Rhythmus der abgebildeten Akkorde, indem ihr die Oberstimme mit Text zum Playback singt. Verteilt anschließend die Stimmen der Akkorde auf die angegebenen oder weitere Instrumente und spielt zum Playback. E 64

[Tipp] Die Gitarrenstimme kann auf den beiden oberen Saiten der Gitarre gespielt werden. Wenn ihr ohne Playback spielen wollt, muss ein Experte die Bass-Stimme übernehmen können.

Alte Tonleitern und schwebende Klangflächen: modale Improvisation

Ende der 1950er-Jahre entwickelte Miles Davis zusammen mit anderen Musikern die sogenannte modale Improvisation, die später in den Free Jazz mündete. Anders als bei den bis dahin gängigen Jazzstandards bestimmte nun nicht mehr eine Folge von Harmonien das Material für Improvisationen, sondern „modale Skalen" (Tonleitern). Damit griffen Jazzmusiker auf den Tonvorrat der alten Modi (Kirchentonarten, Kirchentöne) zurück. Damit eine modale Improvisation möglich wurde, wurden die meisten Stücke nur noch mit ein oder zwei Akkorden harmonisiert.

2 **a** Spielt zunächst eine C-Dur-Tonleiter auf dem Klavier oder einem Stabspiel. Spielt dann die Stammtonreihe von *d'* bis *d''* im dorischen Modus.
b Erläutert, welche Besonderheiten der dorische Modus aufweist. Vergleicht dazu die Lage der Ganz- bzw. Halbtonschritte und informiert euch über Kirchentonarten mithilfe der Wissensbox.
c Spielt eine einfache Melodie (z. B. „Alle meine Entchen") zunächst original und dann im dorischen Modus. Beschreibt die unterschiedliche Wirkung.

In „So What" wird der dorische Modus (*d'* bis *d''*) für die Improvisation verwendet.

3 Improvisiert mit zwei Stabspielen abwechselnd über Begleitsatz oder das Playback von „So What". Jeder Spieler bekommt dazu acht Takte Zeit. Dehnt später die Improvisationsteile aus, um das Solo freier gestalten zu können.
Für Experten: Improvisiert im B-Teil mit den schwarzen Tasten des Klaviers.

4 Hört euch das Solo von Miles Davis an und erklärt seine beiden Äußerungen rechts anhand eurer Beobachtungen. E 65

INFO

Modi bzw. Kirchentonarten

Im gregorianischen Choral, in Volksliedern, aber auch im Jazz, gibt es neben Dur- und Moll-Tonleitern auch andere Tonreihen, die aus der Stammtonreihe gebildet werden. Diese sogenannten Kirchentonarten (Modi) heißen:

- **ionisch:** *c – c* (= C-Dur)
- **dorisch:** *d – d*
- **phrygisch:** *e – e*
- **lydisch:** *f – f*
- **mixolydisch:** *g – g*
- **äolisch:** *a – a* (= a-Moll)

Jeder Modus besitzt seinen eigenen Klangcharakter.

» I always listen to what I can leave out. «

» Don't play what's there, play what's not there. «

Miles Ahead – ein Jazzuniversum

„Miles Ahead" ist der Titel eines Albums von Miles Davis aus dem Jahr 1957. Dieses Wortspiel charakterisiert den Musiker treffend als einen Vordenker, der vielen anderen Kollegen mit seinen Ideen und Innovationen „Meilen voraus" war. Als einer der wichtigsten Musiker des Bebop „erfand" er quasi den Cool Jazz, war wesentlich an der Entwicklung des Hardbop beteiligt, war der Vorreiter des modalen Jazz, nahm die ersten beiden wegweisenden Rockjazz-Alben auf und war schließlich einer der ersten Jazzmusiker, die Hip-Hop und Jazz miteinander verbanden.

5 Bringt die fünf Hörbeispiele von Miles Davis in die richtige zeitliche Reihenfolge. Informiert euch dazu über Miles Davis im Internet und schaut euch nochmals den Überblick zur Jazzgeschichte an. E 66–70 WWW

6 Beschreibt mithilfe der Zitate von Miles Davis seine Einstellung zur Kreativität.

» It's not about standing still and becoming safe. If anybody wants to keep creating they have to be about change. «

» Nothing is out of a question for me. I'm always thinking about creating. My future starts when I wake up in the morning and see the light [...] Then I'm grateful. «

» Always look ahead, but never look back. «

» I don't care if a dude is purple with green breath as long as he can swing. «

INFO

Darius Milhaud
(1892–1974) war ein französischer Komponist und studierte in Paris Geige, Komposition und Dirigieren. Er gründete mit anderen Komponisten die *Groupe des Six*, die sich sowohl vom romantischen als auch impressionistischen Ideal abwandte und u. a. Unterhaltungsmusik in ihre Kompositionen integrierte. Nach Ausbruch des II. Weltkrieges emigrierte er in die USA und unterrichtete dort Komposition. Milhaud beeinflusste Jazzmusiker, aber auch Komponisten der Minimal Music und der Avantgarde.
Zu seinen mehr als 400 Werken zählen Opern, sinfonische Musik, Konzerte, Kammer- und Vokalmusik und Lieder.

INFO

Jazzelemente bei Milhaud

- Instrumentation: Saxofon, Schlagwerk
- Rhythmus: Synkopen, „riffs" (kurze, prägnante, sich wiederholende Phrasen)
- Melodik: Blue Notes, Akkordbrechungen
- Formgestaltung: „shout-chorus" (in einem Arrangement oft der letzte Teil, in dem alle Parameter verdichtet werden: laut, hoch, tutti)

Jazz meets Classic meets Jazz

Als der französische Komponist Darius Milhaud 1920 das erste Mal Jazz hörte, beschrieb er seine Eindrücke folgendermaßen:

» *Die neue Musik war sehr subtil in ihrem Gebrauch von Klangfarben. Das Saxofon fällt ein, es quetscht den Saft aus Träumen. Oder die Trompete: dramatisch oder gelegentlich schläfrig, die Klarinette dauernd in ihrem oberen Register gespielt, der lyrische Gebrauch der Posaune, über Vierteltöne schleifend [...] das Ganze [...] zusammengehalten vom Klavier und subtil unterstrichen durch die komplexen Rhythmen der Percussion [...]. Der konstante Gebrauch von Synkopen in der Melodie war von solch kontrapunktischer Freiheit, dass der Eindruck von ungeregelter Improvisation entstand ...“* «

1 Erläutert anhand der Beschreibung Milhauds, auf welchen Jazzstil er sich wohl in seiner Beschreibung bezieht.

La création du monde – Jazz und Ballett

Wenige Jahre nach dem ersten Kontakt mit Jazz erhielt Milhaud einen Kompositionsauftrag für das Ballett „Die Erschaffung der Welt“, das auf afrikanischen Mythen basiert. Milhaud arbeitete mit vielen Jazzelementen und integrierte sie in seine Musik.

2 **a** Hört euch fünf Ausschnitte aus „Die Erschaffung der Welt" an und tragt zusammen, welche Elemente Milhaud dem Jazz entnommen hat und welche Elemente europäischer Kunstmusik erkennbar sind. Geht dabei u. a. auf Instrumentation, Rhythmik, Melodik und Formgestaltung ein. (F 1–5)
Die Infobox unten gibt euch weitere Hinweise.
b Ordnet die Partiturausschnitte den von euch gefundenen Jazzelementen zu.

La création du monde (Ausschnitte) (F 1–5)

Musik: D. Milhaud
© Ricordi

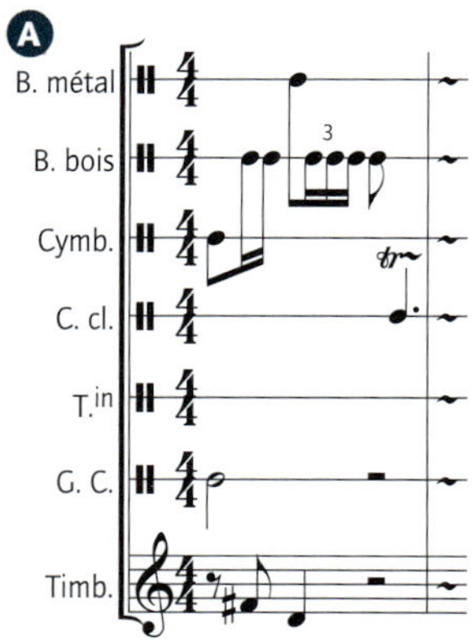

3 Stellt Vermutungen darüber an, warum Milhaud für das Ballett über die Erschaffung der Welt Jazzelemente verwendete und was er damit bei seinen Zuhörern bewirken wollte.

Cool Jazz – Barockmusik im Jazz

Eine der langlebigsten Jazzcombos war das *Modern Jazz Quartet*, das mit wenigen Unterbrechungen von 1952 bis 1994 zusammenspielte. Als Vertreter des Cool Jazz schafften sie den Spagat zwischen streng durcharrangierten, von barocker Kunstmusik inspirierten Themen und bluesorientierter Improvisation.

4 **a** Hört euch das Thema des Stückes „Versailles" mehrmals an. Erstellt dabei eine Skizze des Einsatzes der Instrumente. (F 6, 7)

b Deutet eure Skizze in Bezug auf den Namen des Stückes und bezieht dabei eure Kenntnisse über barocke Formgestaltung ein. Informiert euch dazu gegebenenfalls nochmals in Kapitel 6.

Versailles (F 6)

Musik: J. Lewis
© Essex

Der Pianist John Lewis des *Modern Jazz Quartet* (MJQ) steuerte die meisten Kompositionen für das Quartett bei. Die Titel seiner Musikstücke verwenden Begriffe, die oft an Europa oder europäische Musik erinnern: „Toccata", „Elysee", „Vendome", „Concorde", „La Ronde", „Venice" oder „Jazz Ostinato".

5 Informiert euch über die Bedeutung dieser Begriffe und weist daran nach, dass John Lewis sich intensiv mit europäischen Einflüssen auseinandergesetzt haben muss.

6 Hört euch nun die gesamte Aufnahme des Stückes „Versailles" an. Achtet beim Hören auf typische Jazzelemente wie Phrasierung und Artikulation. Nehmt Stellung zur Aussage, das *Modern Jazz Quartet* sei ein Grenzgänger zwischen Klassik und Jazz. Welche Bedeutung nimmt in diesem Zusammenhang der Name der Gruppe ein? (F 6, 7)

7 „Versailles" erschien erstmals auf dem Album „Fontessa". Setzt das Cover rechts in Beziehung zur stilistischen Ausrichtung des *Modern Jazz Quartet*.

[Das habt ihr gelernt]

- die afrikanischen und europäischen Wurzeln des Jazz
- Field-Holler, Blues, Spiritual und Codesong in ihrem Entstehungskontext zu verstehen
- welche Rolle der Ragtime und die Instrumente der Militärkapellen für den Jazz spielten
- etwas über New Orleans als „Geburtsstätte" des Jazz
- einen Überblick über die Jazzgeschichte
- Kollektivimprovisation und Arrangement anhand einer Grafik zu unterscheiden
- die II-V-I Kadenz als wichtigen Baustein eines Jazzstandards
- einen Jazzstandard mit Hilfe von Bausteinen zu arrangieren
- etwas über Miles Davis als Impulsgeber für die Entwicklung des Jazz
- wie sich Jazz und Klassische Musik gegenseitig beeinflusst haben

[Kapitel 12]

Musik im 20./ 21. Jahrhundert

1999 wurde von der Gesellschaft für deutsche Sprache eine Liste mit hundert Wörtern veröffentlicht, die als besonders bezeichnend für das 20. Jahrhundert gelten:

Aids, Antibiotikum, Apartheid, Atombombe, Autobahn, Automatisierung

Beat, Beton, Bikini, Blockwart, Bolschewismus

Camping, Comics, Computer

Demokratisierung, Demonstration, Demoskopie, Deportation, Design, Doping, Dritte Welt, Drogen

Eiserner Vorhang, Emanzipation, Energiekrise, Entsorgung

Faschismus, Fernsehen, Film, Fließband, Flugzeug, Freizeit, Friedensbewegung, Führer, Fundamentalismus

Gen, Globalisierung

Holocaust

Image, Inflation, Information

Jeans, Jugendstil

Kalter Krieg, Kaugummi, Klimakatastrophe, Kommunikation, Konzentrationslager, Kreditkarte, Kugelschreiber

Luftkrieg

Mafia, Manipulation, Massenmedien, Molotowcocktail, Mondlandung

Oktoberrevolution

Panzer, Perestroika, Pille, Planwirtschaft, Pop, Psychoanalyse

Radar, Radio, Reißverschluss, Relativitätstheorie, Rock'n' Roll

Satellit, Säuberung, Schauprozess, Schreibtischtäter, Schwarzarbeit, Schwarzer Freitag, schwul, Selbstverwirklichung, Sex, Single, Soziale Marktwirtschaft, Sport, Sputnik, Star, Stau, Sterbehilfe, Stress

Terrorismus

U-Boot, Umweltschutz, Urknall

Verdrängung, Vitamin, Völkerbund, Völkermord, Volkswagen

Währungsreform, Weltkrieg, Wende, Werbung, Wiedervereinigung, Wolkenkratzer

Die Liste zeigt die rasante Entwicklung von Gesellschaft und Technik im 20. Jahrhundert. Die Entwicklung der Musik dieses Jahrhunderts ist ein Spiegel dieses Prozesses. Davon und wie es in unserem Jahrhundert weitergeht, handelt dieses Kapitel.

Rhythmus und Zusammenspiel

When Shall We Meet Again? (F 8)

Text: W. Shakespeare
Musik: M. Detterbeck

Interlude

Anon.

Where's the place?

Upon the heath.

There to meet with Macbeth.

I come, Graymalkin.

Ablauf:

1. „Auftritt der drei Hexen": Tretet in drei Gruppen nacheinander auf und führt euer jeweiliges Pattern aus.
2. „Interlude": Die Aussagen durcheinander in verschiedenen Tonhöhen flüstern bzw. sprechen.
3. „Auftritt der drei Hexen": Sprecht die Patterns jetzt gleichzeitig.
4. „Ending": Ein Dirigent zeigt den Beginn an. Ihr könnt während der Wiederholungen Lautstärke und Tempo (accelerando) steigern. Auf ein Zeichen des Dirigenten laufen alle in verschiedene Richtungen auseinander und rufen laut: „Aaaah!".

[Tipp] Das Ending kann auch nur gesprochen werden.

Stimme und Ohren

How To „Cage" A Little Song (F 9, 10)

Text u. Musik: C. Hiller

Übt den Chant, bis ihr ihn sicher singen könnt und gestaltet damit eine Performance, bei der jeder in seinem Tempo, seiner Lautstärke, seinem selbst gewählten Anfangston den Chant sooft singt, wie er möchte.

[Tipp] Experimentiert mit verschiedenen Raumaufstellungen (Gruppen, verteilt usw.).

Auf dem Vulkan tanzen: Aufbruch in die Moderne

Um 1900 machte sich vor dem Hintergrund des schnellen technischen Fortschritts, der Weltausstellungen und des rasanten Bevölkerungswachstums eine weltweite Verunsicherung breit (fin de sìecle). Um die sich schnell und sehr individuell verändernden Lebenswelten darzustellen, suchten Literaten, Bildende Künstler und Musiker nach neuen Ausdrucksmöglichkeiten. Die Suche bildet den Ausgangspunkt für den Stilpluralismus des 20. Jahrhunderts. Die Aussage des Komponisten Alban Berg, „auf dem Vulkan [zu] tanzen", kann als symptomatisch für die politische und gesellschaftliche Situation des 20. Jahrhunderts, aber auch für die Entwicklung der Musik dieser Zeit gesehen werden. Diese ringt um eine neue Klangsprache.

Ludwig Meidner: Apokalyptische Landschaft, 1913

Weltenende
Dem Bürger fliegt vom spitzen Kopf der Hut,
In allen Lüften hallt es wie Geschrei,
Dachdecker stürzen ab und gehn entzwei
Und an den Küsten – liest man – steigt die Flut.

Der Sturm ist da, die wilden Meere hupfen
An Land, um dicke Dämme zu zerdrücken.
Die meisten Menschen haben einen Schnupfen.
Die Eisenbahnen fallen von den Brücken.

Jakob van Hoddis (1887–1942)

In Danzig
Dunkle Giebel, hohe Fenster,
Türme tief aus Nebeln sehn,
Bleiche Statuen wie Gespenster
Lautlos an den Türen stehn.

Träumerisch der Mond drauf scheinet,
Dem die Stadt gar wohl gefällt,
Als läg zauberhaft versteinert
Drunten eine Märchenwelt.

Ringsher durch das tiefe Lauschen
Über alle Häuser weit
Nur des Meeres fernes Rauschen
Wunderbare Einsamkeit.

Und der Türmer wie vor Jahren
singet ein uraltes Lied
Wolle Gott den Schiffer wahren,
Der bei Nacht vorüberzieht.

Joseph von Eichendorff (1788–1857)

Carl Spitzweg: Die Postkutsche, ca. 1880

1 a Vergleicht die Gedichte, Bilder und Hörbeispiele miteinander und notiert eure Beobachtungen. Richtet eure Aufmerksamkeit dabei auch auf die verwendeten Gestaltungsmittel und auf erkennbare historische Entwicklungen. (F 11, 12)

b Diskutiert anhand eurer Ergebnisse, wo sich eurer Meinung nach Brüche in der historischen Entwicklung abzeichnen und überlegt, warum Künstler wohl mit Konventionen brachen bzw. nach neuen Ordnungen und Gestaltungsmitteln suchten.

Revolution der Klänge: Was ist neu an der Neuen Musik?

Am Ende des 19. Jahrhunderts erschien es vielen Musikern, als hätte die Musik einen Endpunkt erreicht: Die Orchester waren gigantisch, die Vielfalt der Instrumente enorm – die Möglichkeiten schienen ausgeschöpft. Ein radikaler Bruch mit der Tradition und die Suche nach einer neuen Klangsprache schien unvermeidlich.

2 **a** Beschreibt mithilfe der Zitate unten, welche drei grundsätzlichen Möglichkeiten es aus der Sicht der Komponisten für eine neue Klangsprache gab.

b Ordnet die Hörbeispiele jeweils einer der genannten Möglichkeiten zu, neue Klänge zu erzeugen. F 13–15

» *Wir sind an einem Punkt angekommen, wo traditionelle Instrumente nicht mehr ausreichen. Es müssen neue Instrumente erfunden werden, zumindest müssen alle Möglichkeiten ausgenutzt werden, die in traditionellen Instrumenten schlummern.* «
(Krzysztof Penderecki)

» *Viele Musiker träumen von kompakten technologischen Kästen, in deren Innerem alle hörbaren Klänge einschließlich der Geräusche bereitstehen, um auf einen Befehl eines Komponisten hin herauszukommen.* «
(John Cage)

3 **a** Spielt die in den nachfolgenden Notenbeispielen markierten Klänge nacheinander auf beliebigen Instrumenten. Lasst sie möglichst lang klingen und lauscht ihrem Klangcharakter nach. Benennt sie dann als konsonant oder dissonant.

b Stellt vor dem Hintergrund eurer Klangerfahrung Vermutungen an, welches Beispiel wohl aus dem 20. Jahrhundert stammt. Begründet eure Entscheidung.

❶
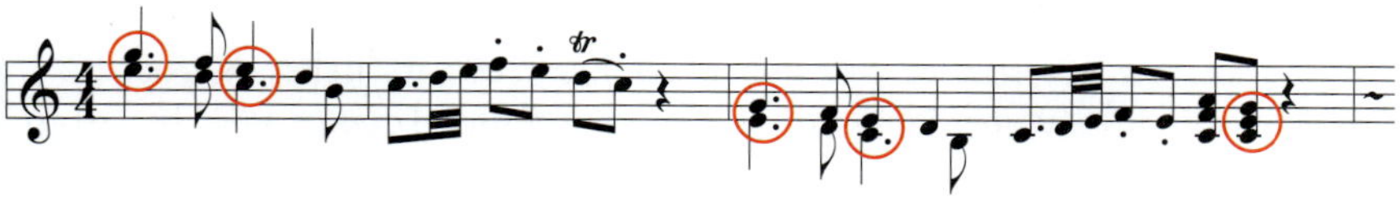

❷
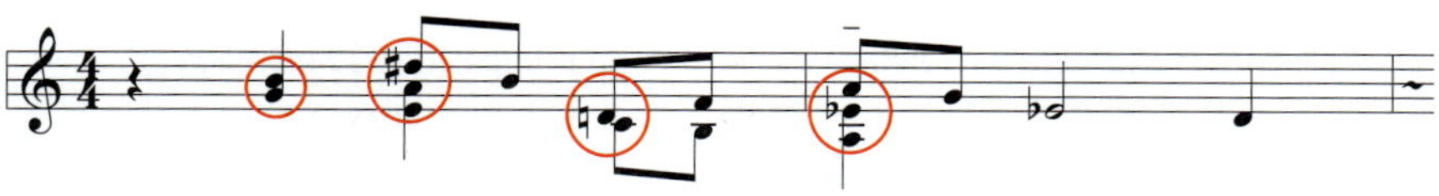

4 Untersucht mithilfe der Hörbeispiele die beiden nachfolgenden Notenzitate. Beschreibt die wesentlichen Unterschiede und leitet daraus ab, wie sich die Musik bis zum 20. Jahrhundert entwickelt hat. F 16, 17

A

B
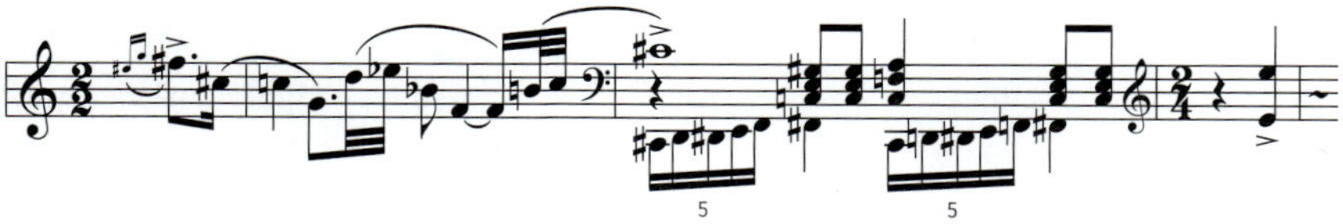

! WISSEN

Neue Kompositionsprinzipien

Dissonanzen („Missklänge") waren in früheren Epochen fast ausschließlich Spannungsklänge, die in Wohlklänge (Konsonanzen) aufgelöst wurden. In der Neuen Musik „emanzipierten" sie sich und standen den Konsonanzen (z. B. Oktave, Quinte, Terz) gleichberechtigt gegenüber. Typische dissonante Intervalle sind Sekunde, Septime oder Tritonus (= drei Ganztonschritte).

Rhythmus war früher lediglich ordnendes Element für eine Komposition und avancierte für viele Musiker des 20. Jahrhunderts zum zentralen Gestaltungselement.

Luft von anderen Planeten: die Auflösung der Tonalität

Mit seinem „Zweiten Streichquartett“ (1908) lässt Arnold Schönberg das tonale System endgültig hinter sich. Gleichsam wie mit einer Metapher für den historisch bedeutenden Schritt in die freie Atonalität singt eine Sopransolistin im vierten Satz: „Ich fühle luft von anderen planeten“ aus einem Gedicht von Stefan George. 1911 hört der Maler Wassily Kandinski die Musik Schönbergs und schreibt an den Komponisten:

W. Kandinski: *Impression III*

» Die heutige malerische und musikalische Dissonanz ist nichts als die Consonanz von morgen. Man nimmt sich, was man braucht […] heute sind so viele Möglichkeiten vorhanden. «

1 Hört euch das Hörbeispiel an und setzt es in Bezug zum nebenstehenden Bild, das Kandinski direkt nach dem Konzert gemalt hat. F 18

2 Seht euch den Videoausschnitt an und fasst zusammen, welche Faktoren zur „Sprengung“ der Tonalität beigetragen haben.

Revolution der Klänge: „Alles ist hin“

Im zweiten Satz verarbeitet Schönberg das Lied „Oh, du lieber Augustin“. Dieses Lied wird mit dem Wiener Bänkelsänger Markus Augustin (1643–1685) in Verbindung gebracht, dem man in Wien 1908 sogar ein Denkmal errichtete.

Kompositionsanregungen
- Melodie/Begleitung in zwei Tonarten oder in Dur und Moll vermischt spielen
- Melodie nacheinander in unterschiedlichen Tonarten spielen
- unpassende Begleitung („falsche“ Akkorde)
- Abspalten von Motiven
- Motive sequenzieren

3 **Gruppenarbeit:** Ihr erhaltet den Auftrag, zur Einweihung des Augustindenkmals auf der Grundlage von „O du lieber Augustin“ eine Komposition zu erstellen.
- **a** Denkt euch eine Gestaltung mithilfe der Anregungen links aus.
- **b** Übt eure Komposition mit verschiedenen Klasseninstrumenten ein und gestaltet eine kleine „Show“ mit Ansager, Band, Orchester usw.
- **c** Stellt das Ergebnis eurer Klasse vor und tauscht euch über eure Erfahrungen und Beobachtungen während des Kompositionsprozesses und der Darbietung aus.

O du lieber Augustin

F 19

Text u. Musik: traditionell aus Österreich

2. Streichquartett, opus 10, 2. Satz (Auszug)

F 20

Musik: A. Schönberg
© Universal Edition

4 Verfolgt mithilfe des Hörbeispiels den vorstehenden Ausschnitt aus dem Streichquartett von Schönberg. Sucht anschließend die verwendeten musikalischen Mittel heraus.

F 20

[Tipp] Die Wissensbox gibt euch weitere Hinweise.

! WISSEN

Atonale Musik

Der Übergang vom 19. zum 20. Jahrhundert ist u. a. durch die Auflösung der Tonalität gekennzeichnet.

Die Musik des 19. Jahrhunderts verwendet in der Regel

- eine Tonart und besitzt dementsprechend einen Grundton, auf den sich Melodien und Harmonien beziehen.
- eine Kadenz als Ende einer (auch komplizierten) Harmoniefolge mit Quintfall.
- ein Metrum.

Musik des 20. und 21. Jahrhunderts kann u. a.

- kein tonartliches Zentrum besitzen.
- Zwölftontechnik (alle zwölf Töne der chromatischen Tonleiter werden völlig gleichberechtigt behandelt) verwenden.
- polytonal (Überlagerung mehrerer Tonarten) angelegt sein.
- Metrum und Rhythmus (z. B. Taktwechsel) frei behandeln.

„Da fliegen die Fetzen": tumultreiche Aufführungen

Bereits die Uraufführung des 2. Streichquartetts von Schönberg (1908) wurde durch lachende Zuhörer gestört. Das Skandalkonzert (Watschenkonzert) von 1913 ist jedoch einzigartig in der Musikgeschichte: Das Publikum reagierte entsetzt auf die neuartige Musik. Laut Presseberichten kam es zu tumultartigen Ausschreitungen. Auch über dieses Konzert berichtet Kandinski:

» *Das Publikum benahm sich pöbelhaft wie Schulfratzen, nieste und räusperte sich unter Kichern und Stühlerücken, sodass es schwer war, der Musik immer zu folgen.* «

5 **a** **Gruppenarbeit:** Tauscht als Teilnehmer des Konzertes (Schönberg, die Musiker, die Besucher des Konzertes) eure Empfindungen und Standpunkte in einem Rollenspiel aus.

b Beurteilt im Plenum, ob es sich bei den Konzerten um Misserfolge handelt und wie man die Ereignisse während des Konzertes bewerten kann. Bezieht in eure Überlegungen auch eure ersten Reaktionen beim Hören der Musik mit ein.

Watschenkonzert (Karikatur aus der ZEIT vom 6.4.1913)

Auf dem Weg zu neuen Ordnungen ...

! WISSEN

Zwölftontechnik
(auch: Dodekafonie von griech. *dodeka* = zwölf, *phonos* = Ton) meint eine Kompositionstechnik, die um 1920 von Arnold Schönberg entwickelt wurde. Mit ihr wurde eine neue Ordnung des musikalischen Materials möglich und die freie Atonalität abgelöst. Schönberg legte fest, dass kein Ton wiederholt werden darf, bevor nicht alle Töne der chromatischen Tonleiter erklungen sind. Dazu wurde zu Beginn eines Kompositionsprozesses eine zwölftönige „Reihe" aufgestellt, die mit den Kompositionsprinzipien der Fuge (Umkehrung, Krebs, Abspaltung etc.) durchgeführt wurde.

Die freie Atonalität führte zu einer immer stärkeren Verkürzung der Stücke (Aphorismen) und schien ein Weg ins Verstummen – in eine Krise. Der 4. Satz der Orchesterstücke „opus 10" (1913) von Anton v. Webern, einem Schüler Schönbergs, besteht aus gerade einmal sechs Takten.

1 **a** Tauscht euch über euren Höreindruck zu „opus 10, Nr. 4" aus. F 21
b Überlegt mithilfe des Videos, warum S. Rattle von „whispermusic" spricht.

... mit zwölf Tönen

Erst 1920 gelingt Schönberg mit der Methode der „Komposition mit zwölf nur aufeinander bezogenen Tönen" der Durchbruch zu ausgedehnteren Kompositionen. Hierbei wurde aus den zwölf Tönen der chromatischen Tonleiter eine Reihe gebildet, die in der gesamten Komposition immer wieder durchlaufen wurde.

2 **a** Notiert eine chromatische Skala und streicht die erklingenden Töne von „opus 10, Nr. 4" ab. Zieht Rückschlüsse hinsichtlich Aufbau und Gliederung des Stücks. Achtung: Der Ton *as* kann dem Ton *gis* entsprechen (enharmonische Verwechslung).
b Beschreibt, wie Webern die zwölf Töne der chromatischen Tonleiter im weiteren Verlauf einsetzt.

3 Von Kritikern wird die Zwölftonmusik als „zu kalt und zu akademisch" geschmäht. Hört euch einen Ausschnitt aus dem 3. Streichquartett von Schönberg (1927) an und nehmt Stellung zu dieser Aussage. F 22

Orchesterstück opus 10, Nr. 4

F 21

Musik: A. v. Webern

Ein Violinkonzert für einen Engel

Auch wenn die Zwölftonmethode vielfach auf Ablehnung stieß, gilt das Violinkonzert von A. Berg als unbestreitbar schön. Der vom tragischen Tod der 18-jährigen Manon Gropius berührte Berg schrieb an deren Mutter Alma Mahler:

» *Aus der Partitur, die dem Andenken eines Engels geweiht sein wird, (mag dir) das erklingen, wofür ich heute keinen Ausdruck finde.* «

4 Tauscht euch mithilfe des Hörbeispiels über die Klangwirkung der Einleitung aus. F 23

5 **a** Übertragt die für das Violinkonzert entworfene Zwölftonreihe Bergs in euer Arbeitsheft und beschreibt ihren Aufbau. Überlegt anschließend, welche melodischen und harmonischen Möglichkeiten die Reihe für den Komponisten eröffnet.

b Betrachtet die Stimme der Solo-Violine. Welche Töne der Reihe verwendet Berg hier? F 23

[Tipp] Denkt bei euren Überlegungen an die Stimmung der Geigensaiten.

Reihe des Violinkonzerts

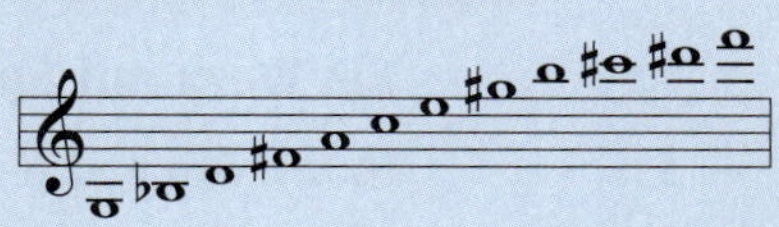

Violinkonzert

F 23

Musik: A. Berg

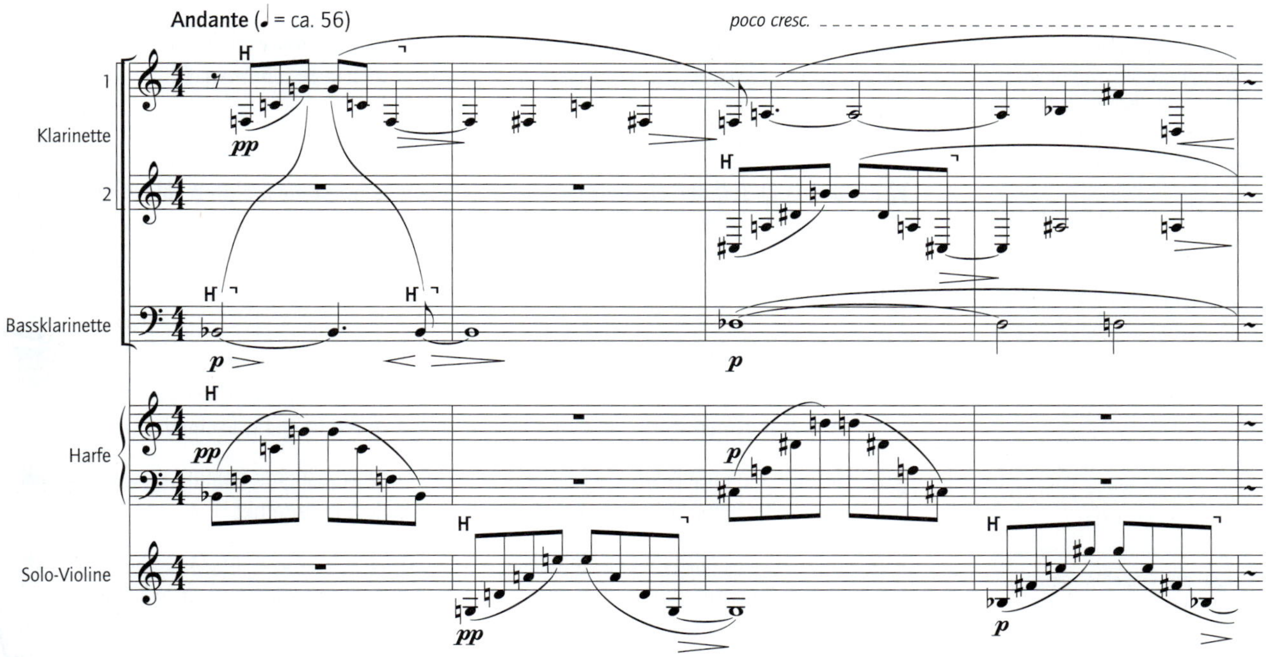

Alban Berg pflegte Symbole und kleine geheime Geschichten in seine Musik zu weben. Im 2. Satz seines Konzerts erklingt am Ende der Choral „Es ist genug“ von J. S. Bach.

6 **a** Beschreibt den Melodieverlauf des Chorals und vergleicht ihn mit der Zwölftonreihe. Hört dann die Aufnahmen der beiden Werke von Bach und Berg an und benennt die Wirkung des Zitats bei Berg. F 24, 25

b Überlegt, warum Berg das Choralzitat von Bach an das Ende seines Violinkonzertes stellte. Informiert euch dazu auch im Internet.

Es ist genug

F 24

Musik: J. S. Bach

Rhythmische Urgewalten: Le sacre du printemps

Nachdem bis ins 19. Jahrhundert eher Melodie und Harmonik im Vordergrund standen, gewann im 20. Jahrhundert der Rhythmus mehr und mehr an Bedeutung.

1 Stellt mithilfe des Videoausschnitts Vermutungen an, warum der Rhythmus im 20. Jahrhundert in den Fokus rückt.

INFO

Strawinski und das Ballett
Musik für professionelle Tänzer entstand erst im Frankreich des 17. Jahrhunderts. Dabei handelte es sich um Ballettmusik (ital.: *ballo* = Tanz), die Teil der Oper war. Ihre Blütezeit liegt in der zweiten Hälfte des 19. Jahrhunderts in Russland (Tschaikowski: „Schwanensee", „Nussknacker"). Eines der weltweit bekanntesten Ballettensembles des 20. Jahrhunderts waren die vom russischen Impresario (Manager) Sergei Diaghilew gegründeten „Ballets Russes". Sie uraufführten die heute bekanntesten Werke Strawinskis: „Der Feuervogel" (1910), „Petruschka" (1911) und „Le sacre du printemps" (1913). Diese drei Ballette zeigen in ihrer Abfolge Strawinskis Weg vom Impressionismus zum Expressionismus.

Ein Werk mit Sprengkraft

In Strawinskis „Le sacre du printemps", das der Komponist Arthur Honegger als „Atombombe der Neuen Musik" bezeichnet haben soll, kann man rhythmische „Urgewalten" ausbrechen hören. Strawinski beschreibt die Handlung des Balletts so:

» *Alte, weise Männer sitzen im Kreis und schauen dem Todestanz eines jungen Mädchens zu, das geopfert werden soll, um den Gott des Frühlings günstig zu stimmen.* «

Augenzeugen berichteten von der Uraufführung (1913):

» *Ein gewisser Teil der Zuhörer war fasziniert von dem wie sie meinten „blasphemischen" Versuch, die Musik als Kunst zu zerstören. Von wütender Begeisterung mitgerissen fingen sie bald, nachdem der Vorhang sich geöffnet hatte, an, zu miauen und laute Vorschläge für den Fortgang der Vorstellung zu machen.* «

2 Die beiden Videoausschnitte zeigen ein Ballett des 19. Jahrhunderts und einen Ausschnitt aus „Le sacre du printemps". Beschreibt die jeweils verwendeten Gestaltungsmerkmale und benennt Gemeinsamkeiten und Unterschiede.

3 Hört die Einleitung an und überlegt, was die Konzertbesucher damals so verstört haben könnte. Informiert euch zusätzlich im Internet. F 26, 27

4 **a** Beschreibt mithilfe des Hörbeispiels einen Ausschnitt aus dem „Tanz der Jünglinge". Achtet auf Instrumentierung, Rhythmus und thematische Entwicklung. F 27
b Übertragt das Notenbeispiel unten als Rhythmuszeile in euer Arbeitsheft. Hört euch mehrmals das Hörbeispiel an und tragt in den Noten die rhythmischen Akzente ein. Benutzt dazu das Zeichen für „marcato" (^).

Tanz der Jünglinge (Ausschnitt aus: Le sacre du printemps)

Musik.: I. Strawinski
© Boosey

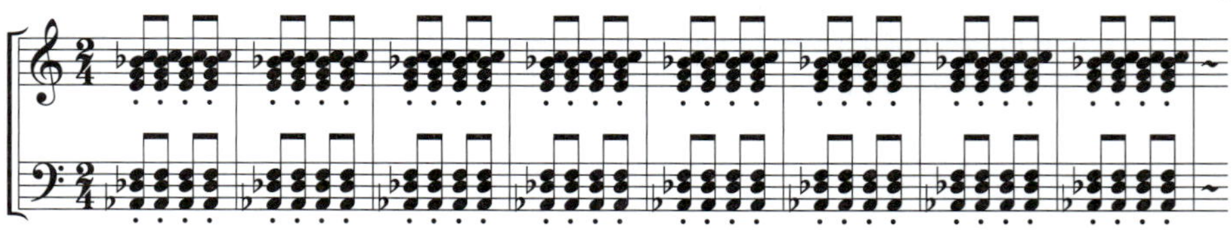

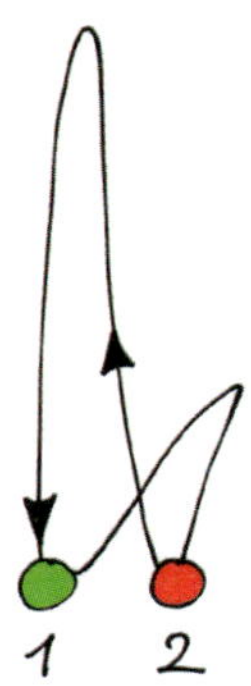

Schlagfigur für den 2/4-Takt

5 **Gruppenarbeit:** Legt fest, wer Dirigent, Pianist 1 (tiefer Akkord As/des/f), Pianist 2 (hoher Akkord e1/g1/b1/c2) und Perkussionist mit Claves (Klangstäben) ist, und spielt gemeinsam das Notenbeispiel. Der Claves-Spieler setzt die Akzente. Der Dirigent schlägt mit der rechten Hand einen 2/4-Takt. Tauscht die Aufgaben und Instrumente.

Danse sacrale: Le Sacrifice (Ausschnitt aus: Le sacre du printemps)

F 28

Musik.: I. Strawinski
© Boosey

INFO

Igor Strawinski (1882–1971)
reiste 1910 nach Paris, wo unter anderem auch „Le sacre du printemps" (1913) uraufgeführt wurde. Ab 1920 lebte Strawinski vorwiegend in Frankreich, später in den USA. In seiner langen Schaffenszeit schrieb er zunächst Werke in spätromantisch-impressionistischer Tradition („Der Feuervogel"), wandte sich dann einer völlig neuen Tonsprache zu, in der die Rhythmik dominierte („Le sacre du printemps", „L'histoire du soldat") und schrieb zuletzt im neoklassizistischen Stil („Psalmensinfonie").

6 Verschafft euch mithilfe des Hörbeispiels einen Überblick über die Partitur, die in Schichten aufgebaut ist. Erläutert die Spielweise der einzelnen Schichten und benennt die Instrumente/Instrumentengruppen, die diese Schichten spielen. F 28

7 Nehmt mithilfe des Videos Stellung zu folgendem Zitat:
» Strawinskis Einsatz einer obsessiven und verstörend unregelmäßigen Rhythmik macht die traditionelle Vorstellung vom Metrum zunichte. «

„Anything Goes" – Musik nach 1945

» Der einzige allgemeine Grundsatz, der den Fortschritt nicht behindert, lautet: Anything goes. «

Dieses Zitat des deutschen Philosophen Paul Feyerabend beschreibt eigentlich dessen anarchistische Wissenschaftstheorie. Da Feyerabend in der Kunst auch eine Möglichkeit zum Erkenntnisgewinn sah, beeinflusste das Zitat auch die Entwicklung der Kunsttheorie im 20. Jahrhundert und wurde zum Sinnbild für die Möglichkeiten der Literatur, Bildende Kunst und Musik in der zweiten Hälfte des 20. Jahrhunderts.

Serialismus

Die serielle Musik (von frz.: *sérielle* = gereiht) entstand in Frankreich und ist eine Weiterentwicklung der Zwölftonmusik. Während man in der Dodekaphonie nur die Töne der chromatischen Tonleiter streng sortiert hatte, wurden in der seriellen Musik möglichst alle musikalischen Parameter (Tonhöhe, Tondauer, Lautstärke und Klangfarbe) in Zahlenreihen sortiert. Die Idee einer möglichst „reinen" Musik entsprang dem Wunsch nach großer Klarheit, ohne Überflüssiges, ohne Unbestimmtheit und ohne Beliebigkeit des persönlichen Geschmacks. Kritiker werfen dieser Musik einerseits Unspielbarkeit vor, andererseits könne kein Mensch diese Ausdifferenzierungen hörend erfassen.

Wichtige Vertreter: Luigi Nono, Luciano Berio

Präparierte Instrumente

Um 1940 begann John Cage, die Saiten eines Klaviers mit Radiergummis, Papier oder sogar Nägeln zu präparieren, um unterschiedliche Klänge (z. B. perkussive Sounds, Mehrklänge oder sehr hohe Flageolett-Töne) zu erzeugen. „Es gilt, das akademisch verbotene, nichtmusikalische Klangfeld, soweit dies manuell möglich ist, zu erforschen" forderte Cage bereits einige Jahre zuvor. Die Technik der präparierten Instrumente hat insbesondere auch den Jazz und den Bereich des Dark Wave beeinflusst. Nach Ca[ge] griffen viele Komponisten Neue[r] Musik auf die Manipulati[on] von Instrumenten zurück.

1 Bildet fünf gleich große Stammgruppen und arbeitet anhand der Informationen in den farbigen Flächen jeweils zu einem der aufgeführten Stile bzw. Kompositionsrichtungen wesentliche Aspekte und Merkmale heraus. Weitere Informationen findet ihr im Internet.

2 **a** Findet euch in Expertenrunden mit fünf Mitgliedern mit jeweils einer Person aus jeder Stammgruppe zusammen. Informiert euch gegenseitig über die Musikstile und diskutiert, ob der Slogan „Anything goes" für die Musik in der zweiten Hälfte des 20. Jahrhunderts gerechtfertigt ist. Ordnet dabei auch die abgebildeten Notenbeispiele den Kompositionsrichtungen zu.

b Hört euch drei Hörbeispiele an und versucht, diese den genannten Kompositionsrichtungen zuzuordnen. F 29–31

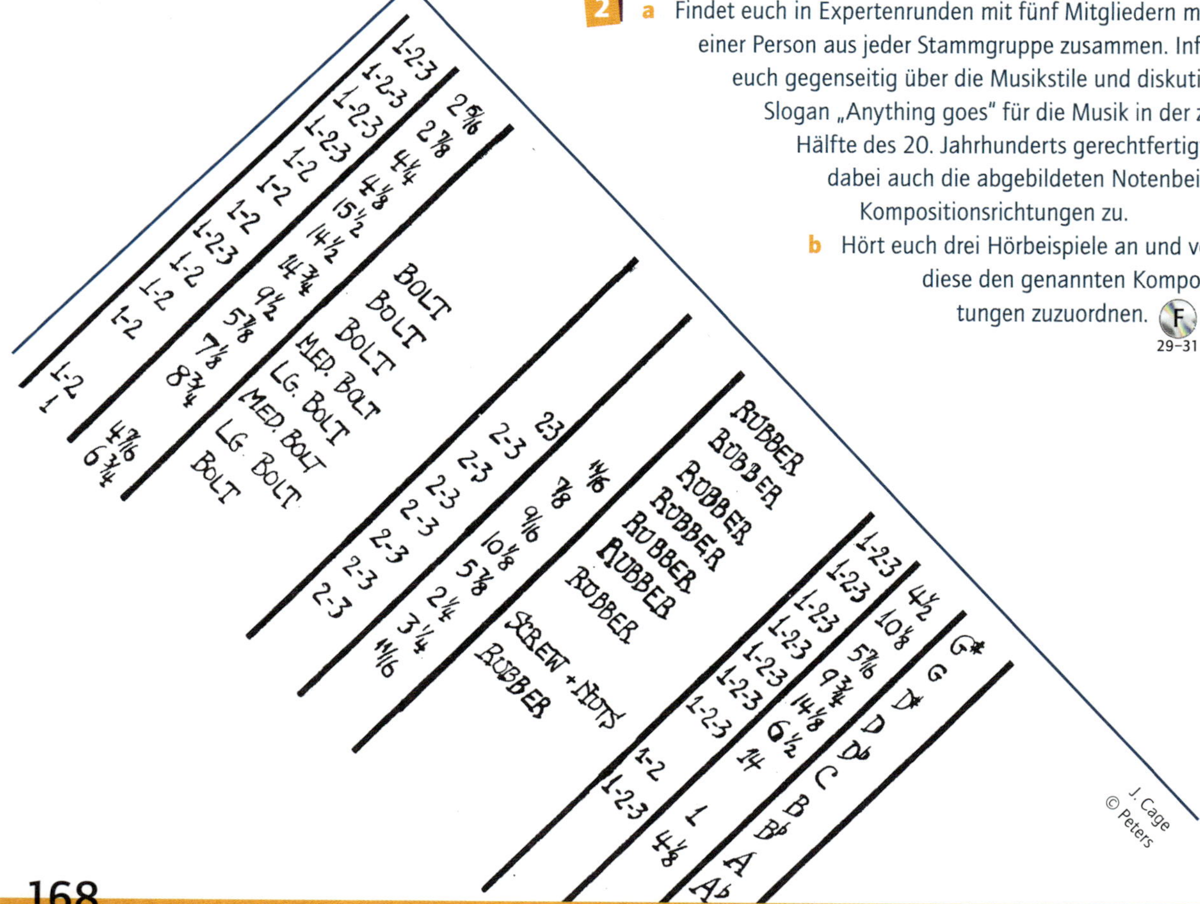

J. Cage © Peters

K. Stockhausen
© Universal Edition

K. Stockhausen
© Universal Edition

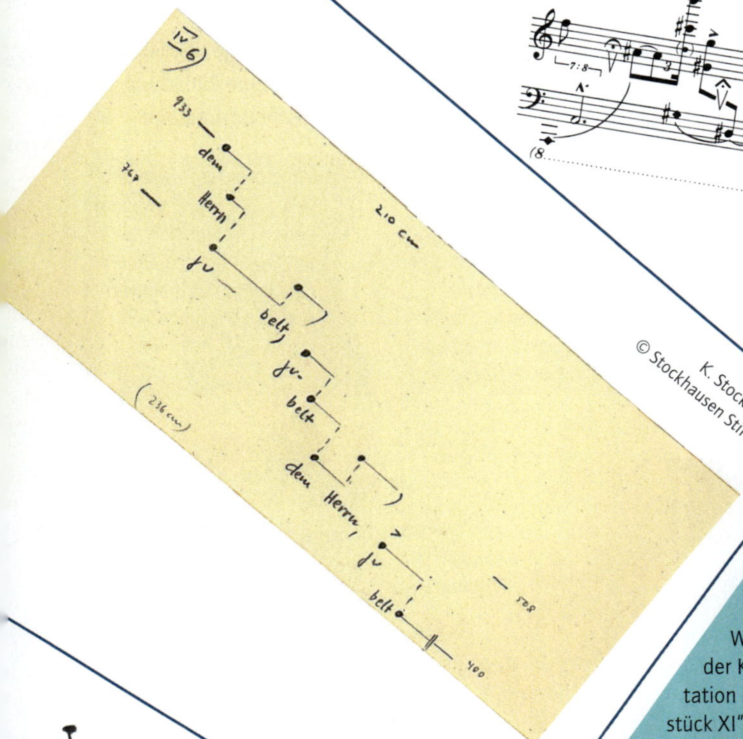

K. Stockhausen
© Stockhausen Stiftung

4'33''

Die Komposition von John Cage wurde wohl wie kein anderes Werk des 20. Jahrhunderts zu einem Schlüsselwerk der Neuen Musik, da es Zuhörer und Komponisten zum Nachdenken über die Frage anregte, was Musik ist. Das Werk besteht aus drei Teilen, die in der Originalversion zusammen 4 Minuten und 33 Sekunden dauern. Allerdings wird während der gesamten Aufführung kein einziger Ton gespielt, sondern man hört lediglich die Geräusche, die sich aus der Aufführungssituation mit allen Beteiligten – also auch dem Publikum – ergeben. Die erste Aufführung wurde zu einem Skandal, weil das Publikum vorher nicht wusste, dass keine Musik erklingen würde. Das Stück wird regelmäßig auf vielen Bühnen der Welt zur Aufführung gebracht.

Aleatorik

In der aleatorischen Musik (von lat. *alea* = der Würfel) wirkt der Zufall als Mittel der Komposition, aber auch der Interpretation mit. In Karlheinz Stockhausens „Klavierstück XI" (1956) sollen die Teile in zufälliger Reihenfolge erklingen, wobei Tempo, Lautstärke und Anschlagsform jeweils am Ende des vorangegangenen Teiles vorgeschrieben sind. John Cage benutzt das chinesische Orakel „I Ging" für viele seiner Kompositionen.

Wichtige Vertreter: Karlheinz Stockhausen, John Cage, Pierre Boulez, Witold Lutoslawski

J. Cage
© Edition Peters

Elektronische Musik

Die Verwendung von Schallplatten, Tonbändern und Computern zur Erzeugung von Musik oder musikalischen Effekten begann bereits in den 1940er-Jahren in Paris. Diese „musique concrète" arbeitete mit aufgenommenen Alltagsklängen, die zu Collagen kombiniert wurden. In den 1950er-Jahren wurden die elektrischen und elektronischen Mittel auch in anderen Kompositionsstilen eingesetzt, die „elektroakustische Komposition" entstand. Eine Idee war, den Interpreten überflüssig und die Ideen des Komponisten unmittelbar dem Hörer zugänglich zu machen. Der Computer machte schließlich die Entwicklung der „Live-Elektronik" möglich, also der Steuerung elektronischer Effekte während des Konzertes.

Wichtige Vertreter: Karlheinz Stockhausen, Pierre Boulez, Edgar Varèse, Robin Minard, Pierre Schaeffer

MusiCircus – ein kooperatives Klangprojekt

INFO

John Cage
(1912–1992)
war ein amerikanischer Komponist und Künstler und gilt in vielen Bereichen der Neuen Musik als Pionier (Aleatorik, elektroakustische Musik, präparierte Instrumente). Seine Beschäftigung mit indischer und chinesischer Philosophie, insbesondere dem Zen-Buddhismus führte ihn zur Auseinandersetzung mit Unbestimmtheit in der Musik. Die Komposition ASLSP (as slow as possible) für Orgel wird seit 2001 in Halberstadt aufgeführt und soll 639 Jahre später, also im Jahre 2640, enden.

John Cage war einer der kreativsten Köpfe des 20. Jahrhunderts, der ständig mit neuen Ideen und Konzepten experimentierte. 1967 ließ er an der University of Illinois seine Kompositionsidee „MusiCircus" umsetzen, zu der er die untenstehende Einladung verteilen ließ. Die Idee war eine Simultanaufführung von möglichst vielen verschiedenen Musikstücken. Für jede Aktion wurde der Beginn und die Dauer der Aktion „ausgewürfelt".

1 Bereitet eine Aufführung der Komposition „MusiCircus" von John Cage vor. Sucht euch dazu einen Ort im Schulhaus mit ausreichend Platz und entwerft eine Einladung in Form eines Plakats. Verwendet den angepinnten Text unten als Textgrundlage.

1. Würfelt für jeden Musiker oder jede Gruppe, die teilnehmen will, mit zwei Würfeln aus, in welcher Minute die Aktion jeweils beginnt und mit einem Würfel, wie lange die Musik jeweils dauern soll.
2. Die Performance sollte in einer großen Pause stattfinden. Dokumentiert die Performance mit einer Videokamera. Befragt anschließend Schüler und Lehrer zu ihren Eindrücken.
3. Wertet in der Klasse das Video, die Interviews und eure eigenen Eindrücke abschließend aus. Erstellt eine kurze Dokumentation von euren Ergebnissen.

Die Uraufführung des MusiCircus in Illinois

MUSICIRCUS

„Es werden Leute eingeladen,
die willens sind,
alle zugleich am gleichen Ort zur gleichen Zeit zu spielen …
Sie werden nichts hören – sie werden alles hören …
Der ***MusiCircus*** ist ein schwierig durchzuführendes Ereignis,
weil z. B. ein Clavichord-Spieler geneigt ist, aufzuhören,
sobald eine Rock-'n'-Roll-Band zu spielen beginnt.
Aber wenn sich Leute finden, die da weiterspielen,
hat man es geschafft …
Was man braucht ist ***Hingabe.***
Dann wird jemand, der mitmacht,
nicht den Druck eines einzelnen Egos spüren …
und diese Erfahrung ist euphorisch."

Pluralismus – Fluch oder Segen?

Gegen Ende des 20. Jahrhunderts schien musikalisch alles möglich zu sein. Für das Publikum war der „Pluralismus" aber eher verstörend, denn er warf Fragen auf, die den Anspruch von Kunst und Musik in ihrem innersten Kern betrafen. „Das kann ja jeder!" war typische Äußerung, wenn Musik aus Umgebungsgeräuschen (4'33''), Alltagsgeräuschen oder aus vom Computer generierten Strukturen bestand.

2 **a** Schreibt auf Kärtchen Argumente, die dafür/dagegen sprechen, dass die Botschaft des Kunstwerks wichtiger ist als das „Können" des Künstlers.
Sammelt die Kärtchen an der Tafel und sortiert sie.

b Überführt das entstandene Meinungsbild in eine „Fishbowl"-Diskussion. Stellt dazu fünf Stühle in die Mitte des Raumes. Eine erste Gruppe von Schülern nimmt Platz und diskutiert, die anderen beobachten. Durch Antippen eines Schülers kann man dessen Platz übernehmen und mitdiskutieren, Fragen stellen usw.

Kunst oder Karikatur?

In der Musik des 20. und 21. Jahrhunderts lösen sich die traditionellen Ordnungskräfte Harmonik, Melodik und Rhythmik auf. Bei der Suche nach neuen Klangereignissen verwenden Komponisten u. a. Cluster, Glissandi, Geräusche oder ungewohnte Spieltechniken, die oft auch neue Formen der Notation notwendig machen. Damit grafische Notationen im Sinne des Komponisten umgesetzt werden können, braucht es oft Erklärungen durch ausführliche Legenden.

1 Entschlüsselt das Stück „Hommage à Csajkovszkij" des ungarischen Komponisten György Kurtág. Verwendet dazu die Angaben in der Legende. Realisiert das Stück auf dem Klavier.

Hommage à Csajkovszkij

F 32

Musik.: G. Kurtág
© Ricordi

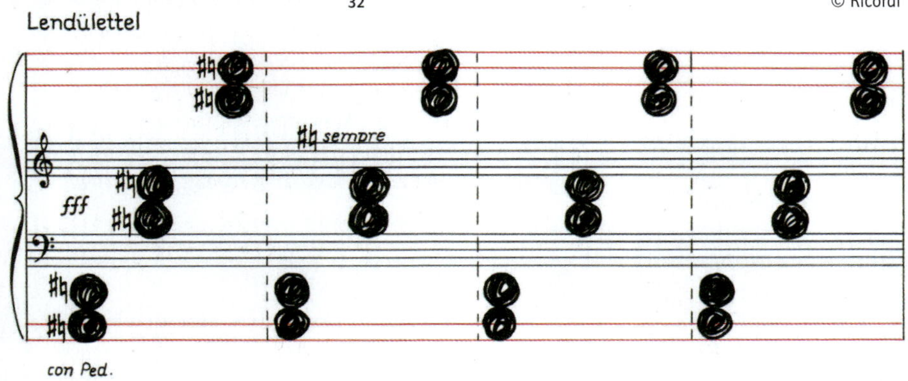

In seiner Komposition befasst sich Kurtág mit Tschaikowskis berühmtem Klavierkonzert in b-Moll.

2 **a** Informiert euch noch einmal über die Entwicklung des Klavierkonzertes im 19. Jahrhundert (s. S. 128). Tauscht euch mithilfe des Hörbeispiels über die Wirkung von Tschaikowskis Komposition aus. F 32

b Vergleicht die Notenausschnitte von Kurtág und Tschaikowski. Beschreibt, welche Aspekte Kurtág aufgreift, um den Gestus des Klavierkonzertes nachzuahmen.

c Spielt das Stück von Kurtág nochmals. In welchen Aspekten hat sich eure Umsetzung verändert?

Klavierkonzert in b-Moll

F 33

Musik.: P. Tschaikowski

3 **a** Erläutert, inwiefern Kurtágs Komposition eine „Essenz" des Klavierkonzertes darstellt.

b Bildet euch eine Meinung darüber, ob es Kurtág gelungen ist, eine „Hommage à Csajkovszkij" zu schaffen.

György Kurtág

Legende

Lendülettel = schwungvoll

Tastentabelle:

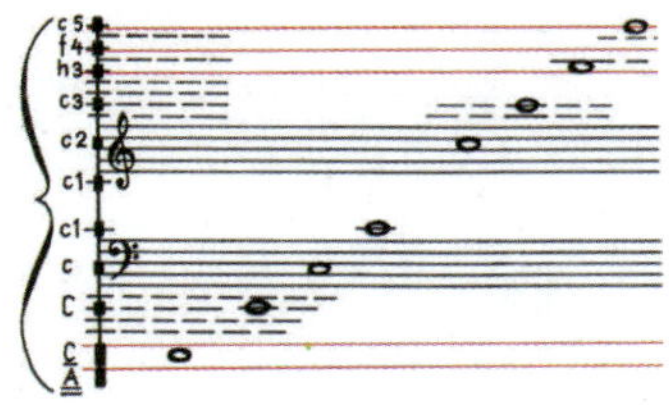

beide Handflächen nebeneinander

INFO

György Kurtág

Neben György Ligeti gilt György Kurtág heute als der bedeutendste ungarische Komponist nach 1945. Während Ligeti Ungarn 1956 verließ und im Westen schnell zu einem gefeierten Komponisten wurde, blieb Kurtág in Budapest und war deswegen lange ein „Geheimtipp" unter Eingeweihten. Inzwischen werden seine Werke weltweit aufgeführt. Seine Musik ist geprägt von äußerster Beschränkung und Knappheit, wie es auch für die Musik von Anton Webern kennzeichnend ist. Seine Kompositionen nehmen in ihrer kammermusikalischen Ausrichtung beinahe eine Gegenposition zu den Werken vieler Zeitgenossen ein, die oft große Besetzungen benötigen und mitunter exzentrisch inszeniert werden.

In der Komponistenwerkstatt: Michael Obst

Was macht eigentlich ein Komponist?

Es ist schwer, einen Komponisten bei der Arbeit zu beobachten, denn vieles spielt sich dabei nur im Kopf des Komponisten ab. Aber man kann ihn zu seiner Vorgehensweise, zur Entwicklung seiner Ideen und zu seiner Motivation befragen.

1

? Was motiviert einen Komponisten von Neuer Musik, sich nicht von den Interessen des Marktes leiten zu lassen und Popmusik zu schreiben?

! *Popmusiker haben es genauso schwer. Nur wenige von ihnen machen wirklich Karriere. Wenn man ein inneres Bedürfnis hat, Neues zu erschaffen, ist die Frage nach dem finanziellen Erfolg – insbesondere für einen jungen Menschen – nicht so wichtig.*

2

? Kann man heute überhaupt noch etwas Neues schreiben?

! *Uneingeschränkt: Ja! Dabei erwartet man vielleicht weniger den Anspruch des „kompositionstechnisch Neuen", sondern die Frage, ob die Komposition einen individuellen, künstlerischen Ausdruck hat, ob sie musikalisch überzeugen kann und als Ganzes gelungen wirkt. Falls ja, dann ist sie auf jeden Fall neu. Viele Parameter in der Musik wurden im 20. Jahrhundert bis in die Extreme ausgereizt. In der Harmonik ging es zum Beispiel von der Tonalität zur Atonalität, dann hin zu Vierteltönen und zur Mikrotonalität, bis man schließlich das Geräusch kompositorisch verwendete. Mit dem weißen Rauschen bist du dann am Ende der Möglichkeiten. Ähnlich erging es der Form in der Musik: Aphorismen, also extrem kurze Stücke, stehen beispielweise einer Orgelkomposition gegenüber, die 639 Jahre dauern soll. Ein neues Stück muss daher weniger durch kompositionstechnische Inhalte überzeugen als vielmehr durch seine individuelle künstlerische Aussage.*

3

? Orientiert sich ein Komponist auch an der Vergangenheit? Oder versucht er, sich bewusst davon abzugrenzen?

! *In einigen Werken ist mir die Vergangenheit durchaus gegenwärtig. In diesem Zusammenhang entstanden Kompositionen, in denen ich mich mit anderen Komponisten der Musikgeschichte auseinandergesetzt habe, zum Beispiel mit Schumann oder Schostakowitsch. Es gibt demgegenüber aber auch viele Werke ohne eine Orientierung an Vorbildern. Musikalische Zitate als Kompositionsmittel können in bestimmten Zusammenhängen hilfreich sein, um eine besondere Wirkung zu erzielen.*

4

? Wie wird Komposition unterrichtet?

! *Kompositionsunterricht bewegt sich im Spannungsfeld zwischen handwerklichem Können und künstlerischer Fantasie. Handwerk bezieht sich auf die Beherrschung von Form, Inhalt, Struktur, aber auch auf Notation, Instrumentation und Layout einer Partitur. Wichtig ist dabei die Förderung der Entwicklung einer eigenen musikalischen Sprache: Wie schreibt man auf, was man sich musikalisch vorstellt? Wesentlicher Bestandteil des Unterrichts ist daher das Gespräch und die Auseinandersetzung mit dem konkreten Inhalt der entstehenden Kompositionen.*
Das geschieht sehr individuell, da jeder junge Komponist seine eigene künstlerische Vorstellungskraft hat.

1 Macht euch anhand des Interviews vertraut mit der kompositorischen Philosophie von Michael Obst. Hört euch dann einen Ausschnitt aus der Komposition „Nachtstücke" an und tauscht euch darüber aus, ob ihr die Äußerungen des Komponisten darin wiedererkennen könnt. F 34

INFO

Michael Obst

(*1955) studierte zunächst Schulmusik in Mainz und später Klavier und Komposition in Köln. Danach war er als Pianist des „Ensemble Modern" und als Interpret bei Karlheinz Stockhausen tätig. Seine ersten elektronischen Kompositionen waren international sehr erfolgreich. Später komponierte er mehr für Instrumente. Es entstanden bisher drei Opern, drei Kompositionen für Stummfilme, Orchesterwerke und Kammermusiken ebenso wie Kompositionen für Soloinstrumente. Seit 1997 ist er Professor für Komposition an der „Hochschule für Musik Franz Liszt" in Weimar, von 2010 bis 2013 unterrichtete er außerdem an der Universität für Musik und Darstellende Kunst in Wien.

Nosferatu – wie entsteht eine Komposition?

Am Anfang steht meist eine Idee …

2 Lest euch die **Aussagen** von Michael Obst und die **Informationen** in den Boxen durch. Erstellt anschließend einen Ablaufplan eines Kompositionsprozesses von der ersten Idee bis zur Uraufführung.

3 Beschreibt die besonderen Herausforderungen bei der Komposition von Stummfilmmusik anhand der Zitate.

„Nosferatu" wird vertont

Aussagen

» Ich habe den Film zunächst sehr oft gesehen und ihn nach der Gewichtung der Szenen analysiert und geordnet nach:

1. *wichtige Szenen*
2. *Übergangsszenen*
3. *Füllszenen*

Daraus entstanden verschiedene Arten der musikalischen Umsetzung:

1. *Musikalische Interpretation der Szene / Darstellung der psychologischen Verfassung der Protagonisten*
2. *Musikalische Illustration, z. T. direkte Übersetzung der Bilder in Musik*
3. *„Musikalisches Szenario" mit Klangatmosphären «*

» 2002 erhielt ich einen Kompositionsauftrag für ein Festival für zeitgenössische Musik in Paris und begann bald mit der Arbeit. «

» … handschriftliche Skizzen … «

» Bei Filmmusik arbeite ich oft mit Metronom und Stoppuhr auf der Suche nach dem optimalen Timing der Musik. «

» Die Vorgabe durch das Ensemble war eine Besetzung mit 18 Instrumenten. So wurden es drei Quartette sowie Klavier und Schlagwerk. «

» Die Originalfilmmusik stammt von Hans Erdmann. Ich kannte sie nicht und habe mich nicht daran orientiert. «

» Warum keine Hörner? Für den satten Orchesterklang schien mir die Besetzung mit Trompeten und Posaunen besser. Auf die Oboe habe ich verzichtet, weil sie klanglich oft sehr dominant ist. Schlagzeug und Klavier treten oft in einen Dialog. «

» Nachdem ich bereits Musik für die ‚Doktor-Mabuse'-Filme komponiert hatte, entstand in mir bald der Wunsch, ‚Nosferatu' zu vertonen. «

» Anstelle einer Leitmotivtechnik habe ich mich mehr auf eine szeneneigene motivische Entwicklung konzentriert. «

Informationen

Das Ensemble *InterContemporain* wurde 1976 von Pierre Boulez gegründet und ist seitdem eines der weltweit richtungsweisenden Ensembles für zeitgenössische Musik. Es bietet künstlerisch herausragende Interpretationen einzelner Werke unserer Epoche. Komponisten steht das Ensemble zur Zusammenarbeit und für exemplarische Uraufführungen zur Verfügung.

Die am Computer gesetzten Noten gehen an die Musiker und den Dirigenten.

Uraufführung beim Festival „Le merveilleux" 2003 in der Cité de la Musique, Paris, durch das Ensemble *InterContemporain*

Bei den Proben ist der Komponist meist anwesend, bekommt Rückmeldungen der Musiker und gibt Hinweise, meist zur Gestaltung von Dynamik und Tempo.

INFO

Nosferatu –
eine Sinfonie des Grauens

F. W. Murnaus Stummfilmklassiker (1922) basiert auf dem Roman „Dracula" von B. Stoker. Graf Orlok (Dracula) kauft ein Haus in der Stadt Wisborg, nachdem er ein Bild von Ellen, der Verlobten des Maklergehilfen, gesehen hat. Graf Orlok bringt als Vampir das Grauen in Form der Pest nach Wisborg. Nur durch das Opfer eines unschuldigen Mädchens kann die Stadt gerettet werden …
„Nosferatu" (rum.: der Unausstehliche) ist in Rumänien ein Synonym für den Teufel.
Im Untertitel des Filmes „Sinfonie des Grauens" steckt ein musikalischer Formbegriff. Der Film ist in fünf Akten angelegt und kommt damit den Formteilen einer Sinfonie sehr nahe.

Inside The Score – Aspekte einer Komposition

Die Partitur zu „Nosferatu" umfasst mehr als 400 Seiten. Film und Musik dauern 93 Minuten. An zwei kleinen Ausschnitten könnt ihr zentrale Aspekte der Komposition und der Kompositionstechnik kennenlernen.

4 Vergleicht den Ausschnitt aus der Gesamtpartitur von „Nosferatu" mit einer romantischen Orchesterpartitur (siehe S. 132). Nennt Gemeinsamkeiten und Unterschiede der Partituren.

Michael Obst verwendete während des Kompositionsprozesses auch eine Stoppuhr und ein Metronom, um Bildschnitte und Strukturierung der Szenen zu analysieren bzw. die Musik passgenau zu den Bildern und Schnitten zu komponieren.

5 **a** Erläutert, an welchen Stellen dieses Vorgehen in der Partitur sichtbar wird.

b Überlegt, welche Wirkung dadurch in Zusammenspiel von Stummfilmhandlung und Musik entsteht.

c Hört euch nun diesen Abschnitt an und verfolgt dabei den Ablaufplan unten. Seht euch anschließend die ganze Szene mit Video an. Tauscht euch über eure Eindrücke aus und geht dabei vor allem auf das Verhältnis zwischen der Musik und den Bildschnitten ein.

Szene aus „Nosferatu"

Nosferatu F 35

Musik: M. Obst

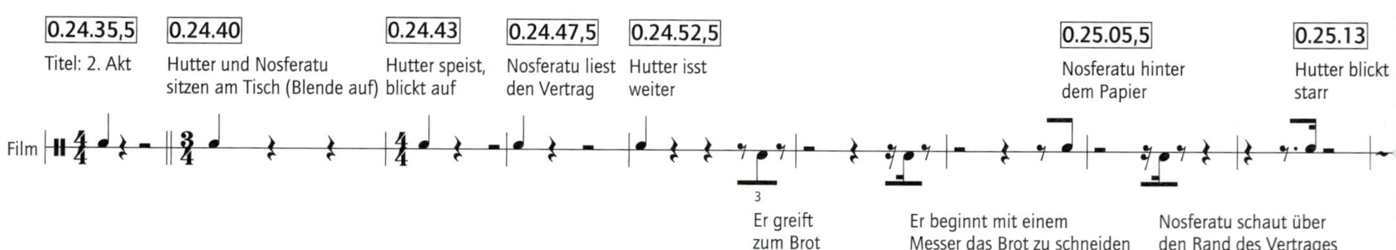

Kompositionstechniken in der Schlussszene

Im letzten Teil des Films opfert sich Ellen für die Stadt Wisborg, indem sie sich von Nosferatu töten lässt. Da er dabei jedoch durch den ersten Hahnenschrei gestört wird, löscht er auch seine eigene Existenz aus. In dieser entscheidenden Szene setzt Michael Obst die Instrumente auf sehr ungewöhnliche Weise ein.

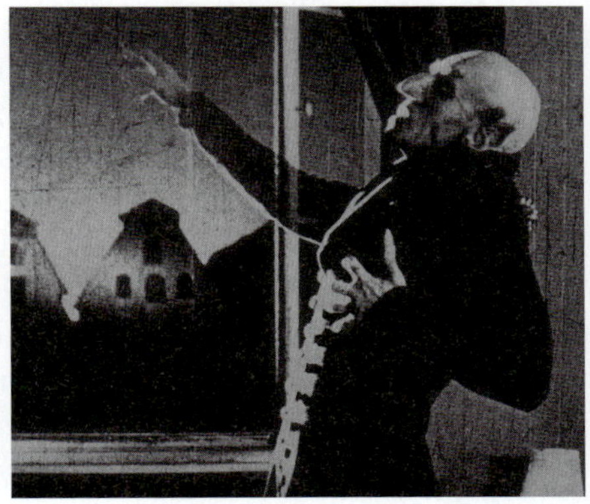

Szene aus „Nosferatu"

6 a **Gruppenarbeit:** Seht euch jeweils eines der Notenbeispiele aus der Schlussszene des Films an. Benennt die jeweiligen Besonderheiten und versucht der Klasse dann zu erklären, wie dieser Effekt klingen könnte.
b Hört euch die vier Hörbeispiele an und ordnet sie den Notenbeispielen zu. F 36–39
c Schaut euch das Video an, in dem M. Obst die Notenausschnitte mit Musikern probt. Worauf kommt es ihm dabei an?

7 a Verfolgt die Mitlaufpartitur zur letzten Szene und notiert euch besondere Klangeffekte. Stellt Vermutungen an, wie diese die Wirkung des Filmausschnitts beeinflussen könnten.
b Tauscht euch anhand der letzten Filmszene darüber aus, in welcher Weise die Musik von Michael Obst die Wirkung der stummen Bilder tatsächlich beeinflusst.

[Das habt ihr gelernt]

- was zur Entwicklung der Musik im 20. Jahrhundert beigetragen hat
- einige musikalische Neuerungen im 20. Jahrhundert
- was man unter Atonalität und Zwölftontechnik versteht
- etwas über die Zweite Wiener Schule
- die zentrale Rolle des Rhythmus im 20. Jahrhundert, z. B. in „Le sacre du printemps"
- einen Einblick in die Vielfalt der musikalischen Entwicklungen nach 1945
- John Cages „MusiCircus" aufzuführen und eine ästhetische Bewertung dieser Komposition vorzunehmen
- wie der zeitgenössische Komponist Michael Obst arbeitet und welche Kompositionstechniken und Instrumentalklänge er in der Filmmusik zu „Nosferatu" verwendet

Visitenkarte 20./21. Jahrhundert

Musik

Zu Beginn des 20. Jahrhunderts wurden die spätromantische Klangwelt aufgegeben und verschiedene neue Wege eingeschlagen, darunter die Zwölftonmusik (Schönberg), der Neoklassiszismus (später Strawinski) sowie die experimentelle Musik (Cage). Sie ebneten u. a. den Weg für einen Pluralismus der Stile: Gattungen, Formen und Stile verschwammen zunehmend. Prägend für das 20. Jahrhundert war außerdem die Entstehung des Jazz und der Pop- und Rockmusik, welche gleichermaßen die europäische Kunstmusik beeinflussten und von ihr beeinflusst wurden. Die Entwicklung der Schallaufzeichnung bis hin zur digitalen Revolution führte zusehends zu einer globalen Verbreitung verschiedenster Musiken. Die Musik anderer Völker, die europäisch geprägte Kunstmusik, Jazz, Rock und Pop stehen mittlerweile in transkulturellem Austausch miteinander.

Literatur und Gedankenwelt

Die Literatur des 20. Jahrhunderts ist vielfach geprägt durch die Verarbeitung der beiden Weltkriege und des Nationalsozialismus. Utopische Romane wie z. B. „1984“ (G. Orwell) oder „Brave New World“ (A. Huxley) sollten mit den darin enthaltenen Zukunftsvisionen Mahnmale für die Zukunft sein. In der Lyrik wurden sprachliche und formale Strukturen aufgelöst (z. B. E. Jandl, D. Grünbein, P. Celan), die Einheit von Inhalt, Zeit und Ort spielte im Drama keinerlei Rolle mehr.

Die Gedankenwelt des 20. und 21. Jahrhunderts ist geprägt von den rasanten Entwicklungen in den Naturwissenschaften (Relativitätstheorie, Atomphysik, Astronomie), welche die Globalisierung, die Sorge um das Weltklima und die Bevölkerungsentwicklung prägen .

Komponisten im Fokus:

A. Schönberg
1874-1951

Wohnorte
geb. in Wien; Los Angeles

Beruf
Komponist, Kompositionslehrer, Maler

Wichtige Werke
„Die glückliche Hand“ (Oper), Gurrelieder, Orchesterwerke, Klavier- und Kammermusik

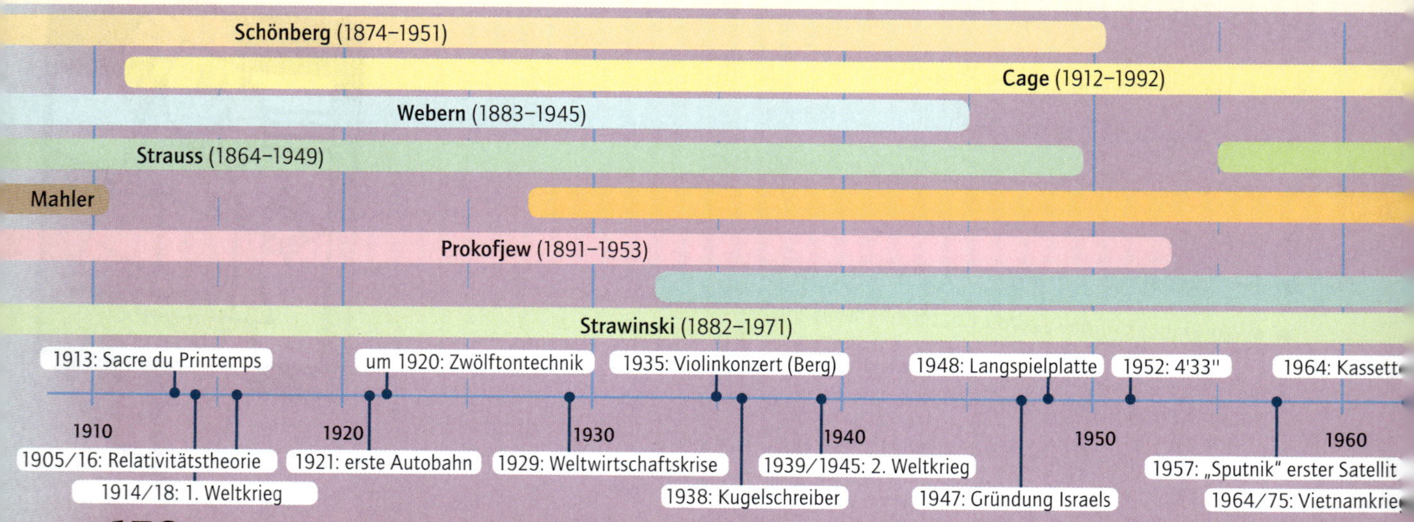

Bildende Kunst und Architektur

In der bildenden Kunst existiert kein „Mainstream“. Künstler experimentieren mit sämtlichen Parametern, sodass die Spanne von kubistischen und surrealistischen Bildern (P. Picasso, S. Dali) über die Pop-Art (A. Warhol) bis hin zu Happenings (J. Beuys) reicht. Auch Neue Medien (V. Molnar) werden eingebunden.
Die Architektur bekommt insbesondere durch die Gründung der Bauhausschule in Weimar einen Impuls zur „form follows function“. Dabei wurde jede überflüssige Dekoration vermieden. Die Postmoderne versuchte dies teilweise wieder rückgängig zu machen. Geblieben ist jedoch eine vereinfachte Formensprache.

I. Strawinski
1882-1971

Wohnorte
geb. in Oranienbaum (Russland); St. Petersburg, Paris, New York

Beruf
Freischaffender Komponist, Pianist, Dirigent

Wichtige Werke
Ballettmusiken, acht Opern, zahlreiche Orchesterwerke, geistliche Chormusik

J. Cage
1912-1992

Wohnorte
geb. in Los Angeles; Paris, San Francisco, New York

Beruf
Freischaffender Komponist und Künstler, Pilzforscher

Wichtige Werke
Imaginary Landscapes, 4'33", MusiCircus, Werke für präpariertes Klavier, Happenings

Im Überblick

- Stilpluralismus
- geprägt durch die Weltkriege
- Globalisierung und Neue Medien
- Musik: Atonalität, Entwicklung der Zwölftontechnik, Aufgeben der Kadenzharmonik, Auflösung formaler Strukturen, Einflüsse von Pop, Rock, Weltmusik
- Musiker: Schönberg, Berg, Webern, Strawinski, Prokofjew, Cage, Reich, Boulez, Lutoslawski, Stockhausen u. a.

Die Oper in Oslo

Obst (*1955)
Stockhausen (1928–2007)
Penderecki (*1933)

967: MusiCircus (Cage)
1981: MTV
1983: CD
1995: DVD
1998: MP3-Player
2003: „Nosferatu“ (Obst)

1970 1980 1990 **2000** 2010 2020

1969: Mondlandung
1977: PC
1982: Laptop
1990: Wiedervereinigung
2001: Anschlag auf das World Trade Center
2011: Nuklearkatastrophe in Fukushima
1972 Handy, Videospiel
1984: HI-Virus
1986 Nuklearkatastrophe in Tschernobyl
2002: Einführung des Euro
2011: „Arabische Revolution“

[Kapitel 13]

Musik und Sprache

1916 riefen Künstler um Hugo Ball, Tristan Tzara und Hans Arp in Zürich eine Kunstbewegung ins Leben, die sie „Dadaismus" (kurz: Dada) nannten. Dabei lehnte man „konventionelle" Kunst bzw. Kunstformen ab. Tristan Tzara veröffentlichte ein Rezept, nach dem ein Dadagedicht zu erstellen ist:

<u>To make a Dadaist poem</u>

"Take a newspaper.
Take a pair of scissors.
Choose an article as long as you are planning
to make your poem.
Cut out the article.
Then cut out each of the words that make up
this article and put them in a bag.
Shake it gently.
Then take out the scraps one after the other in
the order in which they left the bag.
Copy conscientiously.
The poem will be like you.
And here you are a writer, infinitely original
and endowed with a sensibility that is charming
though beyond the understanding of the vulgar."

(Tristan Tzara)

Körper und Bewegung

Pachen-Spruzzle

F 40

Text u. Musik: U. Moritz
© Helbling

Legende

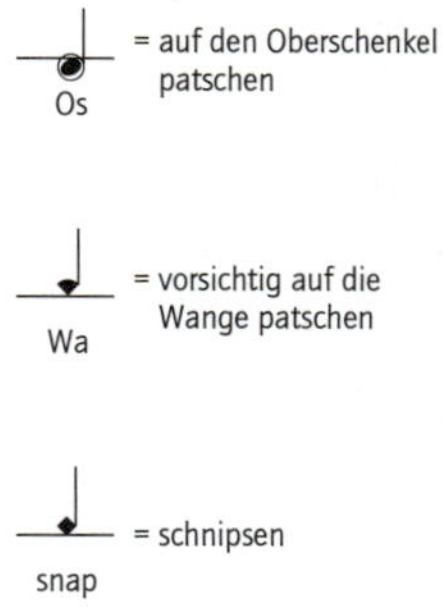

Übt in drei Gruppen die Patterns A, B und C. Setzt dann die drei Patterns zusammen. Vergesst nicht, einzuzählen.

Rhythmus und Zusammenspiel

O re mi

F 41, 42

Text u. Musik: M. Detterbeck
inspiriert von einer Highlife-Melodie aus Nigeria
© Helbling

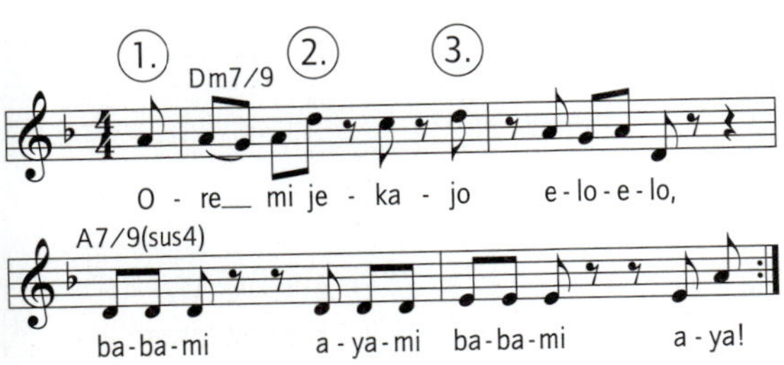

Begleitstimmen

Songs über Außenseiter

Nicht dem Schönheitsideal entsprechen, die falsche Musik hören, die falschen Klamotten tragen – es gehört nicht viel dazu, um Außenseiter zu werden. Anders sein, Normen brechen, sich nicht dem Mainstream unterwerfen – schon ist man der Freak, mit dem niemand etwas zu tun haben will, dem alle aus dem Weg gehen.

The Fool On The Hill

F 43, 44

Text u. Musik: J. Lennon, P. McCartney

1 **a** Singt „The Fool On The Hill" und fasst die im Songtext geschilderte Situation zusammen. F 44

b Bestimmt Schlüsselwörter, die den „Fool On The Hill" näher beschreiben. Überlegt, was die *Beatles* mit dem Bild „On The Hill" wohl ausdrücken wollten.

2 Bildet euch eine Meinung darüber, ob der Protagonist wirklich „ein Narr" ist. Sucht nach Parallelen in der heutigen Zeit – vielleicht sogar in eurem Umfeld – und beschreibt, wer dabei welche Positionen einnimmt.

Vom Leben ausgeschlossen: Der Leiermann

1827 komponierte Franz Schubert einen Liederzyklus mit dem Titel „Winterreise". Im letzten der 24 Lieder beobachtet das lyrische Ich vor den Stadtmauern einen alten Leiermann, den niemand beachtet und dessen Musik auf Desinteresse stößt. Nur Hunde knurren ihn an …

3 **Gruppenarbeit:** Sprecht das nebenstehende Gedicht ausdrucksstark und achtet dabei auf Inhalt und Stimmung der geschilderten Situation. Ihr könnt euren Vortrag auch mit eigener Musik begleiten. Stellt eure Interpretation anschließend den anderen Gruppen vor und tauscht euch über eure Beobachtungen aus.

4 Erläutert mithilfe des Notenausschnitts und des Hörbeispiels, wie Franz Schubert den Text vertont und welche musikalischen Mittel er dabei verwendet hat. F 45

5 **a** Stellt Gemeinsamkeiten und Unterschiede zwischen dem „Leiermann" und „The Fool On The Hill" fest. Überlegt u. a., wie sich die Verzweiflung der Protagonisten an der Realität im Text ausdrückt und wie die Musik den Text aufgreift.

b Hört euch nochmals die Coda von „The Fool On The Hill" an. Beschreibt, mit welchen Mitteln Lennon und McCartney das Sich-im-Kreise-drehen („spinning round") musikalisch umsetzen. Wo gibt es eine ähnliche musikalische Idee bei Schubert?

Der Leiermann

Drüben hinterm Dorfe
Steht ein Leiermann
Und mit starren Fingern
Dreht er, was er kann.

Barfuß auf dem Eise
Wankt er hin und her
Und sein kleiner Teller
Bleibt ihm immer leer.

Keiner mag ihn hören,
Keiner sieht ihn an,
Und die Hunde knurren
Um den alten Mann.

Und er lässt es gehen,
Alles wie es will,
Dreht, und seine Leier
Steht ihm nimmer still.

Wunderlicher Alter!
Soll ich mit dir gehn?
Willst zu meinen Liedern
Deine Leier drehn ?

(W. Müller)

Der Leiermann

F 45

Text.: W. Müller
Musik: F. Schubert

„Our Local Leiermann"

Der amerikanische Schriftsteller und politische Aktivist Marc Estrin schreibt in seinem Blog:

» *Every now and then – and again last night – I am awakened at three a. m. by the sound of a shopping cart rattling past my house. No voices. Just a lonely, ghostly, shopping cart […] in the middle of the night my thoughts often go to the amazing end of Schubert's song cycle Die Winterreise […] As I lie in bed listening to our local Leiermann, his shopping cart singing its sad, repetitive song […] I want to go out there and join him …* «

6 Beurteilt, inwieweit die Parallelen zwischen dem von Estrin beschriebenen Obdachlosen vor seinem Haus und dem „Leiermann" gerechtfertigt sind.

7 **Gruppenarbeit:** Definiert, was die Begriffe „Fremdsein" und „Ausgrenzung" für euch bedeuten. Schreibt einen Text, der ähnliche Situationen wie die von Estrin beschriebene thematisiert. Sucht anschließend geeignete Begleitmusik zu eurem Text.

Worte formen Musik

Greifen Komponisten bei der Vertonung von Texten bewusst auf bestimmte musikalische Formen zurück, um den Textinhalt zu verdeutlichen oder diktiert der Text den Verlauf der Musik? Oder beides?

1 Überlegt gemeinsam, welche Entscheidungen ein Komponist hinsichtlich der Form bei der Vertonung einer Textvorlage treffen muss.

> Wir haben ein Gesetz, und nach dem Gesetz soll er sterben; denn er hat sich selbst zu Gottes Sohn gemacht.

> In Kapitel 6 habt ihr euch bereits mit Kompositionstechniken von Fugen beschäftigt.

Wir haben ein Gesetz: Ratio und Emotio

Das Wechselspiel zwischen Ratio (Gesetz und Rechtsprechung) und Emotio (Gefühle und Erlebnisse) spielt in der Johannespassion von J. S. Bach eine zentrale Rolle.

2 Informiert euch im Internet über die Johannespassion und den Kontext des nebenstehenden Textes. Überlegt, wie man den Text stimmig in Musik umsetzen kann (Besetzung, musikalische Mittel und Aufbau).

3 **a** Verfolgt das Hörbeispiel und benennt Aufbau und Besetzung der Stelle. Überlegt, welche Bedeutung die kompositorischen Mittel für die textliche Aussage haben. (F 46)
b Fertigt in eurem Arbeitsheft eine Tabelle an, in die ihr die Elemente der „Gesetzmäßigkeit" und ihre Bedeutung für das vorliegende Stück eintragt.

Wir haben ein Gesetz (aus: Johannespassion) (F 46)

J. S. Bach

4 Achtet beim nochmaligen Hören auf die Umsetzung der zweiten Texthälfte. Vergleicht zusätzlich den gekennzeichneten Schlussakkord im nebenstehenden Notat mit der Grundtonart des gesamten Abschnittes und überlegt, warum Bach den Abschluss wohl mit diesen Mitteln gestaltet hat. (F 46)

An einer anderen Textstelle wählt Bach folgende musikalische Umsetzung:

... Nicht diesen, sondern Barabbam!

47

J.S. Bach

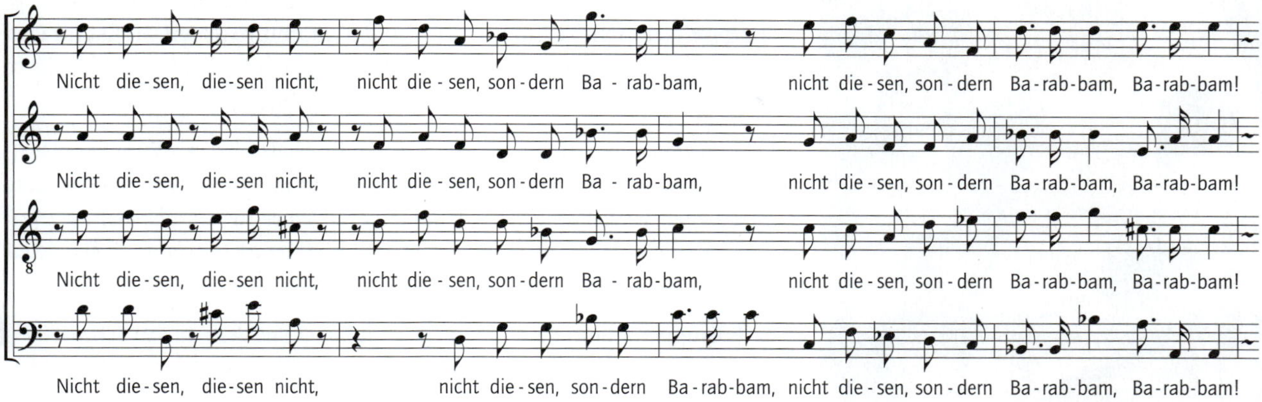

5 Hört das Hörbeispiel zu „Nicht diesen" und vergleicht den musikalischen Aufbau mit „Wir haben ein Gesetz". Bewertet die jeweilige Textumsetzung. 47

Eine tönende Inschrift: der Gesang der Geharnischten

In seiner Oper „Die Zauberflöte" verwendet W. A. Mozart bestimmte musikalische Formen, um die Textaussage zu verstärken. Gegen Ende kommt Tamino an zwei finstere Berge. Im einen tobt Feuer, im anderen Wasser. Hier soll er eine letzte Prüfung bestehen. Vor den Bergen stehen die Geharnischten (Wächter der Schreckenspforte), die folgende in Stein gemeißelte Inschrift vortragen:

„Der, welcher wandert diese Straße voll Beschwerden, wird rein durch Feuer, Wasser, Luft und Erden; wenn er des Todes Schrecken überwinden kann, schwingt er sich aus der Erde himmelan.
Erleuchtet wird er dann im Stande sein, sich den Mysterien der Isis ganz zu weihn."

Die Geharnischten aus „Die Zauberflöte"

6 Hört euch den Abschnitt an und tauscht euch darüber aus, mit welchen musikalischen Mitteln Mozart den Text ausgestaltet. Begründet, warum er wohl gerade diese musikalische Form und diese musikalischen Mittel verwendet hat. 48

[Tipp] Die Begriffe rechts helfen euch bei der Beschreibung.

7 Beschreibt die Inszenierung dieser Stelle im Video. Überlegt dabei u. a., wie der Regisseur Mozarts musikalische Umsetzung aufgreift und welche Rolle die Eule spielt, die im Libretto nicht vermerkt ist.

Tenor und Bass
Choral
Initiationsritus
Imitation
gemeißelte Inschrift
Seufzerfigur
Schrittfigur

Kurt Schwitters: Das Undbild (1919)

„Die Kunst ist tot": Experimente mit der Stimme

„Die Kunst ist tot!", propagierten Künstler und reagierten mit ihrer „Ausdruckskunst" (Expressionismus) u.a. auf die Industrialisierung, auf gesellschaftliche Entwicklungen der anonymisierten Großstadt und den Ersten Weltkrieg. „Ich will meinen eigenen Unfug!", proklamierte Hugo Ball 1916 und vermerkte in seinem Tagebuch:

» *... ein kontrapunktisches Rezitativ, in dem drei oder mehrere Stimmen gleichzeitig sprechen, singen, pfeifen oder dergleichen [...] In typischer Verkürzung zeigt es den Widerstreit der vox humana mit einer sie bedrohenden, verstrickenden und zerstörenden Welt, deren Takt und Geräuschablauf unentrinnbar sind.* «

1 **Gruppenarbeit:** Beschäftigt euch mit Inhalt und Aufbau von Schwitters „Simultangedicht" und erarbeitet unter Berücksichtigung des Zitats oben eine Aufführung nach Balls Vorstellungen.

[Tipp] Spielt bei der Umsetzung des Gedichts auch mit den musikalischen Parametern Tempo, Lautstärke, Tonhöhe, Artikulation etc.

INFO

Dada und Kurt Schwitters
Dadaismus (auch nur „Dada") war eine 1916 in Zürich gegründete künstlerische und literarische Bewegung, die dem Expressionismus nahestand. Als „Antikunst" und Revolte gegen das vorherrschende Kunstverständnis, die Gesellschaft und das Wertesystem der Zeit zeichnete sie sich durch die Ablehnung und Parodie bürgerlicher Ideale und „konventioneller" Kunst bzw. Kunstformen aus. Dada gibt bis heute den Künsten wichtige Impulse. Kurt Schwitters fand einen eigenen Weg, der ihn zu einer Art „Universalkunst" führte, die er MERZ nannte. Er war auch der erste Verfasser von Lautgedichten, in denen die Sprache ihrer konventionellen Bedeutung entkleidet wurde. Die „Kompositionen" folgten keiner sprachlichen Struktur, sondern selbst erlassenen phonetischen Gesetze. Am berühmtesten ist seine „Ursonate", in der er Sprache bis zur Unkenntlichkeit verfremdet.

Kurt Schwitters: Simultangedicht „kaa gee"

kaa gee dee	takepak	tapekek
katedraale	take	tape
draale	takepak	kek kek
kaa tee dee	takepak	tapekek
kateedraale	take	tape
draale	takepak	kek kek
(alle:)	oowenduumir	
kaa tee dee	diimaan	tapekek
kaa tee dee	diimaan	tape
draale	diimann	kek kek
diiman	------------	diimaan
	diimaan	
(alle:)	aawenduumir	

2 Informiert euch im Internet über die Epoche des Expressionismus und die besonderen Ziele der Dadaisten.

Kurt Schwitters strebte danach, „*nicht Spezialist einer Kunstart, sondern Künstler zu sein*" und erklärte: „*Mein Ziel ist das [...] MERZ-Gesamtkunstwerk, das alle Kunstarten zusammenfasst zur künstlerischen Einheit [...] Dies geschah, um die Grenzen der Kunstarten zu verwischen.*"

3 **a** „Simultangedicht" und „Das Undbild" entstanden im gleichen Jahr. Benennt Parallelen zwischen den beiden Werken.

b Ein wichtiges Werk in Schwitters Schaffen ist seine „Ursonate" (s. Infobox links). Vergleicht im Internet verschiedene Umsetzungen von Schwitters „Ursonate" und tauscht euch anschließend darüber aus, inwieweit diese Umsetzungen jeweils der Forderung gerecht werden, „die Grenzen der Kunstarten zu verwischen".

Demontage der Sprache: Sprachabenteuer und Kunstsprachen

Die Ideen und Impulse der Dadaisten wurden in der Musik der zweiten Jahrhunderthälfte vielfach aufgegriffen bzw. weitergeführt. György Ligetis Komposition „Nouvelles Aventures" (1962 f.) stellt eine der wichtigsten Stationen auf dem Wege der musikalischen Moderne nach dem zweiten Weltkrieg dar. Bekannt wurde Ligeti einer größeren Öffentlichkeit durch die Verwendung seiner Musik im Film „2001: Odyssee im Weltraum" von Stanley Kubrick.

4 **a** Untersucht den Partiturausschnitt und zeigt, wie Ligeti mit der Sprache umgeht und welche Ausdrucks- bzw. Notationsmittel er wählt.

b Hört euch einen Ausschnitt aus der Komposition an und beurteilt die Möglichkeiten der Interpreten, derart detaillierte Anweisungen exakt umzusetzen. F 49

Nouvelles Aventures

F 49

Musik: G. Ligeti

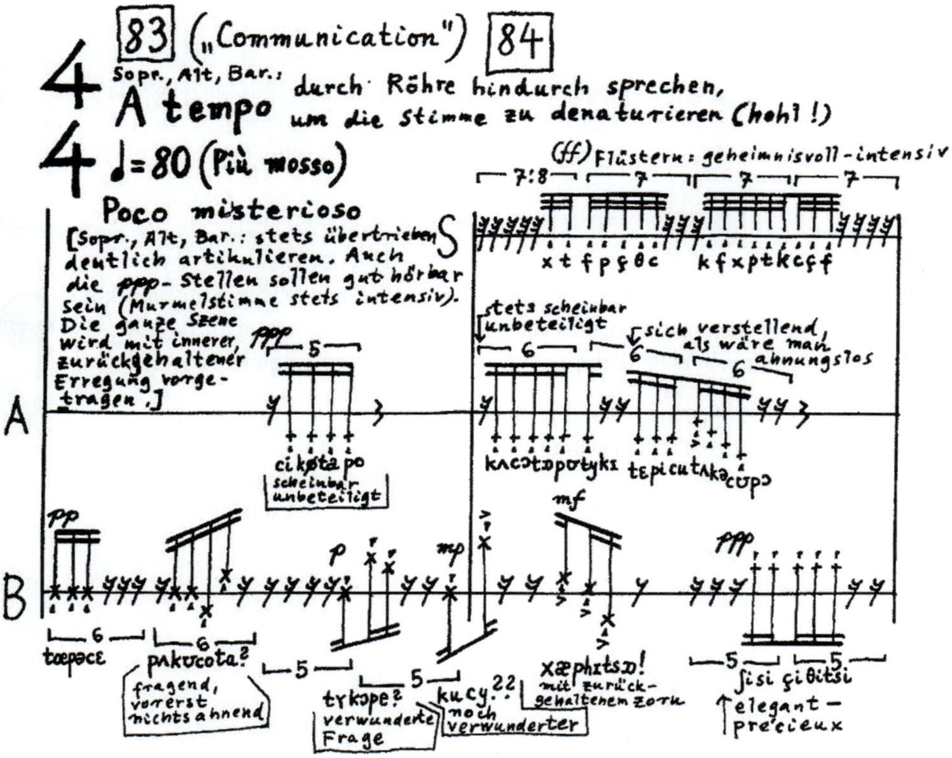

Bruch oder Spiel mit der Tradition: Is This Still Music?

Ligeti schrieb über sein Stück: *„Wir erleben eine Art imaginäre Oper: abenteuerliche Peripetien (Wendungen) virtueller Personen auf einer virtuellen Bühne."*

Darüber hinaus sagte er, er habe *„eine merkwürdig doppelbödige Einstellung zur Tradition [...] Die Tradition negiere ich, indem ich etwas Neues mache, aber irgendwo indirekt die Tradition doch durch Allusionen [Andeutungen] durchscheinen lasse. Das ist für mich ganz wesentlich. In „Aventures" war die ganze traditionelle Oper – Rossini und Verdi – alles war irgendwo drin, aber ganz indirekt [...] Vielleicht habe ich irgendwo das Bedürfnis, wenn ich mich von der Tradition so weit loslöse, doch im geheimen eine Nabelschnur zu behalten, so wie ein Weltraumfahrer, der doch durch eine Schnur mit dem Satelliten verbunden ist, obwohl er sich frei im Raum bewegt."*

5 Überlegt, warum Ligeti den Titel „Nouvelles Aventures" (Neue Abenteuer) für seine Komposition gewählt hat, und beschreibt, wie sich sein kompositorischer Ansatz vom „klassischen" Musiktheater unterscheidet.

6 **a** Diskutiert, ob Ligetis Werk überhaupt noch als Musik bezeichnet werden kann. Sammelt dazu Argumente, die dafür bzw. dagegen sprechen.

b Seht das Video an und bezieht es in eure Diskussionen mit ein.

Blockparty in New York

Rhythm And Poetry: virtuose Wortgefechte

Im Rap ist alles möglich: Rufe, zusammenhanglose Sprachfetzen, Partytalk, Prahlerei – aber auch politische Botschaften oder Aussagen mit gesellschaftskritischem Hintergrund. In „Battles“ findet ein Schlagabtausch statt, bei dem Rapper versuchen, im „Boasting“ bzw. „Bragging“ (beides engl.: angeben) ihre Überlegenheit herauszustellen. Sie attackieren und beleidigen („dissen“) mit Worten ihre Gegner, und eine Jury bzw. das Publikum urteilt über den besten „Flow“ – also das Zusammenspiel von Text, Reim, Stimme, Sprachrhythmus und -melodie.

INFO

Rap
(engl.: *to rap* = quatschen) bezeichnet rhythmischen Sprechgesang mit oder ohne Begleitung und ist in der New Yorker Bronx entstanden. Afroamerikaner organisierten dort sogenannte „Block Partys“ – Tanzveranstaltungen in abbruchreifen Häusern. „The Message“ von *Grandmaster Flash & the Furious Five* erschien 1982 und wurde zur Initialzündung für eine weltweite (Musik-) Bewegung mit eigenen subkulturellen Normen.

Lil' Eko dieser Beef macht keinen Sinn!
Das ist der King gegen ein Kind,
der Track ist wie ein Ding gegen dein Kinn.
Das Urteil wird dein Untergang – aus und fin

Diese Flut überlebst du nicht,
kuck, an mir überhebst du dich.
Meinen Flow übertriffst du nicht,
nach dem Part übergibst du dich.

(*Kool Savas:* „Das Urteil“)

1 Sucht im Internet Ausschnitte aus dem Film „8 Mile“ und erläutert anhand eurer Beobachtungen und des Textes von *Kool Savas* die Merkmale eines „Battles“. Weitere Informationen findet ihr in Freestyle-, Jam- und Battle-Foren im Internet.

2 **a** Hört „The Message“ an und gebt den Inhalt mit eigenen Worten wieder.
b Führt mit dem Körper einen Grundbeat aus und sprecht gemeinsam dazu den Raptext zunächst langsam. Gestaltet anschließend eine Aufführung des Songs, bei der ihr euch mit Beatboxing und Bodypercussion selbst begleitet. Die gefetteten Silben fallen auf den Beat.

F 50

The Message

F 50

Text u. Musik: C. N. Chase, E. G. Fletcher, M. Glover, S. Robinson
© Budde

1		2		3		4	
	It's like a	**jung**le sometimes,			it makes me	**won**der how I	
keep from going	**un**der.						
Strophe 1:							
	Broken	**glass**		**ev'**rywhere,			people
pissing on the		**stairs,** you know they		**just** don't		**care.** I	
can't take the		**smell,** can't			take the	**noise,** got no	
money to move		**out,** I guess I		**got** no		**choice.**	
Rats in the		**front** room,		**roach**es in the		**back,** jun-	
	kies in the	**al**ley with a		**base**ball		**bat.** I	
tried to get a-		**way,** but I		**could**n't get		**far** 'cause the	
man with the		**tow**truck repo-		**sessed** my		**car.**	

Refrain

Parental Advisory: eindeutige Texte

In manchen Raparten (Gangsta-Rap, Hardcore-Rap) wird das Banden- und Ghettoimage einschließlich ausgiebiger Thematisierung von Sex, Drogen und Gewalt sorgsam gepflegt. Einer der erfolgreichsten Rapper der deutschen Szene, der sich in dieser Tradition sieht, ist *Farid Bang*. Drei seiner Alben wurden von der Bundesprüfstelle für jugendgefährdende Medien (BPjM) indiziert. Zu den Inhalten seiner Texte befragt, meinte er:

» Es geht um die Provokation […] Ich bin Gangsta-Rapper. Andere Leute provozieren anders, bei Rap ist das halt so. Das hier ist Battle-Rap, da geht es auch um verrückte Wortspiele, das ist eine Art von Entertainment […] Es ist keine Gebrauchsanweisung für das Leben auf der Straße. «

Farid Bang

3 a **Partnerarbeit:** Sucht Argumente für und gegen die Kennzeichnung solcher CDs.
b Führt eine Podiumsdiskussion mit jeweils einer Pro- und Contragruppe unter der Leitung eines Moderators durch. Fragestellung: Sollen Raptexte als jugendgefährdend eingestuft und verboten werden?

PARENTAL ADVISORY EXPLICIT LYRICS

Sprache im Wandel

Farid Bang ist inzwischen auch als Schauspieler aus dem Film „Fack juh Göhte“ bekannt. Auf die Frage, warum er sich mit Themen der Straße beschäftigt, antwortet *Farid Bang*:

» Weil ich mich vielleicht damit mehr identifizieren kann. Ich komme nicht aus Oberkassel, ich lebe nicht auf der Königsallee […] ich wurde schon als junger Typ mit solchen Themen und mit solch einer Sprache konfrontiert – was auch nicht schlimm ist, ich habe deswegen keine schlaflosen Nächte, sondern das ist mein Leben. Wenn ich jetzt darüber rappen würde, dass ich in der Uni die super Witze mache – das wäre nicht ich. «

4 Diskutiert anhand der Aussage von *Farid Bang* und dem Artikelausschnitt aus einem Onlinemagazin der Süddeutschen Zeitung in der Randspalte, inwieweit Jugendkulturen wie z. B. Hip-Hop eine Sprache nachhaltig verändern können und welche Rolle Musik dabei spielt. Findet Beispiele für neue Wörter, die in eurem Alltag eine Rolle spielen.

„Das Web 2.0 beeinflusst heute die Jugendsprache und natürlich haben Lehnwörter verschiedener Sprachen immer auch von selbst ihren Weg in die deutsche Sprache gefunden, doch gerade das aktuelle Feiern eines multikulturellen Sprachmischmaschs im deutschen Hip-Hop, genauer gesagt im Subgenre des Gangsta-Rap, dürfte jene sprachliche Integration den entscheidenden Schritt voran gebracht haben.“
(Aus jetzt.de vom 23.12.2012)

[Das habt ihr gelernt]

- wie Themen des Alltags über Jahrhunderte in Liedern und Songs aufgegriffen wurden
- wie Sprache musikalische Form beeinflusst und wie die musikalische Form die Wirkung der Sprache beeinflusst
- wie Sprache als Kunstform gesellschaftliche Entwicklungen widerspiegelt (z. B. durch Auflösung der Sprachstruktur)
- verschiedene Ausdrucksformen des Rap zu unterscheiden und zu bewerten
- wie Jugendkulturen Sprache verändern können

[Workshop] Einen Rap schreiben

In diesem Workshop lernt ihr, einen eigenen Rap zu schreiben. Zur Begleitung steht euch ein Playback zur Verfügung. Ihr könnt aber auch euren eigenen Begleitgroove erstellen und den Rap am Computer produzieren.

Shout It Out: einen eigenen Rap schreiben

Das „Shouting Out“, welches zu Beginn der 1970er-Jahre auf „Block Partys“ zelebriert wurde, gilt als Ursprung des Rap. Dabei ging es dem MC (**M**aster of **C**eremony) darum, sich dem Publikum vorzustellen und für Stimmung zu sorgen. Im ersten kommerziellen Raphit „Rapper's Delight“ der *Sugarhill Gang* heißt es z. B: „See I am Wonder Mike and I'd like to say ‚Hello' to the black, to the white, the red and the brown, the purple and yellow.“ Die Idee, sich in einem kurzen Rap vorzustellen, wird in diesem Workshop aufgegriffen.

Schritt 1: Refrain

F 51, 52

Erarbeitet den Refrain von „Das bin ich“. Jede Zeile entspricht einem 4/4-Takt. Die blauen Dreiecke markieren den Grundbeat. Betont die rot umrandeten Worte, um den Flow zu verbessern.

[Tipp] Ihr könnt euch auch aufteilen: Eine Solistengruppe rappt den ersten Teil jeder Zeile, die gesamte Klasse den gelb markierten Teil.

Das bin ich (Refrain) F 51, 52

Text: J. Farmer
© Helbling

1	2	3	4
Ich zeig's	dir wie ein	Breaker mit den	Moves,
beweis es	dir wie ein	Rapper mit den	Rhymes.
Pass gut auf,	sonst	raffst du's	nicht:
Hallo Leu-	te,	das bin ich	
Ich mach's dir	klar wie ein	Writer mit den	Dosen,
leg's dir	nah wie ein	DJ mit den	Cuts.
Egal	wo, egal	wie, egal	wann:
Das bin ich	und das	ist was ich	kann!

Schritt 2: Eine eigene Rapstrophe schreiben

Partnerarbeit: Erstellt einen Raptext für die Strophen zum Thema „Das bin ich …“. Geht dabei in folgenden Schritten vor:

Wortsammlung erstellen

Sammelt auf einem Blatt Papier zu den folgenden Schlagworten möglichst viele Begriffe, die euch beschreiben:

- Herkunft • Schule • Freunde • Familie • Hobbies

Reimwörter ergänzen

Schreibt zu den gesammelten Begriffen passende Reimwörter. Hilfe dazu findet ihr im Internet.

Sätze bilden

Übertragt vier Zeilen des unten abgebildeten Rasters in euer Arbeitsheft. Schreibt zunächst die Reimwörter jeweils ans Ende der Zeilen. Bildet dann mithilfe eurer Stichwortsammlung ganze Sätze.

Hallo, hier bin	ich und mein	Name ist	Sandy
Ich ess gern	Süßes, am	liebsten ess ich	Candy

Rapflow – Feintuning

Überprüft euren Text hinsichtlich des „Rapflows“. Experimentiert dazu mit dem Sprachrhythmus und den Betonungen. Stellt den Text gegebenenfalls um, ergänzt oder kürzt.

[Tipps]

für Reimprofis

- mehrsilbige Wörter lassen sich besser reimen, z. B. Würfelzucker – echter Hingucker
- Alliteration (gleiche Anfangssilbe/gleicher Anfangsbuchstabe): **M**ilch **m**acht **m**üde **M**änner **m**unter
- Reihenstruktur: legal – illegal – ganz egal
- Ein Mikrofon hilft euch dabei, dass der Rap präsenter wirken kann und dass das Zusammenspiel mit dem Beat deutlicher zu hören ist.

Schritt 3: Performance

F 52

Gestaltet nun die Performance eures Raps. Alle rappen gemeinsam den Refrain, jeweils zwei von euch präsentieren dazwischen ihre Strophen.

Für Profis: Rap am Computer produzieren

Mit dem Computer und dem Programm MusiXMaster könnt ihr euren Rap ohne großen Aufwand aufnehmen. Importiert dazu zunächst das Playback. Schließt dann ein Mikrofon an die Soundkarte eures Computers an. Aktiviert den Aufnahmebutton im Playerfenster und nehmt euren Rap zum Playback auf.
Wenn ihr wollt, könnt ihr mithilfe der in der Soundlibrary angebotenen Loops auch einen eigenen Begleitgroove zusammenstellen. Entwickelt zunächst einen Basisgroove (Drums, Bass). Fügt dann die harmonische Ebene hinzu (Rhythmusgitarre, Keyboards etc.), ergänzt melodische Elemente und spezielle Effekte (Breaks, Soundeffekte). Erstellt eine Abmischung und exportiert das Ergebnis als Stereofile.

[Kapitel **14**]

Abschlussprojekt: Streetdance im Schulhof

»Das Beste kommt am Schluss. Wenn das Feuerwerk zu Ende ist, die Lichtshow, die Videoinstallationen, die Kunststücke des Illusionisten, die grandiose Tanzperformance. Wenn das Publikum im Berliner ‚Tempodrom' steht und applaudiert und von den ‚Flying Steps' eine Zugabe verlangt und wenn dann die elf Breakdancer noch einmal auf die Bühne kommen und wie früher einer nach dem anderen nach vorn tritt und ein paar Moves hinzaubert, akrobatische Kunststücke, extrem schwierig und doch scheinbar federleicht, wenn sie noch ein paar Minuten Staunen produzieren, Körperbeherrschung in Vollendung ganz ohne Brimborium, dann ist alles wie damals, als sie noch Kids waren und auf irgendeinem Platz tanzten. Anfang der Neunziger ging es los. Mit Tanzen auf Berliner Straßen, in Hinterhöfen, in einem Jugendklub im Wedding. Alles Jungs, Schüler um die 14, 15, die zuvor Sport gemacht hatten wie alle anderen auch, Fußball, Rennradfahren, Tischtennis, alles Mögliche, aber dann hatte sie das B-Boying-Fieber gepackt, der Breakdance. Und weil das kein normaler Sport ist, sondern auch ein Lebensgefühl, eine Leidenschaft, ein Teil des Hip-Hop, Körper gewordene Musik, brauchte man dafür keine Trainer, sondern nur andere Jungs, an denen man sich messen, mit denen man wachsen konnte.«

(M. Eder)

Coole Moves wie im Breakdance eignen sich auch gut, um Aktionen wie einen Smartmob durchzuführen. Was das ist und wie sich das in die Tat umsetzen lässt, könnt ihr in diesem Kapitel erfahren.

Körper und Bewegung

Train Your Brain: N° 4

1. Ein Spielleiter führt nachfolgende Bewegungen aus, die Gruppe macht mit:
   Zz 1: Patsch auf die Oberschenkel
   Zz 2: beide Hände nach oben oder zur rechten bzw. linken Seite strecken

2. Jeder entscheidet, in welche Richtung (oben, links, rechts) er seine Hände auf Zählzeit 2 bewegen möchte.
   Wenn jemand auf die Zz 2 dieselbe Bewegungsrichtung ausführt wie der Spielleiter, dann muss er im nächsten Takt zweimal in die Hände klatschen.

3. Spielt die Übung mit einem Partner. Einer führt, einer folgt.
   Wie viele Durchgänge schafft ihr?

   [Tipp] Steigert das Tempo.

Rhythmus und Zusammenspiel

Rhythm Is Cool

F 53

Text u. Musik: U. Moritz
© Helbling

Körper und Bewegung

Dance Coach: Get fit

Bevor ihr mit der Arbeit an eurer Tanzchoreografie beginnt, solltet ihr euch erst eingrooven und den Körper aufwärmen. Im Video zeigt euch ein Dance-Coach, wie das geht. Ihr müsst nur die Turnschuhe anziehen und los gehts!

Flashmob – eine neue Kunstform

Am 10. September 2009 fand ein besonders gelungenes Beispiel für einen Smartmob statt, als die Gruppe *Black Eyed Peas* ein Open-Air-Konzert zur Eröffnung der neuen Talkshowsaison der amerikanischen Fernsehmoderatorin Oprah Winfrey gab: 21.000 Menschen tanzten eine Choreografie zu „I Gotta Feeling", während die nichts ahnende Gastgeberin immer größere Augen bekam.

INFO

Flashmob
(engl.: *flash* = Blitz; *mob* = Volksmenge, Pöbel) bezeichnet einen scheinbar spontanen öffentlichen Menschenauflauf, bei dem die Beteiligten gemeinsam Dinge tun, die für diesen Ort ungewöhnlich sind. Typisch für einen Flashmob ist die wie aus dem Nichts heraus entstehende gemeinsame Handlung. Wichtiger Bestandteil sind die Reaktionen unbeteiligter Zuschauer, die unter Umständen eingebunden werden. Wenn Flashmobs vorher geprobt und in großem Stil inszeniert werden, spricht man von einem **Smartmob.** Große Unternehmen verwenden sie oft als Werbeinstrument. So inszenierte T-Mobile 2009 eine Tanzeinlage mit über 1.100 Menschen in der Liverpool Street Station in London und ließ im selben Jahr ca. 13.500 Menschen am Trafalgar Square „Hey Jude" singen.

Wer ist hier eigentlich Künstler?

In einem Buch über Flashmobs werden diese beschrieben als „Macht von vielen im Streben nach nichts".

1 Seht euch im Internet unterschiedliche Videoausschnitte von Flashmobs an. Beschreibt, was die Teilnehmer machen und welche Wirkung sie damit jeweils erzeugen.

2 Was meinen die Autoren wohl, wenn sie Flashmobs als „Macht von vielen im Streben nach nichts" beschreiben? Bezieht in eure Argumentation auch die Videobeispiele mit ein, die ihr im Internet gefunden habt.

„Jeder Mensch ist ein Künstler!"

, ... sagte Joseph Beuys, dessen oft provokante Kunstwerke und Aktionen ihn zu einem der bedeutendsten Künstler des 20. Jahrhunderts machten. In Flashmobs und Smartmobs wird diese Sichtweise vom Wesen des Künstlertums in gewisser Weise aufgegriffen.

3 **a** Sucht das Video des *Black-Eyed-Peas*-Auftritts im Internet. Bildet anschließend vier Gruppen und versucht, folgende Fragen zu beantworten:

Wo sind die Künstler? Sind sie auf oder vor der Bühne?

Hat Joseph Beuys recht, wenn er sagt, dass jeder Mensch ein Künstler ist?

Ist der Smartmob eine neue Kunstform?

Muss Kunst immer einen Sinn haben?

b Führt eure Ergebnisse in einer Podiumsdiskussion zusammen. Ein Moderator leitet die Diskussion.

Abschlussprojekt: ein Smartmob im Schulhof

Zum Abschluss des Schuljahres mit einem Projekt die ganze Schule begeistern – das ist das Ziel dieses Kapitels. Dazu bekommt ihr einen Song, Streetdancebausteine und ein Bandarrangement zur Seite gestellt. Die Durchführung eines Smartmob mit Streetdance-Einlage ist umfangreich und braucht deshalb eine sehr genaue Planung, damit am Ende alles reibungslos klappt und die Performance überzeugt.

Phase 1: Planung

In der Vorbereitungsphase des Projektes solltet ihr euch zunächst zusammensetzen und eine detaillierte Projektplanung vornehmen.

1 Sammelt gemeinsam an der Tafel die unterschiedlichen Aspekte zu eurem Projekt. Orientiert euch dabei an folgenden W-Fragen:

2 Erstellt auf Basis eurer Überlegungen einen Projektfahrplan, der mit dem heutigen Tag beginnt und am Tag nach der Durchführung (Aufräumen, Feiern ...) endet.

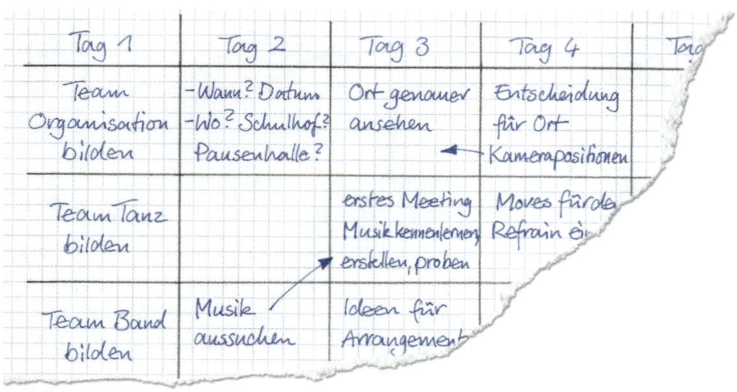

Phase 2: Durchführung

Auf der Grundlage eurer Detailplanung könnt ihr jetzt die konkrete Umsetzung angehen.

3 Teilt euch in drei Projektteams und definiert klar eure Aufgaben. Ergänzt bzw. präzisiert wo nötig den Projektfahrplan.

A **Team Band:** Song einstudieren, Instrumentalisten und Sänger bestimmen usw.

B **Team Tanz:** Song kennenlernen, Tanzbausteine entwickeln, Choreografie erstellen, Ablauf üben etc.

C **Team Organisation:** Ort, Ablauf, Koordinieren der Gruppen, Outfit, Technik/Sound, Dokumentation und Promotion ...

A Team Band

Get Your Way

F 54, 55

Text u. Musik: C. Hiller

Ablauf:

Intro	Refrain (4x4 Takte)	Strophe A (17 Takte)	Refrain (4x4 Takte)
	Interlude (4 Takte)	Strophe B (12 Takte)	Refrain (4x4 Takte)

Drumset

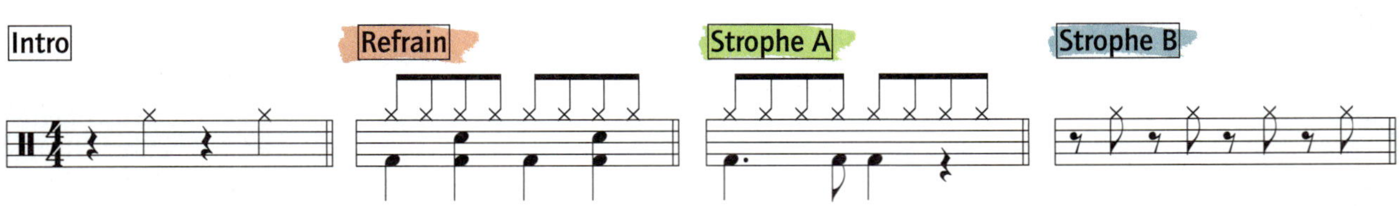

Für den Streetdance gibt es neben einer Gesamtaufnahme auch ein Playback, damit ihr den Song als Gruppe oder solistisch zum Playback singen könnt. Noch reizvoller ist aber die Begleitung der Sänger durch eine Band mit den abgebildeten Patterns. Um die Begleitung einzuüben, könnt ihr in folgenden Schritten vorgehen:

Schritt 1:
Hört euch den Song an und verinnerlicht dabei die formale Struktur und den Ablauf. (F 54)

Schritt 2:
Entscheidet, welche Instrumente in eurem Arrangement spielen sollen. Bedenkt dabei:

- Schlagzeug und E-Bass sind als Rhythmusgruppe unverzichtbar.
- Das Harmonieinstrument kann Gitarre oder Keyboard sein. Wenn beides zur Verfügung steht, könnt ihr mehr Abwechslung in das Arrangement bringen, indem sich Gitarre und Klavier in verschiedenen Songteilen abwechseln oder gemeinsam spielen.
- Gibt es weitere Melodieinstrumente in eurer Klasse, die ihr miteinbeziehen könnt?
- Wer soll singen? Ein/e Sänger/in, ein Duett, Backgroundsänger? Reizvoll ist es auch, verschiedene Teile des Songs von unterschiedlichen Besetzungen singen zu lassen.

Schritt 3:
Übt zunächst den Refrain, später die Strophen. Baut aus den Begleitmodulen ein abwechslungsreiches Arrangement.

Schritt 4:
Nehmt euch selbst auf und korrigiert euch anhand der Aufnahmen. Wenn eine Aufnahme gut gelungen ist, könnt ihr sie der Tanzgruppe zur Verfügung stellen.

E-Bass

Refrain

Strophe A (2x)

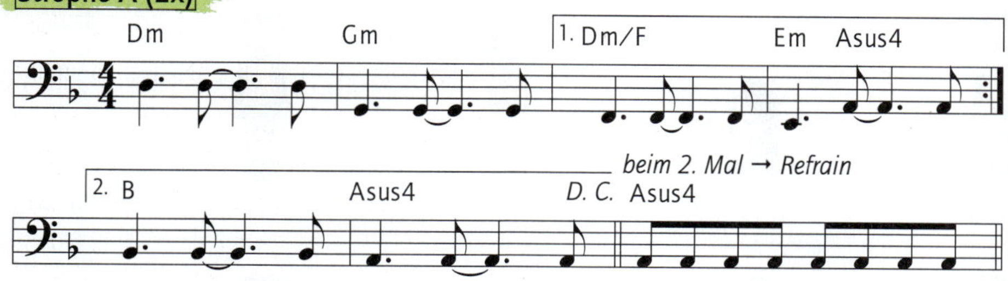

Keyboard/Gitarre

Intro/Refrain

Strophe A

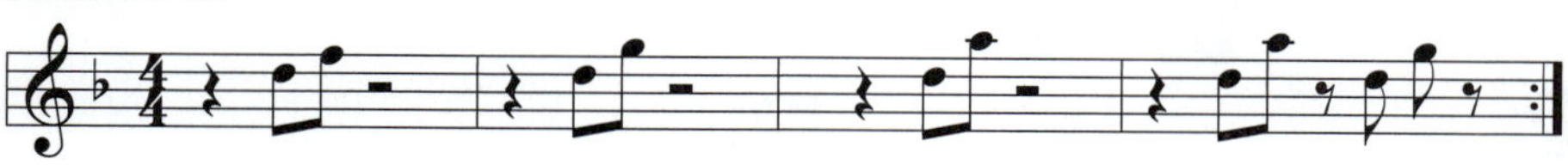

Strophe B

B Team Tanz

Ihr habt die Aufgabe, eine Tanzchoreografie zum Song „Get Your Way“ als Streetdance zu gestalten. Dazu stehen euch drei Tanzbausteine zur Verfügung, die ihr zu einer wirkungsvollen Choreografie verbinden könnt.

> **INFO**
>
> **Streetdance**
> ist abwechslungsreich und dynamisch. Als Tanzmix verwendet man im Streetdance Elemente aus jungen Hip-Hop- und Jazz-Stilen sowie eigene Schrittkombinationen.

Schritt 1: Vorbereitung

Dieser Tanzstil wird mit viel Energie getanzt und fordert euren ganzen Einsatz. Damit ihr genug Bewegungsfreiheit habt, solltet ihr eine bequeme und weite Hose, ein T-Shirt und Turnschuhe anziehen.

Schritt 2: Bewegungselemente

Erarbeitet euch die Figuren zur Musik. Die Videos geben euch weitere Hinweise.

Figur 1 (zu Teil A)

Figur 2 (zu Teil B)

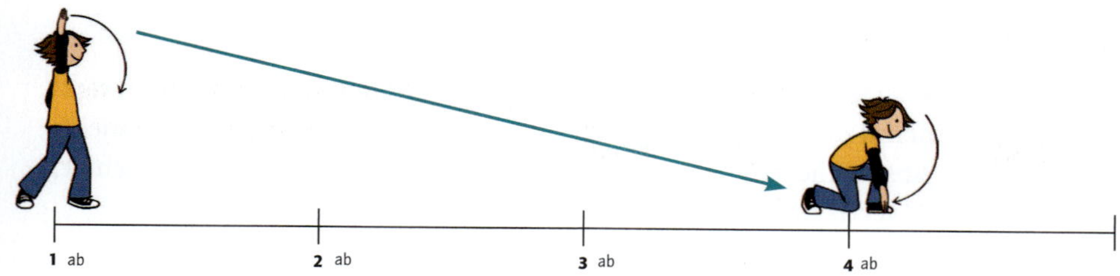

Figur 3 (zu Teil B)

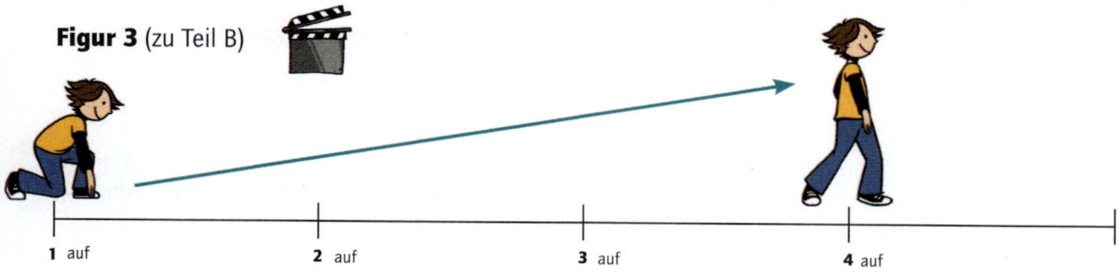

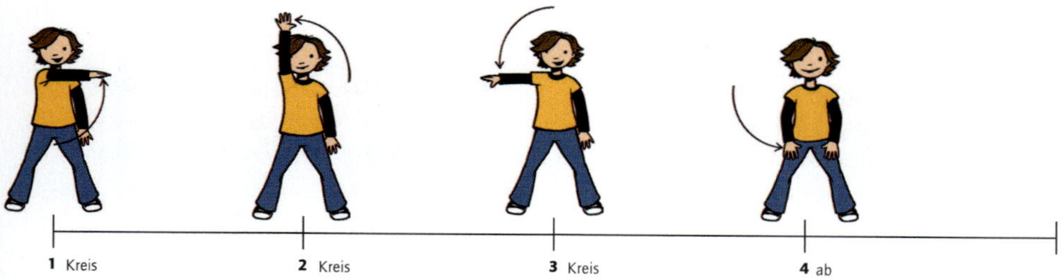

Schritt 3: Choreografie

Stellt die Figuren zu einer abwechslungsreichen Choreografie zusammen. Hört euch dazu den Ablauf des Stücks genau an, damit ihr schnell mit euren Bewegungen reagieren könnt. Für die freien Teile könnt ihr selbst Bewegungsfolgen und Gesten erfinden. Der Ablaufvorschlag unten hilft euch dabei.

[Tipp] Nutzt einfache und große Bewegungen. Sie sind in einer großen Gruppe wirkungsvoller als kleine Gesten. Das Video gibt euch weitere Impulse für eure Aufführung.

Ablauf

<table>
<tr><td>Musik</td><td>Intro
8 Takte</td><td colspan="4">Refrain
4x4 Takte</td><td colspan="4">Strophe A1
8 Takte</td><td colspan="3">Strophe A2
8 Takte</td><td colspan="4">Refrain
4x4 Takte</td><td>Interlude
4 Takte</td><td colspan="5">Strophe B
12 Takte</td><td colspan="4">Refrain
4x4 Takte</td><td>Ending
4 Takte</td></tr>
<tr><td>Tanz</td><td>fr</td><td>1</td><td>1</td><td>1</td><td>1</td><td>2</td><td>2</td><td>2</td><td>2</td><td>3</td><td>3</td><td>fr</td><td>1</td><td>1</td><td>1</td><td>1</td><td>fr</td><td>2</td><td>2</td><td>2</td><td>3</td><td>fr</td><td>1</td><td>1</td><td>1</td><td>1</td><td>fr</td></tr>
</table>

1–3 = Tanzfiguren 1–3   **fr** = freie Tanzgestaltung   **Instr** = Instrumentalteil   **Zwt** = Zwischenteil

Schritt 4: Performance

Die Choreografie könnt ihr als Flashmob aufführen. Sprecht euch dazu mit der Organisationsgruppe ab. Gestaltet z. B. folgenden Ablauf:

Beginn: Kommt aus allen Richtungen auf die Präsentationsfläche.

Tanzchoreografie

Gesprochener Zwischenteil „Get Your Way" mit freien Bewegungen im Raum. Bindet die umstehenden Zuschauer ein (z. B. auf Einzelne zugehen, winken).

Tanzchoreografie

Schluss: Geht alle gleichzeitig oder einer nach dem anderen ab. Alternativ könnt ihr am Ende eine Freeze-Position einnehmen und erst nach kurzem Verharren abgehen.

[Tipps]
für eine reibungslose Organisation:
- Bestimmt innerhalb des Teams Verantwortliche für die einzelnen Bereiche.
- Erstellt für die einzelnen Bereiche in gemeinsamen Treffen To-do-Listen mit klarer Terminsetzung.
- Checkt und aktualisiert bei jeder gemeinsamen Sitzung die To-do-Listen.
- Gebt euch gegenseitig Rückmeldung, insbesondere dann, wenn es irgendwo noch klemmt.

C Team Organisation

Als Organisationsteam sorgt ihr für den reibungslosen Ablauf in der Vorbereitungsphase und während der Aufführung. Ganz wichtig ist dabei, dass ihr den Projektplan in enger Absprache mit den anderen Gruppen ausarbeitet und darauf achtet, dass er von allen verlässlich durchgeführt wird.

Schritt 1: Durchführung des Projektes

Erstellt in Absprache mit den anderen Gruppen einen Detailplan des Projektes. Ergänzt dabei den ersten „Grobplan" u. a. durch folgende Aspekte:

Technik: Was benötigt die Band (Kabel, Mikros, Mehrfachstecker, Notenständer, Verstärker und Boxen ...)? Ist Beleuchtung notwendig?

Tänzer: Wie viel Platz wird benötigt? Wie und wo kann sich die Tanzgruppe gut in Szene setzen? Welches Outfit sollen die Tänzer tragen?

Detaillierter Ablaufplan für die Aufführung: Absprache mit Band und Tänzern, Startzeichen vereinbaren usw.

Dokumentation: Kamera(s) besorgen? Wer filmt? Von wo? Reicht das Kameramikrofon oder ist ein externes Mikrofon notwendig?

Schritt 2: Abschluss des Projektes

Reflektiert nach der Durchführung mit allen beteiligten Arbeitsgruppen: Wie war die Wirkung auf die anderen Schüler, die Lehrer oder andere Zuschauer? Welche Erfahrungen habt ihr als Aufführende bzw. Organisierende gemacht? Was hat gut geklappt, was war eher schwierig und wie könnte das beim nächsten Mal besser klappen?

How to Create A Smartmob

Folgende Tipps helfen euch, damit euer Smartmob gelingt:

1. Seid kreativ: Es gehört mehr zu einem Smartmob als nur eine Tanzchoreografie. Wichtig ist, dass die tägliche Routine unterbrochen wird. Versucht, mit eurer Aktion einzigartig zu sein. Imitiert keine Smartmobs, die bereits erfolgreich waren.

2. „Get Your Way" eignet sich wegen seiner Hook-Line besonders gut für die Umsetzung zusammen mit einem Streetdance. Alternativ könnt ihr euch auch einen anderen guten Song aussuchen. Wichtig ist, dass er überall, wo der Smartmob zu sehen ist, auch gut zu hören ist.

3. Lernt die Bewegungen! Es ist wichtig, dass ihr alle die Bewegungen sehr synchron ausführt, dann ist die Wirkung umso beeindruckender. Übt ausreichend vorher. Eine halbfertige Choreografie wirkt unprofessionell.

4. Sucht euch einen guten Ort und eine gute Zeit aus. Man muss euch gut sehen können und der Ort muss zum angedachten Zeitpunkt voller Leute sein (z. B. der Pausenhof oder ein großes Treppenhaus).

5. Überrascht alle! Wichtig ist, dass ihr den Smartmob bis zu seinem Beginn total geheim haltet. Es ist ausschlaggebend für den Erfolg, dass euer Publikum völlig unerwartet in den Smartmob einbezogen wird.

6. Dokumentiert euer Event. Überlegt euch vorher, wo ihr die Kameras aufstellen wollt. Auch das muss eigentlich im Verborgenen geschehen. Am besten sind Totalaufnahmen, die den gesamten Smartmob zeigen.

7. Teilt euer Video mit anderen. Tweetet Links zu eurem Video oder postet darüber in eurem Blog, dann bekommt ihr mehr Klicks. Denkt daran: Der Smartmob ist eine Kunstform und Kunst lebt davon, gesehen zu werden ...

[Das habt ihr gelernt]

- was ein Flashmob ist und wie er sich von einem Smartmob unterscheidet
- welche Aspekte man bei einer Projektdurchführung beachten muss
- wie ein Projektplan gestaltet sein kann und welche Schritte für ein erfolgreiches Projekt notwendig sind
- den Song „Get Your Way" zu arrangieren und mit Instrumenten auszuführen
- eine Streetdancechoreografie aus Tanzbausteinen zu entwickeln
- einen Smartmob auf dem Schulhof vorzubereiten und durchzuführen

1. Grundbeat – Takt – Notenwerte – Rhythmus

Grundbeat

Der Grundbeat (oder Grundschlag) wird oft auch Puls genannt, weil er aus einer Folge von regelmäßigen Schlägen besteht. Wenn man z. B. gleichmäßig zu Musik klatscht oder geht, kann man ihn gut wahrnehmen.

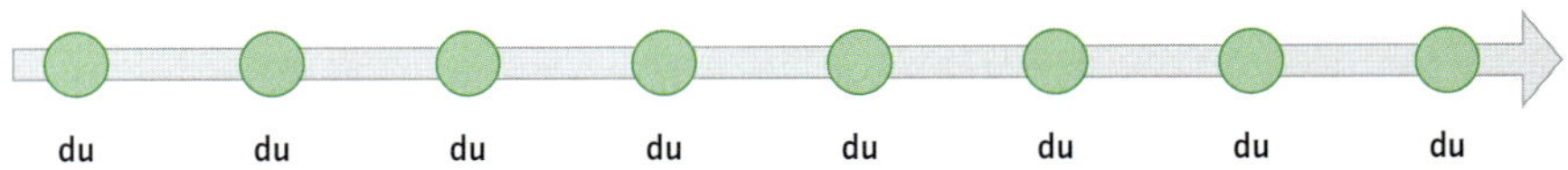

Takt

Zählt zum Beat auf vier und klatscht immer auf die 1. Durch diese regelmäßige Gliederung entsteht ein 4/4-Takt.

Geht im Grundbeat zum Song und findet die Taktart heraus. Klatscht und zählt dazu. A 4

Eine Gruppe von Grundschlägen bezeichnet man als **Takt.** Dabei bestimmt die Anzahl der Grundschläge die **Taktart.** Man unterscheidet zwischen schweren und leichten Schlägen.

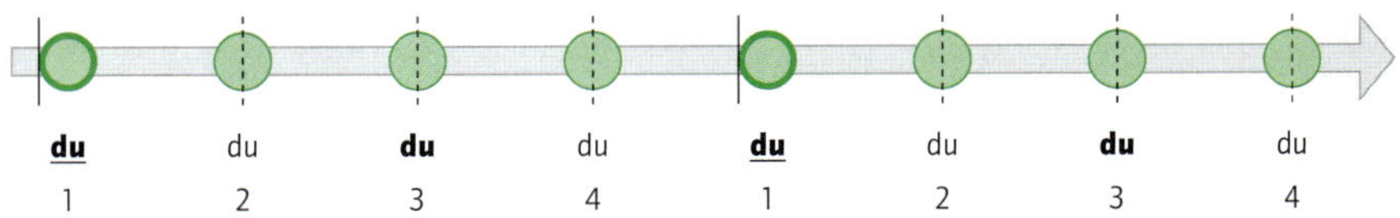

Die am häufigsten verwendeten **Taktarten** in der Musik sind 2/4-, 3/4-, 4/4- und 6/8-Takt.

Rhythmus

Ein Rhythmus entsteht, wenn die gespielten Klänge nicht immer mit dem Grundbeat (du) zusammenfallen, sondern auch zwischen den Schlägen des Grundbeats (dei) erklingen.

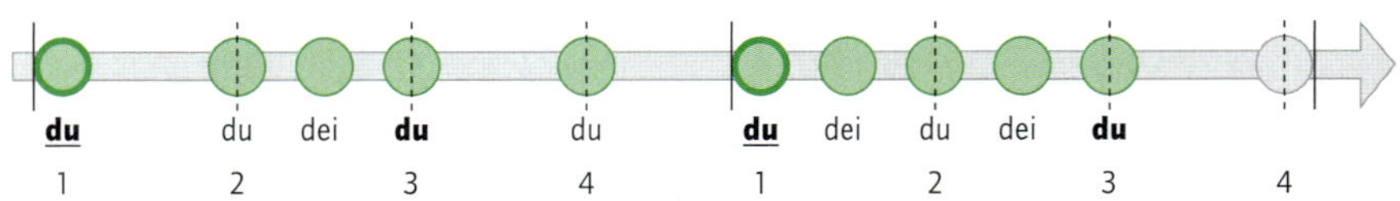

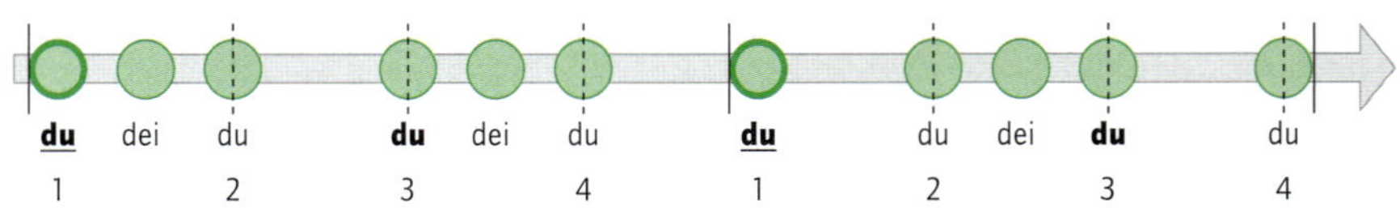

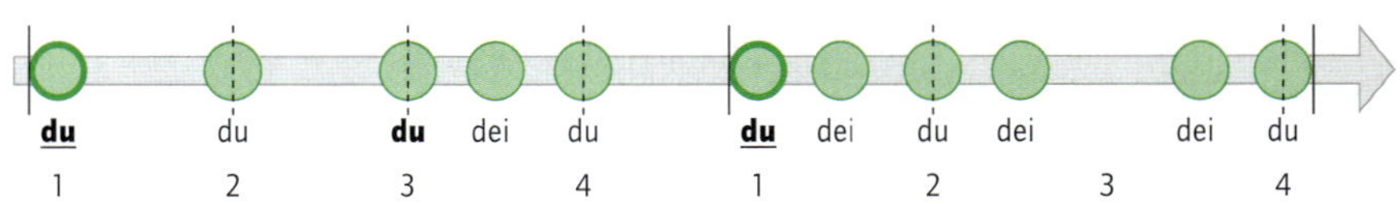

Notenwerte

Mithilfe der Notenschrift kann man die Notenlänge (= Klangdauer) definieren. Dazu verwendet man verschiedene Zeichen für die Notenwerte.

Ganze Note

Halbe Note

Viertelnote

Achtelnote

Sechzehntelnote

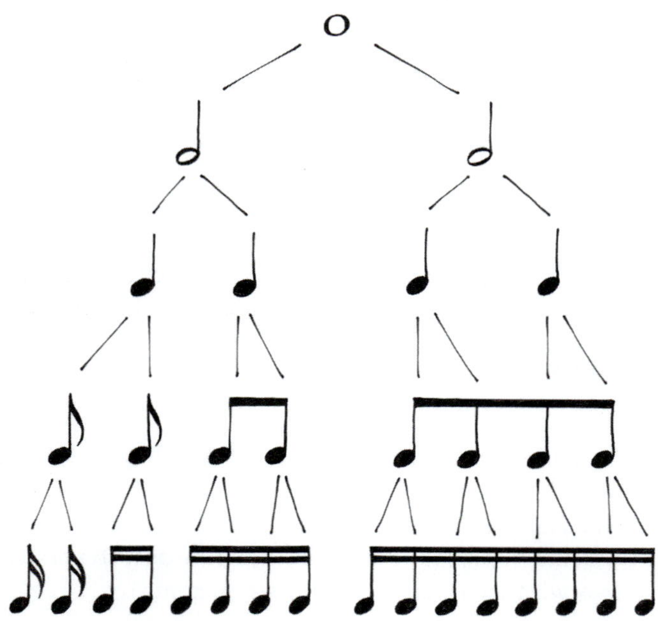

Triole

Eine Dreierunterteilung des Grundschlags nennt man **Triole.**

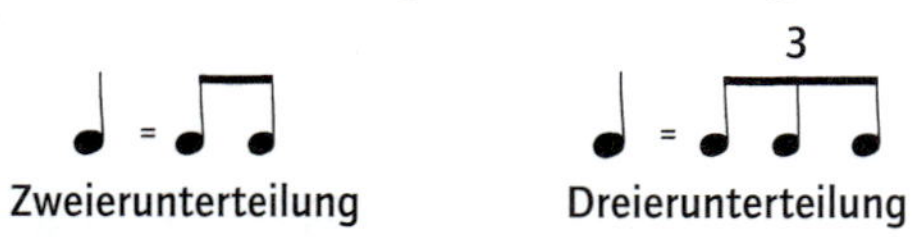

Synkope und Punktierung

Bei einer **Synkope** wird eine Betonung auf eine eigentlich unbetonte Zählzeit verlagert. Bei einer **Punktierung** verlängert der Punkt hinter einer Note diese um die Hälfte ihres Wertes. Eine Viertel mit Punkt hat also die Länge von drei Achtelnoten.

Text u. Musik: M. Detterbeck
© Helbling

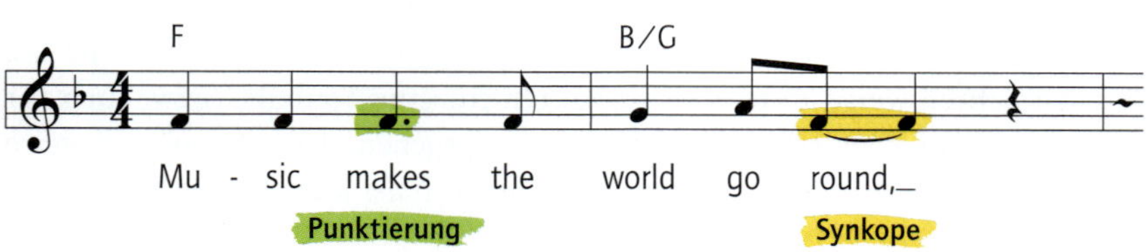

Singt die ersten beiden Zeilen des Songs „Candle In The Wind" (S. 82), geht dazu den Grundbeat in Vierteln und klatscht den Rhythmus. In welchem Verhältnis stehen Noten und Grundbeat zueinander?

C 25

Schaut euch den Song „Good Morning Starshine" (S. 42) an und benennt alle darin vorkommenden Notenwerte.

Führt die folgenden Rhythmen als Bodypercussion aus. Unterscheidet genau zwischen Zweier- und Dreierunterteilung. Verwendet dazu Rhythmussilben („du dei" oder „du da di").

Rhythmusbeispiele:

Singt die beiden nebenstehenden Varianten von „Terrific" und vergleicht ihre jeweilige Wirkung.

2. Tonraum – Stammtöne – Intervalle

Stammtöne

Die sieben **Stammtöne** entsprechen den weißen Tasten auf dem Klavier. Um diese Töne aufzuschreiben, verwenden wir ein **Notensystem,** in dem sowohl **Tonhöhen** als auch **Tonlängen** notiert werden können. Jeder **Oktavraum** hat eine eigene Bezeichnung, damit die Töne eindeutig benannt werden können.

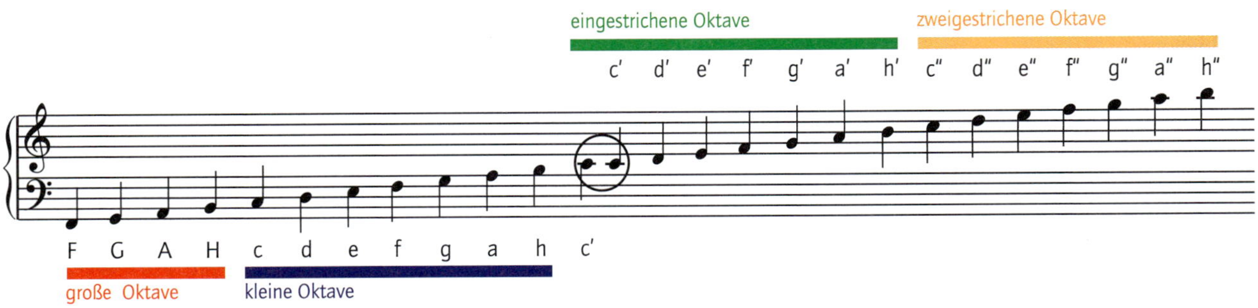

Um eindeutig festzulegen, welche Tonhöhe erklingen soll, werden **Schlüssel** verwendet. Damit man nicht zu viele Hilfslinien braucht, schreibt man hohe Töne im Violinschlüssel und tiefe Töne im Bass-Schlüssel auf. Für manche Instrumente verwendet man auch den Alt- oder Tenorschlüssel. Der Altschlüssel wird auch Bratschenschlüssel genannt.
Der Ton *c'* wird in den verschiedenen Schlüsseln folgendermaßen notiert:

Setzt das folgende Intervall-Diktat fort. Der Anfangston ist *c*.

1) Quarte aufwärts (*c* → *f*)
2) Terz aufwärts (*c* → *f* → *a*)
3) Sekunde abwärts (*c* → *f* → *a* ...)
4) Quinte aufwärts (usw.)

Intervalle (Grobbestimmung)

Ein **Intervall** gibt den Abstand zwischen zwei Tönen an. Die beiden Töne können nacheinander (sukzessiv) oder gleichzeitig (simultan) erklingen. Intervalle lassen sich grob bestimmen, indem man den Abstand der Notenköpfe im Liniensystem abzählt.

Vor- und Versetzungszeichen

Achtung Ausnahmen!
ees → *es*
aes → *as*
hes → *b*

Jeder Stammton (weiße Tasten des Klaviers), kann durch ein ♯ um einen Halbton erhöht bzw. durch ein ♭ um einen Halbton erniedrigt werden. Bei einem ♯ wird ein -is an den Stammton angehängt, bei einem ♭ die Silbe -es. Je nach Schreibweise können sich dadurch für eine Tonhöhe (bzw. auch für eine Taste am Klavier) zwei Notennamen ergeben. Klingt beispielsweise der Ton *cis*, könnte man auch sagen dass der Ton *des* klingt. Dies nennt man **„enharmonische Verwechslung"**.

Buchstabiert die Namen aller Tasten innerhalb einer Oktave von unten nach oben und wieder zurück. Verwendet aufwärts die Bezeichnungen mit ♯ und abwärts die mit ♭.

Vorzeichen stehen am Beginn eines Notensystems und gelten für das ganze Notensystem. Dagegen gelten **Versetzungszeichen** nur für die Note und alle weiteren Noten auf dieser Tonhöhe bis zum nächsten Taktstrich.

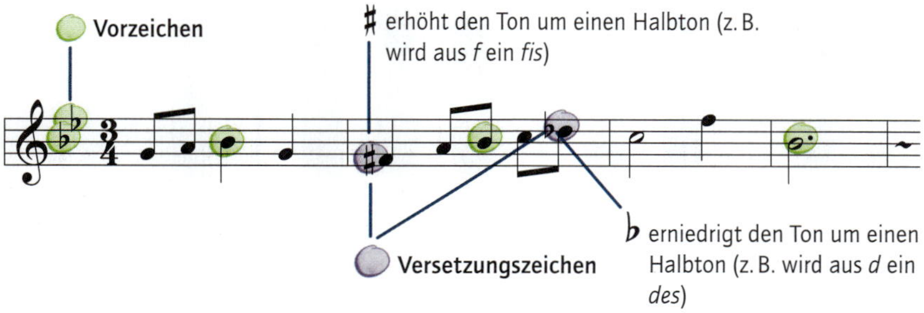

Intervalle (Feinbestimmung)

Um Intervalle genau benennen zu können, muss man die Anzahl der Halbtonschritte zwischen den beiden Tönen bestimmen. Dazu zählt man alle Tasten zwischen den beiden Tönen auf der Klaviatur ab.

0 Halbtöne	Prime	7 Halbtöne	Quinte rein
1 Halbton	Sekunde klein	8 Halbtöne	Sexte klein
2 Halbtöne	Sekunde groß	9 Halbtöne	Sexte groß
3 Halbtöne	Terz klein	10 Halbtöne	Septime klein
4 Halbtöne	Terz groß	11 Halbtöne	Septime groß
5 Halbtöne	Quarte rein	12 Halbtöne	Oktave rein
6 Halbtöne	Tritonus		

Bestimmt, mit welchem Intervall die folgenden Lieder beginnen: „Pick a Bale o' Cotton" (S. 142), „Fine and Mellow" (S. 143), „Summertime" (S. 150), „Pretty Africa" (S. 28).

Beispiel: 

Schritt 1:
Grobbestimmung: 7 Tonschritte = Septime
Schritt 2:
Feinbestimmung (mithilfe der Klaviertasten):
11 Halbtonschritte = große Septime

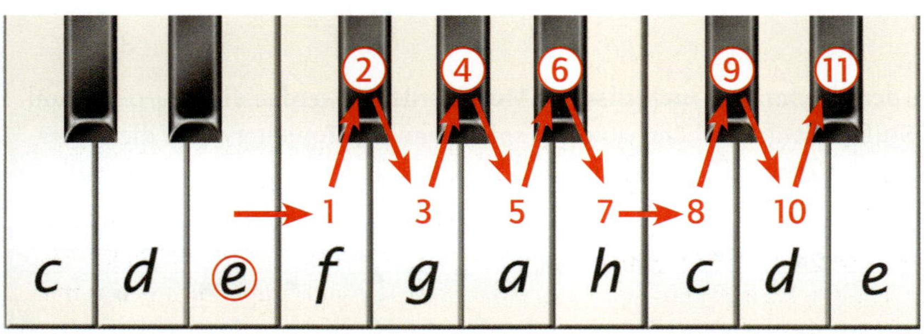

Im Internet kannst du dein Wissen über Intervalle vertiefen.

3. Skalen

Dur-Tonleiter

Spielt man vom *c* aus sieben Stammtöne aufwärts, so erklingt die **C-Dur-Tonleiter.** Sie besteht aus einer charakteristischen Abfolge von Ganz- und Halbtonschritten, die für alle Dur-Tonleitern gilt.
Der erste Ton einer Tonleiter (Grundton) bestimmt den Namen der Tonleiter.

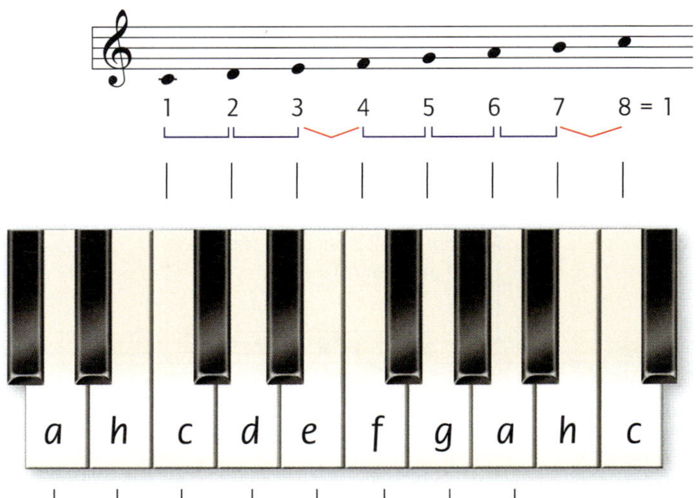

Moll-Tonleiter

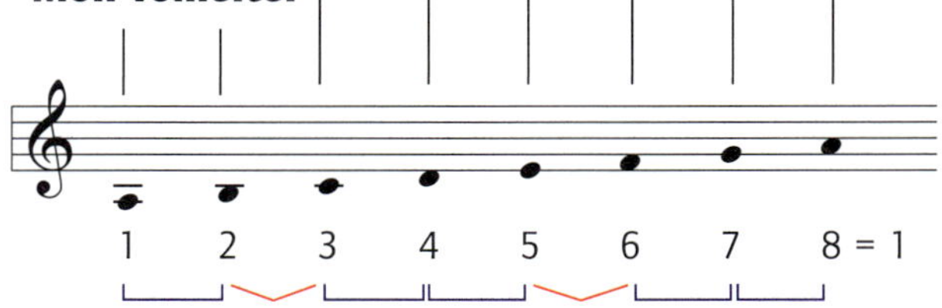

Spielt man die Stammtöne vom *a* bis *a'*, so erklingt die **natürliche a-Moll-Tonleiter**. Sie besteht ebenfalls aus einer charakteristischen Abfolge von Ganz-und Halbtonschritten, die für alle Moll-Tonleitern gilt.

Notiert in eurem Arbeitsheft eine Stammtonreihe mit dem Grundton *f'*. Überlegt, an welchen Stellen Halbtonschritte sein müssen, damit eine F-Dur-Tonleiter entsteht, und fügt gegebenenfalls Vorzeichen ein. Wiederholt die Übungen mit den Grundtönen *g'* und *d'*.

Notiert in eurem Arbeitsheft eine Stammtonreihe beginnend mit dem Grundton *d'*. Überlegt, an welchen Stellen Halbtonschritte sein müssen, damit eine natürliche d-Moll-Tonleiter entsteht, und fügt gegebenenfalls Vorzeichen ein. Wiederholt die Übung mit den Grundtönen *e'* und *g'*.

Bei der sogenannten **harmonischen Moll-Tonleiter** wird der 7. Ton um einen Halbton erhöht, damit ein Leitton entsteht. Zwischen dem 6. und 7. Tonleiterton entsteht dadurch eine **übermäßige Sekunde** (= 3 Halbtonschritte).

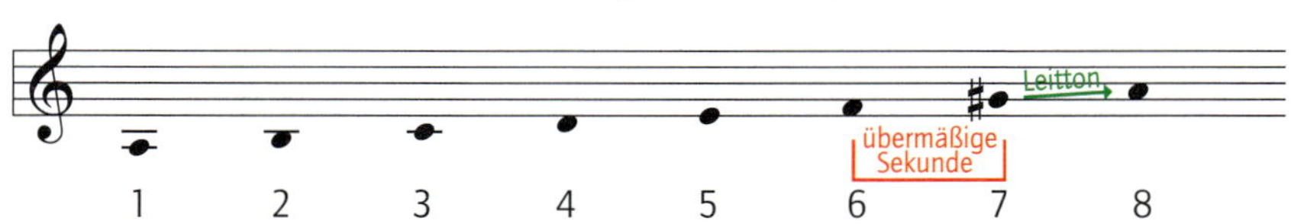

Bei der sogenannten **melodischen Moll-Tonleiter** werden die Töne der 6. und 7. Stufe aufwärts erhöht, abwärts spielt man die Tonleiter ohne die Alterationen – also wie die natürliche Moll-Tonleiter.

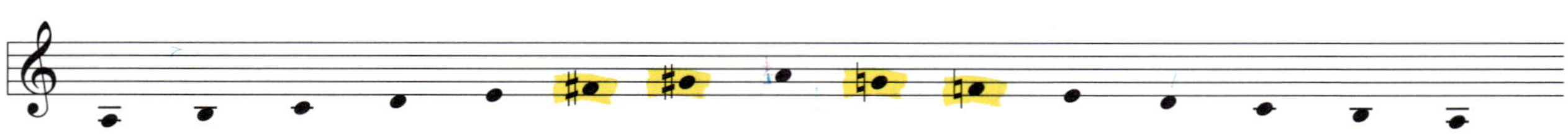

Pentatonik

Im Gegensatz zur Dur- oder Moll-Tonleiter enthält die **pentatonische Tonleiter** nur fünf Töne. Dementsprechend gibt es zwischen den einzelnen Stufen neben Ganztonschritten auch Terzsprünge.

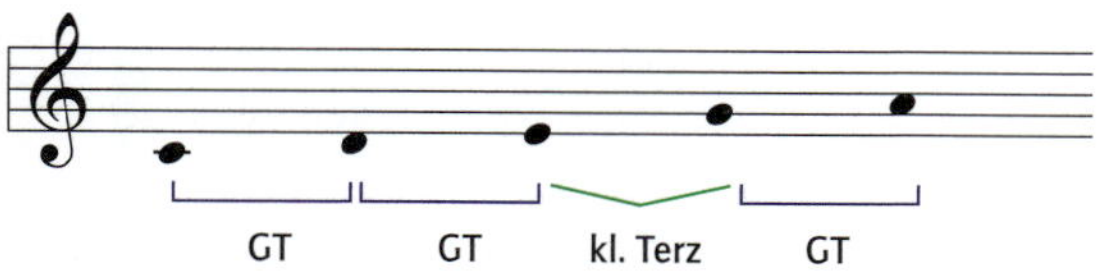

> Schreibt die Namen der schwarzen Tasten des Klaviers in der Reihenfolge auf, dass sie den gleichen Intervallaufbau haben wie die links notierte pentatonische Tonleiter.

Chromatische Tonleiter

Reiht man alle Töne in Halbtonschritten aneinander, erhält man eine **chromatische Tonleiter.** Sie kann mit jedem beliebigen Ton beginnen und ist keiner bestimmten Tonart zugeordnet.

Kirchentonarten

Kirchentonarten (modale Skalen) können als unterschiedliche Ausschnitte aus dem Tonvorrat einer Durtonleiter gedeutet werden. Bei C-Dur beginnt der dorische Modus z. B. auf der 2. Stufe. Die ionische Tonleiter entspricht der Dur-Tonleiter, die äolische der natürlichen Molltonleiter.

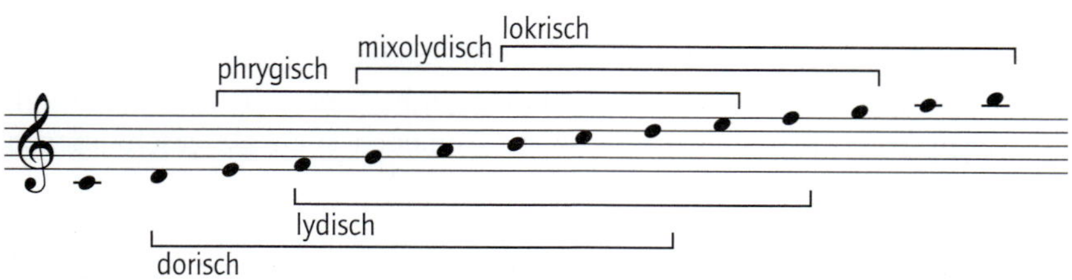

4. Transponieren

Unter einer Transposition versteht man die Verschiebung einer Tonfolge auf eine andere Tonhöhe. Dabei benötigt man meist Versetzungszeichen, um die richtige Abfolge von Ganz- und Halbtonschritten erhalten zu können. Transponiert man z. B. die Stammtonreihe ausgehend vom Ton *c* (C-Dur-Tonleiter) um fünf Tonschritte nach oben, ergibt sich folgende Abfolge der Halbtonschritte:

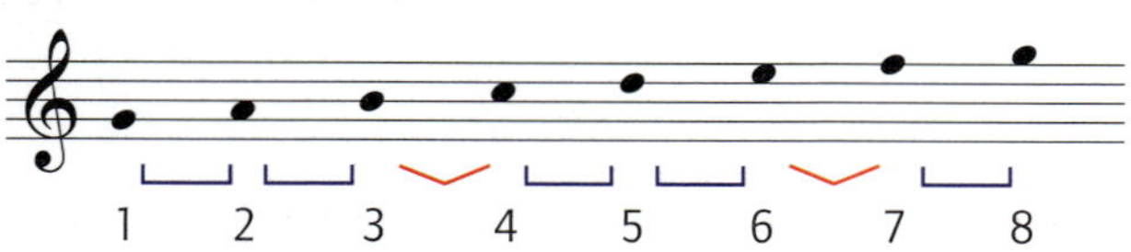

Damit dieselbe Abfolge der Halb- und Ganztonschritte erhalten bleibt, muss das f um einen Halbton zum fis erhöht werden.

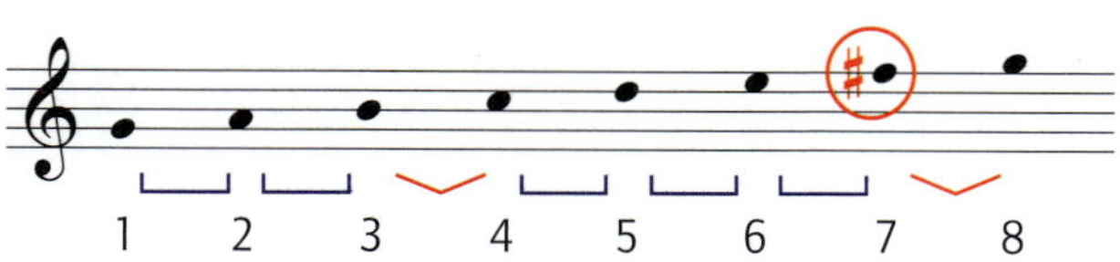

> Jemand stimmt bei einer Geburtstagsfeier am Klavier "Happy Birthday" an, aber viele singen nicht mit, weil sie nicht so tief singen können.
>
> 
>
>
> Transponiert das gesamte Lied um eine Quinte nach oben.

5. Ordnung der Tonarten: der Quintenzirkel

Die Tonarten haben eine logische Anordnung. Das Prinzip ist einfach: Geht man vom Ton *c* (Grundton von C-Dur) aus eine Quinte aufwärts, so erreicht man den Ton *g* (Grundton von G-Dur). Diese Tonart hat ein ♯-Vorzeichen. Geht man vom Ton *c* aus eine Quinte abwärts, so erreicht man den Ton *F* (Grundton von F-Dur) mit einem ♭ als Vorzeichen. Um sich klar zu machen, wie die Tonarten zusammenhängen, kann der Quintenzirkel gute Dienste leisten.

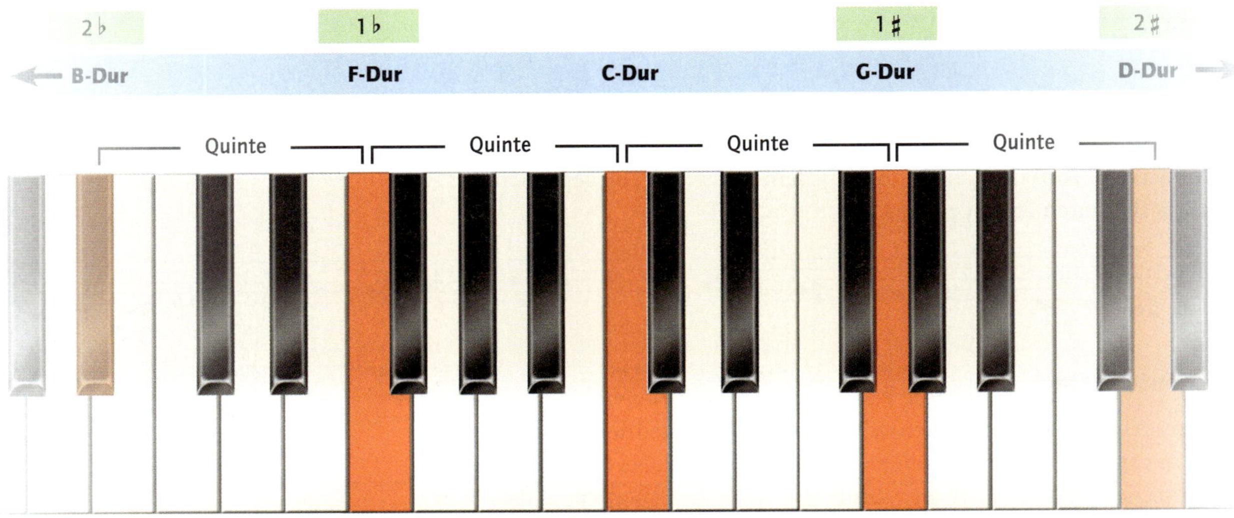

Übertragt den Quintenzirkel in euer Arbeitsheft und notiert die Gesetzmäßigkeiten, die sich aus diesem Hilfsmittel ablesen lassen.

Geht man sechs Quintschritte vom *c* aufwärts, landet man beim Ton *fis*. Geht man sechs Quintschritte vom *c* abwärts, landet man beim Ton *ges*. Spielt man *fis* bzw. *ges*, klingt derselbe Ton (enharmonische Verwechslung). Deswegen kann man sich die Linie der Tonarten auch als geschlossenen Kreis – einen Quintenzirkel – vorstellen:

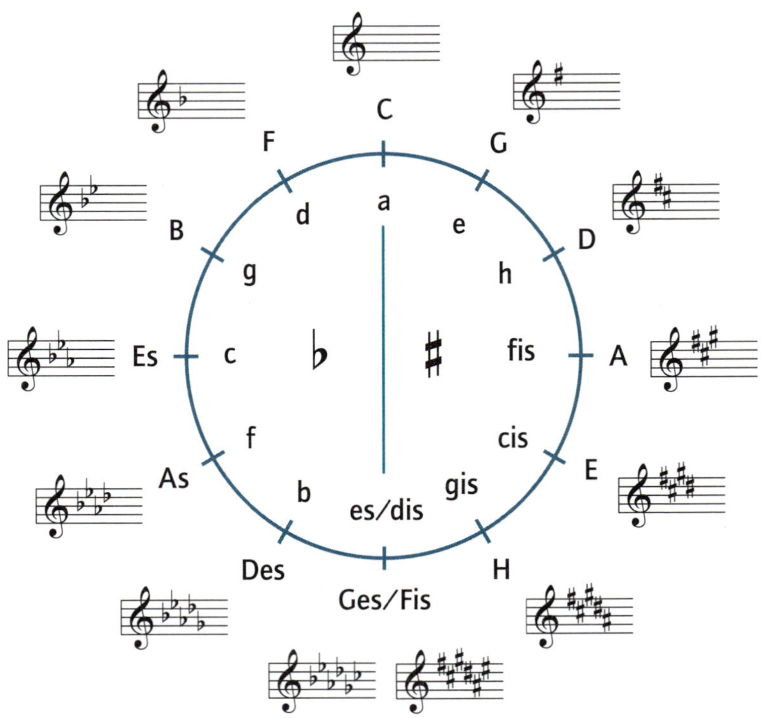

Hauptdreiklänge

Der Hauptdreiklang auf der I. Stufe der Tonleiter heißt **Tonika,** auf der IV. Stufe **Subdominante** und auf der V. Stufe **Dominante.** Diese **Hauptdreiklänge** sind meist ausreichend, um Melodien zu begleiten.

Bestimmt die Hauptdreiklänge folgender Tonarten: F-Dur, As-Dur, A-Dur

6. Dreiklänge – Umkehrungen

Dur- und Moll-Dreiklänge

Wenn man drei Töne in Terzen übereinander schichtet, entsteht ein **Dreiklang.** Der tiefste Ton ist der **Grundton,** der dem Dreiklang seinen Namen gibt. Den mittleren Ton nennt man **Terzton,** den oberen **Quintton.**

F-Dur Akkord

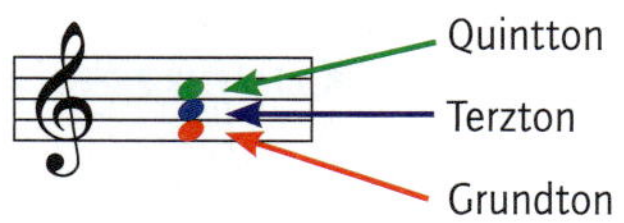

Bei einem **D**u**r**-Dreiklang steht **u**nten eine große Terz.
Bei einem M**o**ll-Dreiklang steht **o**ben eine große Terz.

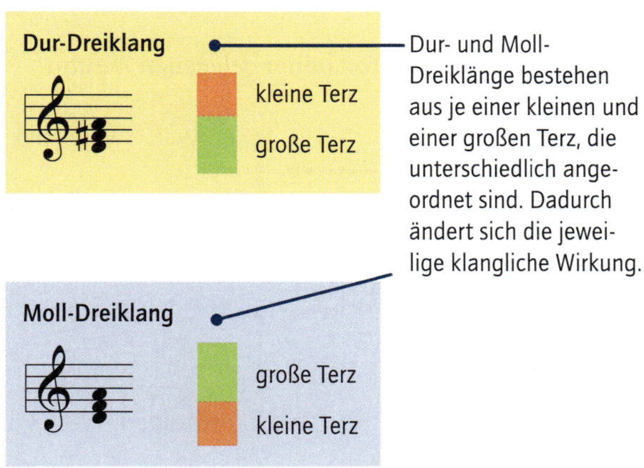

Seht euch die nachfolgenden Takte an. Welche Takte bilden einen Dur-, welche einen Moll-Dreiklang? Benennt die Dreiklänge.

Bestimmt bei folgenden Dreiklängen, um welche Umkehrung und welche Tonart es sich handelt. Bringt dazu die Dreiklänge in Terzschichtung.

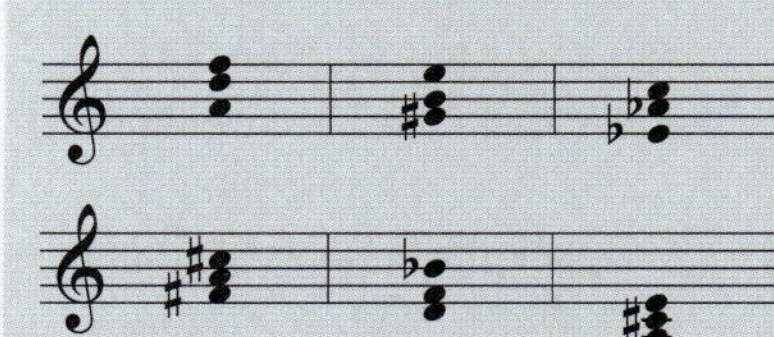

Umkehrungen von Dreiklängen

Einen Dreiklang kann man folgendermaßen umkehren:

Grundstellung:
Dreiklang in Terzschichtung

1. Umkehrung:
unterer Ton um eine Oktave nach oben versetzt

2. Umkehrung:
unterer Ton um eine Oktave nach oben versetzt

Du kannst **Dreiklangsumkehrungen** recht schnell erkennen:
Liegt die **Quarte oben,** handelt es sich um die **1. Umkehrung.**
Liegt die **Quarte unten,** ist es die **2. Umkehrung.**

Septakkorde

Fügt man einem Dreiklang eine weitere Terz an, entsteht ein Septakkord:

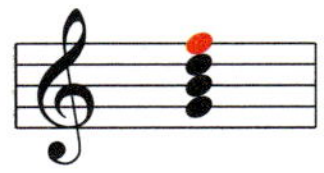

Die Septime im Akkord verleiht dem Dreiklang entweder eine zusätzliche Farbe (im Jazz oder in der Popmusik) oder sie erhöht in der Kadenz die Schlusswirkung, weil ein zweiter Leitton entsteht (Klassik).

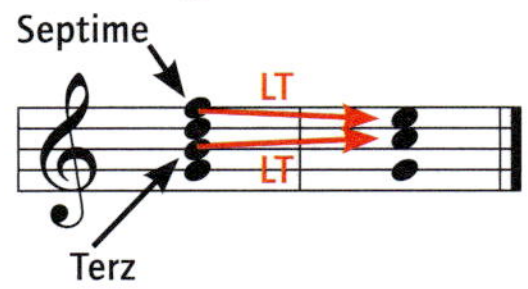

7. Dreiklangsverbindungen – Kadenzen

Kadenzen in Dur

Eine Kadenz ist eine Abfolge von Akkorden, in der Spannung auf- und wieder abgebaut wird. Am Schluss wird die I. Stufe der Tonleiter (Tonika) erreicht, die als Ruhepunkt empfunden wird.
Kadenzen sind gekennzeichnet durch:

Quintfall: Grundtöne, die in Quintschritten abwärts (bzw. in Quartschritten aufwärts) fortschreiten

Leitton: Strebeton zum einen Halbton höher gelegenen Zielton

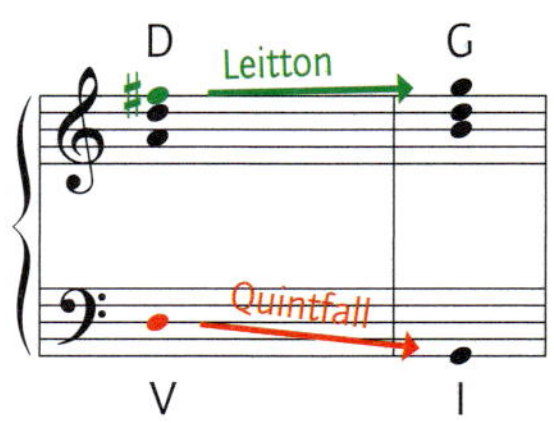

Am Schluss von Liedern kann man oft die Akkordfolge I–IV–V–I und I–II–V–I finden.
In diesen beiden Akkordfolgen kommen alle Töne der Dur-Tonleiter vor. Mit der Kadenz wird nicht nur Spannung zum Schluss hin abgebaut, sondern auch die Tonart des jeweiligen Stückes bekräftigt.

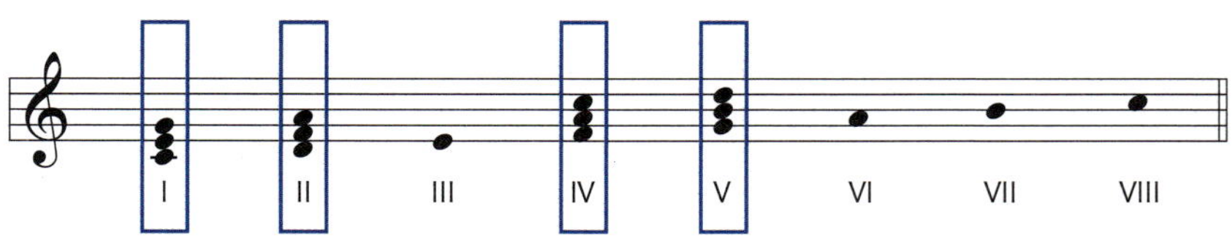

I–IV–V–I Kadenz

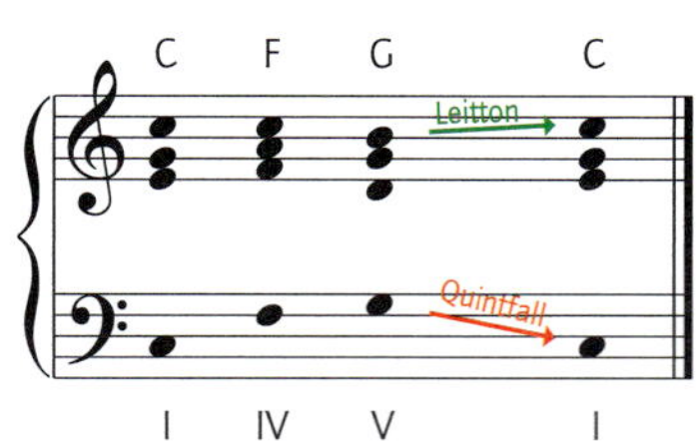

I–II–V–I Kadenz

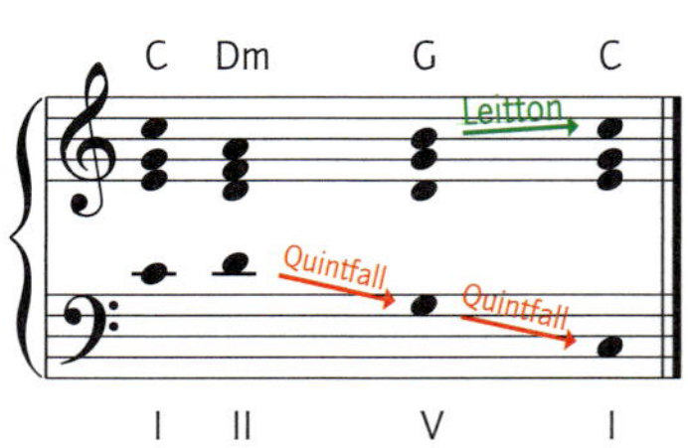

Notiert in eurem Arbeitsheft eine I-IV-V-I-Kadenz in G-Dur mithilfe der folgenden Schritte:

Schritt 1: Schreibt eine Bass-Stimme mit den Grundtönen der jeweiligen Stufen und ergänzt dann die zugehörigen Dreiklänge in Grundstellung in einem Notensystem darüber im Violinschlüssel. Überprüft die Ergebnisse an einem Instrument.

Schritt 2: Kennzeichnet alle Quintschritte in der Bass-Stimme.

Schritt 3: Beim Fortschreiten einer Stimme gilt das Gesetz des kürzesten Weges. Kehrt dementsprechend Dreiklänge so um, dass die einzelnen Stimmen nach Möglichkeit nur Tonschritte (Halb-/Ganztonschritte) fortschreiten. Überprüft euer Ergebnis am Klavier.

Kadenzen in Moll

Die Hauptdreiklänge stehen in Moll auch auf der I., IV. und V. Stufe der Tonleiter. Es sind allesamt Molldreiklänge. In der Kadenz verwendet man aber auf der 5. Stufe einen Dur-Akkord, da sonst kein Leitton vorhanden wäre, der zum Grundton führen könnte.

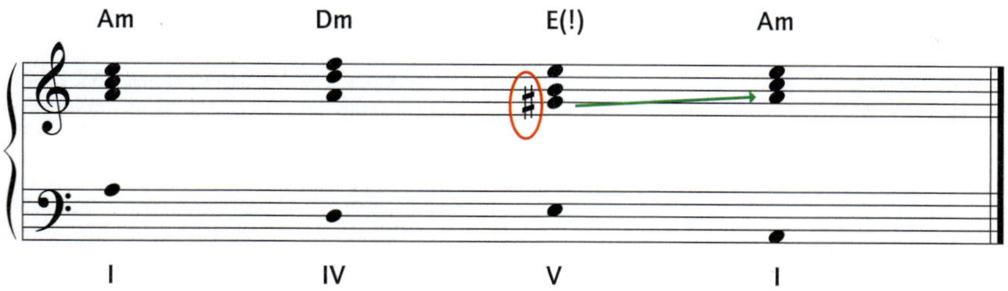

Schreibt eine I-IV-V-I-Kadenz in d-Moll. Achtet dabei auf den kürzesten Weg der Stimmen.

8. Lieder begleiten

Akkordsymbole

In den meisten Liederbüchern ist nur die Melodie der Lieder abgedruckt, darüber stehen **Akkordsymbole,** die vom jeweiligen Begleitinstrument umgesetzt werden.

Bedeutung der Akkordsymbole

Großbuchstabe = Durdreiklang

Großbuchstabe + m = Molldreiklang

7 = hinzugefügte kleine Septime

Ein Klavierspieler würde beispielsweise den Anfang des Songs „Jamaica Farewell" folgendermaßen umsetzen:

Text: L. Burgess
Musik: überliefert

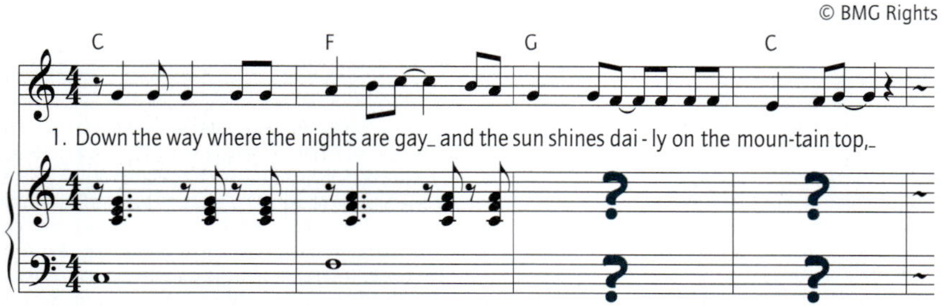

Übt den Rhythmus der Begleitung des Songs und vervollständigt sie für die beiden nächsten Takte. Achtet darauf, in der rechten Hand die richtigen Umkehrungen zu spielen.

In Jazz und Pop hat sich die internationale Schreibweise von Akkordsymbolen durchgesetzt, die sich in zwei Punkten von der deutschen Schreibweise unterscheidet:

1. Versetzungen werden durch ♯ oder ♭ angezeigt: Fis = F♯, As = A♭
2. Der Ton H wird B genannt. Dementsprechend ist die internationale Schreibweise für H = B, das „deutsche" B wird international mit B♭ gekennzeichnet.

Bilder

AKG Images: 8 l., 27, 114, 120 l.+m., 122, 123, 125, 129 l., 136 l.+r., 137 l.+m., 160 u., 162, 176 r., 184 (akg-images/VG Bild-Kunst, Bonn 2015), 167 (akg-images/Album), 182 (akg-images/Bildarchiv Steffens), 128 (akg-images/De Agostini Picture Lib./A. Dagli Orti) 163 (akg-images/Imagno), 42 (akg-images/Imagno/Barbara Pflaum), 29 (akg/Jazz Archiv Hamburg), 171, 177 m. (akg-images/Marion Kalter), 115 (akg-images/Michael Teller); **Army Heritage Museum:** 43 r.u.; **Alexander Burzik:** 172; **Corbis Images:** 189 (68/Ocean), 113 o. (adoc-photos), 90 (Alan Schein Photography), 64 (Andrea Rugg/Beateworks), 75 r., 147 o. (Bettmann), 24 r. (Bob Krist), 193 u. (Carlos Hernandez/Westend61), 52 r.o. (Catherine Ivill/AMA/Matthew Ashton/AMA Sports Photo/AMA), 69 (Chris Christodoulou/Lebrecht Mus/Lebrecht Music & Arts), 133 o. (Christie's Images/Bridgeman Images), 26+27 (Corbis - Image Source), 9 (Corbis Vova Pomortzeff/Demotix), 190 r. (Daniel Koebe), 118 o.+u. (David Turnley), 112 (Dennis Van Tine /Retna Ltd.), 4 r. (Flint), 58 l. (Gianni Dagli Orti), 140 r. (Gildo Nicolo Spadoni), 50 r.u. (Godong/Robert Harding World Imagery), 55 r.o. (JEFF HAYNES/Reuters), 38 l. (JINY/Splash News), 67 (José F. Poblete), 55 r.u. (li gang/xh/Xinhua Press), 154 (Lynn Goldsmith), 104 (MARCELO DEL POZO/Reuters), 55 l.u. (Matthew Ashton/AMA), 195 (Mika), 192 (Mike Kemp/In Pictures), 193 m. (Radius Images), 102 (Robbie Jack), 83 (STEFF/CORBIS KIPA), 52 l.o. (STRINGER/Reuters), 140 m. (Tetra Images), 166 (Thierry Orban/Sygma), 50 r.o. (Visionhaus), 50 l.u. (Wavebreak Media LTD/Wavebreak Media Ltd.), 50 l.o. (xPACIFICA); **DPA Picture Alliance:** 86, 98 m., 105, 113 u., 198 (dpa), 12 l., 16 o., 38 r. (dpa – Fotoreport), 8 o., 177 r. (dpa – Report) 117 (dpa/Bildarchiv), 40 l. (dpa/epa-Bildfunk), 140 l., 174 (picture alliance), 98 l. (picture alliance/Cultura RF), 4 l.+m (picture alliance/dpa), 190 m. (picture alliance/Jazz Archiv), 16 u. (picture alliance/picture alliance), 62 m. (picture alliance/chromorange), 193 o. (picture alliance/Cultura RM), 98 r. (picture alliance/Denkou Images), 46 (picture alliance/Mary Evans Picture Library), 24 m., 48 m., 137 r. (picture alliance/Robert Harding World Imagery), 24 l. (picture alliance/Tone Koene), 12 r., 62 l. (picture alliance/United Archives), 190 l. (picture alliance/Wolfgang Hilse), 12 m., 72 (picture-alliance/akg-images), 60 l. (picture-alliance/dpa/Wolf-Dieter Weißbach), 62 r. (picture-alliance/NHPA/photoshot), 48 l. (picture-alliance/Pressefoto ULMER), 120 r. (picture-alliance/©Selva/Leemage); **F1:** 130; **feeltone products, Ingo Böhme:** 60 r.; **flickr:** 26; **Getty Images:** 31 (Getty Images - 2011 LatinContent), 37 (Getty Images – Redferns); **iStock:** 43 l.u. (iStock), 56 (iStock), 83 (iStock/blackjake), 80 (iStock/bluestocking), 83 (iStock/daver2002ua), 181 (iStock/HelpingHandPhotos), 40 m. (iStock/kubrak778), 80 (iStock/naumoid), 83 (iStock/stocknroll); **Raz Izebo:** 28; **Emery James:** 57; **Manfred W. Jürgens:** 173; **KEIN & ABER AG, Zürich - Berlin:** 70 r.; **Marcus Koopmann:** 26 m.l., 112 m.; **Ludwig Meidner-Archiv, Jüdisches Museum der Stadt Frankfurt am Main:** 160 o.; **Pressebild:** 187; **SPIEGEL 45/1998:** 176 l.; **SWR Media:** 92; **The Josef and Anni Albers Foundation/VG Bild-Kunst, Bonn 2015:** 66; **Severin Trügler:** 191; **Ullstein Bild:** 34 u. (ullstein bild – Classen), 144 (ullstein bild - Granger, NYC), 48 r. (ullstein bild - Heritage Images/Fine Art Image), 74 l., 175 (ullstein bild – IBERFOTO, 134 (ullstein bild - imageBROKER/Christian Handl), 35 (ullstein bild - imagebroker.net/Martin Siepmann), 34 o. (ullstein bild - imagebroker.net/Tom Schneider), 43 o. (ullstein bild - Prisma/VC-DLH), 156 (ullstein bild - Roger-Viollet), 40 r. (ullstein bild – Schwartz), 54 (ullstein bild - Sven Simon), 129 r., 142, 147 u., 151, 177 l. (ullstein bild - ullstein bild), 52 l.u. (ullstein bild – Wodicka), 77 (ullstein brill – Brill); **Courtesy of the University of Illinois Archives, RS: 39/2/20, Box EVE, Folder EVE – 14:** 170; **West-Eastern Divan Orchestra:** 110; **Wikipedia:** 58 r., 59, 70 l., 74 r., 75 l., 76, 126, 133 u., 143, 145, 146, 186, 187, 32 (Juris Tiltins)

Noten

S. 8 + 9: Romeo und Julia/Sergej Prokofjew © Musikverlag Hans Sikorski, Hamburg; **S. 10:** Nur in meinem Kopf © Edition You Can Buy Taste/Edition Viertelkind. BMG Rights Management GmbH Berlin. Sony/ATV Music Publishing (Germany) GmbH, Berlin; **S. 19:** The Hobbit © U-A Music Inc. Sony/ATV Music Publishing (Germany) GmbH, Berlin; **S. 19:** Die Gefährten © New Line Tunes/Universal/MCA Music Publishing GmbH, Berlin; **S. 19:** Stalingrad © Broadview TV GmbH bei Bavaria Sonor BSM GmbH, Geiselgasteig; **S. 28:** Pretty Africa © Maxwood Music Ltd./Melodie der Welt J. Michel KG Musikverlag, Frankfurt/M.; **S. 41:** I got rhythm © New World Music Company Ltd./ NEUE WELT MUSIKVERLAG GMBH, Hamburg; **S. 41:** Always look on the bright side of life © Python Monty Pictures Ltd./Universal Music Publishing GmbH, Berlin; **S. 41:** Blue Moon © EMI Robbins Catalog Inc./EMI Partnership Musikverlag GmbH, Hamburg; **S. 42:** Good morning starshine © UA Music International/EMI Partnership Musikverlag GmbH, Hamburg; **S. 44:** Aquarius (Musical Hair) © EMI UNART Catalogue/EMI Partnership Musikverlag GmbH, Hamburg; **S. 82:** Candle in the wind © 1973 by Dick James Music Ltd./Universal Music Publ. GmbH, Berlin; **S. 88:** So lonely © GM Sumner/EMI Music Publishing (Germany GmbH), Hamburg; **S. 99:** The Rhythm of Life © Notable Music Co. Inc./ Connelly-Musikverlag Dr. Hans Sikorski GmbH & Co., Hamburg; **S. 112:** Dear Mr. President © EMI Blackwood Music Inc/Pink Inside Publishing/ Sony ATV Sound/LLC/ Turtle Victory/EMI Music Publishing Germany GmbH & Co. KG, Hamburg/Sony/ATV Music Publishing (Germany) GmbH, Berlin; **S. 113:** Le Deserteur © 1964 by Editions Paul Beuscher, Paris | Für D: Edition Marbot GmbH, Hamburg **S. 114:** Vorwärts!/Unsre Fahne flattert uns voran © Ufaton Verlagsgesellschaft mbH, Berlin bei Dreiklang-Dreimasken Bühnen- und Musikverlag GmbH, Berlin; **S. 115:** Die Moorsoldaten © C. F. Peters Musikverlag, Leipzig; **S. 121:** Music with her silver sound/Musik mit ihrem Silberklang © Gustav Bosse Verlag, Kassel; **S. 122:** As time goes by © Redwood Music Ltd./Greenhorn Musikverlag GmbH, Hamburg; **S. 141:** De Guschtav © Fidula-Verlag, Boppard/Rhein; **S. 143:** Fine and mellow © Marks Edward B Music Corp./Greenhorn Musikverlag GmbH, Hamburg; **S. 150:** Summertime (Musical Porgy and Bess) © 1935 by Gershwin Music Publ.Corp./ Chappell & Co.Inc./Warner/Chappell International Music Ltd./Chappell & Co. GmbH & Co. KG, Hamburg; **S. 152:** I'm Be Boppin' Too © Music Sales Corporation/Bosworth Music GmbH, Berlin; **S. 154:** So What © Kobalt Music Services America Ltd./Kobalt Music Publishing Ltd., London; **S. 156:** La crèation du monde © Edition Max Eschig, Paris/G. Ricordi Bühnen- und Musikverlag GmbH, München; **S. 157:** Versailles © M J Q Music Inc./ Essex Musikvertrieb GmbH, Hamburg; **S. 163:** 2. Streichquartett, opus 10 © Belmont-Music Publ./Universal Edition A.G., Wien; **S. 166:** Tanz der Jünglinge aus "Le sacre du printemps" © Koussevitzky-Serge-and-Nathalie/1947 to Boosey & Hawkes Inc.; **S. 167:** Danse sacrale: Le sacrifice aus "Le sacre du printemps" © Koussevitzky-Serge-and-Nathalie/1947 to Boosey & Hawkes Inc.; **S. 168:** Konzert für präpariertes Klavier und Orchester © 1960 by Henmar Press Inc., New York/C. F. Peters, Musikverlag, Leipzig; **S. 169:** 4'33 © Henmar Press Inc., New York/C.F. Peters, Musikverlag, Leipzig; **S.169:** „Klavierstücke 1–4 | für Klavier | Nr. 2" © 1954 by Universal London (Ltd.), London/UE 12251; **S. 169:** „Klavierstück 11 | für Klavier | Nr. 7" © 1957 by Universal Edition (London) Ltd., London/UE 12654, www.universaledition.com; **S. 169:** Gesang der Jünglinge © Stockhausen Verlag, Kürten; S. 171: Hommage an Tschaikowski © Editio Musica Budapest/G. Ricordi/ Otto June GmbH & Co., München; **S. 174:** Nosferatu © Edition Breitkopf & Härtel, Wiesbaden; **S. 180:** The fool on the hill © Sony-ATV Tunes LLC/Sony/ATV Music Publishing (Germany) GmbH, Berlin; **S. 185:** Nouvelles Aventures © Litolff/Peters, Frankfurt; **S. 186:** The Message © 1985 Sugar Hill Music Publishing Ltd./Rolf Budde Musikverlag GmbH,Berlin; **S. 209:** Jamaica Farewell © Caribe Music Corp. / BMG Gold Songs/BMG Rights Management GmbH, Berlin

Texte

S. 12: © mit freundlicher Genehmigung Maria Migglautsch, Innsbruck; **S. 17:** Interview MusiX-Redaktion; **S. 24:** „Neue Suchmaschine erkennt die Musik", Berliner Morgenpost, www.morgenpost.de, 05.03.2013; **S. 37:** (Zitat Hofmeir/Coll), LaBrassBanda: „Die Vorurteile aus dem Weg räumen", www.eurvision.de, (05.03.2015); (Zitat Dettl) „Die Lederhose lebt mit", Badische Zeitung, www.badische-zeitung.de, (05.03.2015); **S. 52:** Umberto Eco: Der Name der Rose, dtv, 2008; **S. 53:** Ruprecht Mattig: Rock und Pop als Ritual. Über das Erwachsenwerden in der Mediengesellschaft, Bielefeld: transcript (Pädagogik) 2009; **S. 54:** „Wer über Fußball wenig weiß, wird ausgeschlossen", Fokus Magazin, Nr. 32 (2013), www.focus.de 05.08.2013; **S. 60:** Deutsche Musiktherapeutische Gesellschaft, www.musiktherapie.de, Hörbeispiele, Musik aus Einzeltherapien mit Kindern und Jugendlichen, 05.03.2015; **S. 62:** Robert Schneider: Schlafes Bruder, © 2007 Philipp Reclam jun. GmbH & Co. KG, Stuttgart; S. 92: Interview MusiX-Redaktion; **S. 98:** Bayerische Staatsoper München, www.staatsoper.de (05.03.2015); Deutsche Oper Berlin, www.deutscheoperberlin.de (05.03.2015); Theater Dortmund, www.theaterdo.de (05.03.2015); Semperober Dresden, www.concerti.de (05.03.2015); **S. 107:** Prosper Mérimée: Carmen, Diogenes 2008; **S. 113:** Philippe Boggio: Boris Vian, „Der Deserteur - Chansons, Satiren und Erzählungen", Wagenbach Verlag, 1992; **S. 114:** Günter Seidel: Schmeiß mir ,ne Stulle runta - Eine Kindheit auf dem Hinterhof - Berlin 1930-45, Books on Demand, Norderstedt 2006; Rede Hitlers in Reichenberg am 2. Dezember 1938, Transkription, in: Deutsches Rundfunkarchiv: 59 U 330/2; **S. 116:** Heike Amos: Auferstanden aus Ruinen... Die Nationalhymne der DDR 1949 bis 1990. Dietz Verlag, Berlin 1990; **S. 117:** „Es ist so viel Blut umsonst geflossen", Berliner Zeitung, 26.01.2001; **S. 118:** Nelson Mandela: Der lange Weg zur Freiheit, S. Fischer, Frankfurt am Main 1994; **S. 119:** Zitiert nach: Hope Pumeza, Vorstellung „Voice of Hope" www.klassikakzente.de (05.03.2015); **S. 123:** Ernst Theodor Amadeus Hoffmann: Rezension der 5. Symphonie von Ludwig van Beethoven, Allgemeine musikalische Zeitung 12 (1810); Heinrich Heine: Prosanotizen, in: Heinrich Heine. Historisch-kritische Gesamtausgabe der Werke, Bd. 10, Bearbeitet von Jan-Christoph Hauschild. Hamburg 1993; **S. 129:** Städt. Preßburger Zeitung 1820, in: Ernst Burger: Franz Liszt. Eine Lebenschronik in Bildern und Dokumenten, List Paul Verlag, 1993; Everett Helm: Peter I. Tschaikowsky. Rowohlt Taschenbuch Verlag, Reinbek 1976; Pahlen, Kurt: Die große Geschichte der Musik. 2., erw. u. neu überarb. Sonderausgabe, Cormoran Verlag, München, 1998; **S. 140:** Toni Morrison: Jazz, Rowohlt Verlag, Reinbek, 1993; Dieter Wunderlich: Rezension „Jazz", www.dieterwunderlich.de, 02.03.2015; **S. 145:** Solomon Northup: 12 Years a Slave, Piper Verlag, 2014; **S. 151:** Die Times zitiert in, „Baby, jetzt kommt die Krone", Spiegel 48/1951; **S. 161:** „Stille, Rauschen, Signale". John Cage als Radiokünstler. www.kunstradio.at, 13. August 1992; **S. 170:** © C.F. Peters Musikverlag, Leipzig; S. 172/173: Interview MusiX-Redaktion; **S. 181:** Maria-Verena Leistner: Wilhelm Müller. Werke, Tagebücher, Briefe, Bd. 1. Mathias Gatza Verlag: 1994; http://marcestrin.blogspot.co.at, 01.05.2010 (05.03.2015); **S. 184:** Hugo Ball, die Flucht aus der Zeit, Hrsg. Ernst Teubner, Wallstein, 2013; Kurt Schwitters: Kaa gee dee, © Dumont; **S. 185:** Josef Häusler: „Zwei Interviews mit György Ligeti", in: Ove Nordwall: György Ligeti. Eine Monographie, Mainz, 1971; **S. 187:** „Das ist keine Gebrauchsanweisung für das Leben, Planet Interview, www.planet-interview.de, 06.06.2011, (05.03.2015); „Neue Farben in der Sprache", Süddeutsche Zeitung, jetzt.de, http://jetzt.sueddeutsche.de, 23.12.2012; **S. 190:** „Breakdance in Vollendung - Körper gewordene Musik", faz.net, 18.04.2014, © Alle Rechte vorbehalten. Frankfurter Allgemeine Zeitung GmbH, Frankfurt

Verzeichnis zur Multimedia-DVD-ROM

Filme auf den DVDs

Personenverzeichnis

Sachverzeichnis

Verzeichnis der Lieder, Songs und Spielstücke

Zu diesem Werk sind erhältlich:

MusiX 3, Lehrerband (Ausgabe D)
HI-S7340, ISBN 978-3-86227-184-9

MusiX 3, Audio-CDs (Ausgabe D)
HI-S7343CD, ISBN 978-3-86227-187-0

MusiX 3, DVD
HI-S7346DVD, ISBN 978-3-86227-190-0

MusiX 3, DVD-ROM (Einzelplatzversion) mit Multimediapräsentation und interaktiver Notentafel
HI-S7344CR, ISBN 978-3-86227-188-7

MusiX 3, DVD-ROM (Netzwerkversion) mit Multimediapräsentation und interaktiver Notentafel
HI-S7345CR, ISBN 978-3-86227-189-4

MusiX 3, Schülerarbeitsheft 3 (Ausgabe D)
HI-S7341, ISBN 978-3-86227-185-6

MusiX 3, Digitales Schulbuch (Ausgabe D)
HI-S7357DSB, ISBN 978-3-86227-201-3

Redaktion: Reingard Lipp
Illustrationen: Jan Buckhardt (Bonn), Raimund Frey (Mainz), Achim Schulte (Dortmund),
Wolf Soujon (Bremen), Inkje Dagny von Wurmb (Stuttgart)
Umschlag: Marinas Werbegrafik (Innsbruck)
Umschlagmotive Vorderseite: (v. l. n. r.) Wikipedia, ullsteinbild-IBERFOTO, Mika/Corbis, dpa-Fotoreport
Satz: Marcus Koopmann, Moers
Notensatz: Susanne Höppner, Neukloster
Layout: Katrin Kleinschrot und Marion Köster, Stuttgart
Druck und Bindung: Firmengruppe APPL, aprinta druck, Wemding

HI-S 7339
ISBN 978-3-86227-183-2

Auflage A1[4] / 2017

Alle Drucke dieser Auflage können im Unterricht nebeneinander benutzt werden;
sie sind untereinander unverändert.